ECONOMIC DEVELOPMENT
BLUEBOOK OF HUIZHOU

主编 ◎ 曹仓　副主编 ◎ 杨东来

惠州经济发展蓝皮书
（2006—2013）

中山大学出版社
SUN YAT-SEN UNIVERSITY PRESS

·广州·

版权所有　翻印必究

图书在版编目（CIP）数据

惠州经济发展蓝皮书：2006—2013/曹仓主编；杨东来副主编．—广州：中山大学出版社，2014.12

ISBN 978-7-306-05106-6

Ⅰ.①惠…　Ⅱ.①曹…　②杨…　Ⅲ.①区域经济发展—白皮书—惠州市—2006～2013　Ⅳ.①F127.653

中国版本图书馆CIP数据核字（2014）第294303号

出版人：徐　劲
策划编辑：吕肖剑
责任编辑：黄浩佳
封面设计：世图文化
责任校对：王延红
责任技编：黄少伟
出版发行：中山大学出版社
电　　话：编辑部 020-84111996，84113349，84111997，84110779
　　　　　发行部 020-84111998，84111981，84111160
地　　址：广州市新港西路135号
邮　　编：510275　　　传　真：020-84036565
网　　址：http://www.zsup.com.cn　　E-mail：zdcbs@mail.sysu.edu.cn
印刷者：广州市怡升印刷有限公司
规　　格：787mm×1092mm　1/16　12.75印张　300千字
版次印次：2014年12月第1版　2014年12月第1次印刷
定　　价：38.00元

如发现本书因印装质量影响阅读，请与出版社发行部联系调换

前　　言

记录惠州经济发展成绩，研究惠州经济发展问题。《惠州经济发展蓝皮书（2006—2013）》出版了，这是一次全面研究惠州经济发展的尝试，这只是一个开始。最初产生这一想法的时候，自己觉得很没有信心，倒是企业、政府和媒体的朋友给了我好多鼓励。他们说，"惠州的经济总要有人研究，作为惠州唯一一所本科院校——惠州学院的学者，研究惠州经济问题责无旁贷。而且，只有研究地方经济，立足地方，你的研究才有意义，才有前途。"惠州经济这些年取得了令人刮目的成绩，市委市政府为惠州人民交了一份很不错的成绩单。因此，研究惠州经济发展，应是一件快乐的事情。

惠州位于广东省东南部珠江三角洲东北端，是广东省历史名城，古称循州、祯州，有1 400多年的建制历史，自古以来就是东江流域政治、经济、文化、交通中心。如今，作为"全国文明城市"之一的惠州，她一直倡导着"新客家，老客家，来到惠州就是一家"的开放理念，奉行着"崇文厚德、敬业乐群、包容四海"的新时代惠州精神。惠州又连续5年被评为"最具幸福感的城市"。很多殊荣，难以一一列举。惠州的经济发展模式也颇受关注，惠州坚持经济、社会、文化、生态协调发展，每一个来到惠州的人，都认为惠州是一个美丽的城市，是一个宜居、宜业、宜游的城市。

惠州具有得天独厚的自然地理条件和十分优越的经济地理条件。东江、西枝江横贯市中部。海岸线长223千米，港湾多，水深，水面长，腹地宽广，具有建设现代化深水良港的优越条件。境内北部多山地，中部、西部和沿江地带多冲积平原，东部和南部为丘陵、台地。最高峰莲花山海拔1 336米。惠州属亚热带季风气候，北回归线横贯全市。境内雨量充沛、阳光充足、气候温和、四季长青。年平均降雨量1 700毫米，年平均气温22℃。

惠州资源丰富，特产繁多。地下蕴藏有铁、煤、钨、钛等矿产资源30多种。盛产稻谷、甘蔗、花生、荔枝等。水产品种类达840种之多，沿海出产优质食盐。山区既有丰富的森林、水力资源，又有大量的野生动物。惠州梅菜、东江糯米酒、杨村橙柑桔、惠阳三黄鸡、罗浮山百草油、小桂尤鱼、三门鲍鱼、澳头"南海珍珠"、龙门西溪笋等土地产驰名港澳与东南亚。

惠州旅游资源丰富、自然景色众多。有国家级自然保护区一处（平海海龟自然保护区），有省级风景名胜区二处（惠州西湖、罗浮山），有省级自然保护区一处（惠东古田自然保护区），省历史文化名城（惠东平海古城），有国家森林公园一座（龙门南昆山），有著名温泉汤泉和风光旖旎的海滩。综合地说，惠州具有多姿多彩的旅游资源和旅游配置功能。山、水、林、湖、泉、洞、瀑、海岸、岛屿等应有尽有。

惠州拥有丰富的海洋资源。惠州地处广东省东南部，海域位于珠江口东侧，包括大亚湾开发区大部分和红海湾部分海域。西邻大鹏湾，西南为香港，东与红海湾相接，南为宽广的南海，以领海线以内向陆一侧的所有海域范围计，全市海域面4 519.44平方千米，为全省海洋大市之一。有大陆海岸线281.4千米、大小海湾28处，大小岛屿140个。

惠州人杰地灵，英才辈出。其中著名的有，中国农工民主党创始人邓演达（1895—1931年，惠城区三栋镇人）；中国近代民主革命的著名政治家、国民党"左派"领袖廖仲恺（1877—1925年，惠阳市陈江镇人）；中国人民解放军创始人之一、抗日战争时期赫赫有名的新四军军长叶挺（1896—1946年，惠阳市秋长镇人）；还有马来西亚的传奇人物，开发吉隆坡的先驱叶亚来（1837—1885年，惠阳市秋长镇人）。

根据以上的条件介绍，我们不难看出，惠州具有社会经济发展的所有条件。惠州既可以发展高科技产业和战略新兴产业，如电子、石化、新能源；也可以发展文化创意产业，如龙门农民画、动漫；也可以发展旅游业，如惠州西湖、罗浮山、南昆山、大亚湾。惠州做到科学发展、文明发展、低碳发展、可持续发展，是完全有可能的，这主要取决于我们思路和决策。只要我们具有长远眼光、立体思维、科学决策，我们就有可能创造新的惠州奇迹，创建新的惠州发展模式。

实际上，惠州经济发展正处在一个持续快速的发展时期，这一时期的经济发展的质量非常重要。今后的发展将不再以环境和能源为代价，而将是科学发展、环保发展、文明发展、开放发展、惠民发展，是追求质量的发展，也就是说，我们将追求更高质量的经济发展。

（1）经济决策质量提高。高质量的决策，是高质量的执行，高质量的行动结果的前提。不断提高政府的执政能力和决策水平，领导惠州经济快速发展，也推动珠三角经济的发展。从追求经济发展到谋划社会和谐，从提高生活质量到建设民主法制，从发展文化教育到关怀资源环境，从全面建设小康社会到全面建成小康社会，决策水平不断提高。

（2）经济理论质量提高。经济研究水平的不断提高和研究成果的不断涌现，经济理论知识的普及，有力支撑了经济决策质量的提高。随着全球经济一体化的不断深入，世界经济影响中国，中国经济影响世界。这促使我们去思考、去研究，我们对中国经济和世界经济的方方面面，都有了一个明确的认识和了解。现在中国的政府和人民，都知道货币政策，都知道贸易保护，都知道经济安全，都知道宏观调控等等。对这些经济问题的思考和研究所形成的知识，成为我们进行经济决策的基础。惠州必须拥有自己的经济发展理论，走一条在大局中谋发展、在创新中谋发展的道路。

（3）经济整体质量提高。必须以改善需求结构、优化产业结构、促进区域协调发展、推进城镇化发展，着力解决制约经济持续健康发展的结构性问题，加快转变经济发展方式。高耗能、低附加值型的产业正在逐步退出，高科技、高附加值的环保节约型产业，以及战略新型产业正在逐步加快发展、提升地位。这就是惠州目前的情况，这预示着惠州经济发展整体质量的提高。

（4）经济开放质量提高。加快转变对外经济发展方式，推动开放朝着优化结构、提高效益方向转变。创新开放模式，坚持出口和进口并重，加快走出去步伐，统筹双边、多边、区域次区域开放合作。过去我们的经济开放很少提及质量，比较多的考虑是总量。现在我们开始优化结构、提高效益，开始考虑对外合作的合适性、选择性，开始考虑质量。

（5）科技创新质量提高。科技创新是提高劳动生产率和综合竞争力支撑，必须摆在发展全局的核心位置。要坚持走特色发展、自主发展、创新发展的道路，以全球视野来谋划和推动创新，提高原始创新、集成创新和引进消化吸收再创新能力，更加注重协同创新。要支持企业，尤其是中小企业技术改造和转型升级。

（6）环境质量提高。惠州已经拥有优越的自然环境，我们还要大力推进生态文明建设，这将成为今后惠州经济发展的主题。根据十八精神，当前和今后一个时期，要重点抓好四个方面的工作：一是要优化国土空间开发格局；二是要全面促进资源节约；三是要加大自然生态系统和环境保护力度；四是要加强生态文明制度建设。面对资源约束趋紧、环境污染严重、生态系统退化的严峻形势，把生态文明建设放在突出地位，融入经济建设、政治建设、文化建设、社会建设各方面和全过程，努力建设美丽惠州，为建设美丽中国贡献力量。

（7）生活质量提高。首先是城乡人民收入的提高，只有收入的提高生活水平才能提高，高的生活水平才能追求生活质量。而这一切，都要依赖经济的发展。只有推动经济持续健康发展，才能筑牢国家繁荣富强、人民幸福安康的物质基础。一直以来，惠州的生活质量、幸福指数，都是政府和人民的热门话题和美好的愿望。

（8）人的质量提高。全面建成小康社会，需要一代又一代人的持续奋斗。我们的事业能不能成功，主要取决于居民的素质，我们必须提高人的质量。要提高居民质量，尤其大学生的素质，增强创新创业能力，变人口红利为人才红利，全面建成小康社会的重任才能接着完成。只有文明进步、道德高尚、创新务实的国人的形成，所有的事情就好办了。

惠州已经取得了巨大的经济发展成就，赢得了人民的满意，成为最具幸福感的城市。但我们在看到成绩的同时，还要看到我们的不足。惠州在城乡协调发展发展方面，还要继续努力；惠州的公交系统的发展不够完善，线路规划还需优化；惠州的旅游业的发展还是不够充分；惠州的人才引进和储备没有明显优势。尤其是旅游业的发展，还有巨大的提升空间。因为，第一，旅游业的发展符合惠州的城市定位；第二，旅游业的发展符合可持续发展；第三，旅游业的发展符合低碳经济发展；第四，旅游业的发展符合现代绿色农业发展。

总之，我们的研究才刚刚开始。

编者
2014 年 11 月 21 日

目　　录

物流产业与区域经济的协调发展研究——以惠州市为例…………… 胡玉洲　1

惠州石化工业发展探讨………………………………… 张　敏　唐静武　8

提升惠州制造业价值链位置的对策研究 ………………………… 林　宽　18

惠州市战略性新兴产业发展的现状、环境及对策

……………………………………………………… 杨　荣　袁　睿　26

惠州区域经济发展趋势及其质量提升对策研究

………………………………………… 胡瑞卿　曾权辉　吴丹涛　36

惠州市农业科技创新存在的问题及对策研究 …… 张　敏　王莉青　陈飞霖　61

惠州市交通运输发展报告 ………………………………………… 王发良　75

惠州市基本公共服务供给问题分析 ……………………………… 李普亮　88

惠州现代服务业发展路径研究 …………………………………… 张毓雄　97

惠州市制造业与服务业增长关系的实证研究……………………… 汤跃跃　106

惠州市新农村建设的现状、问题与对策………………… 朱永德　贾卫丽　115

惠州文化事业发展研究…………………………………………… 徐　宁　128

惠州市发展休闲生态旅游的对策研究………… 曹　仓　齐韦存　郭　萍　138

充分利用惠州自然资源，打造旅游休闲天堂

………………………………… 胡瑞卿　韩　亮　潘雅萍　曾丽云　150

惠州市经济发展与环境保护关系研究……………………………… 张　玲　160

惠州市环境保护与经济可持续发展………………………………… 刘　珩　165

广东省个人住房信贷审计研究……………………………………… 袁祥勇　175

完善上市公司独立董事制度的思考………………………………… 李春歌　186

后　　记……………………………………………………………… 曹　仓　192

物流产业与区域经济的协调发展研究
——以惠州市为例

胡玉洲

一、引言

关于物流产业与区域经济之间关系的研究最早可以追溯到韦伯（Alfred Weber）创立的工业区位论。其后，韦伯运用"等运费曲线"分析了工资成本和运输成本的相互替代关系。企业迁入聚集地可以根据"等运费曲线"找到"临界运费线"，使企业获得优势区位。克里斯塔勒（Walter Christaller）进而认为有效地组织生产和流通必须以城市为中心，由相应的多级市场构成空间市场结构。优越的市场空间结构对企业区位选择和产业配置具有巨大的吸引力。格林哈特认为运费是应区别于其他因子的工厂区位的一个主要决定因子。古典区位理论基本上立足于单个厂商的区位选择，着眼于成本和运费的最低。Melelldez（2002）分析拉美一体化的进程时，发现区域物流一体化和基础设施网络为区域一体化做出了巨大的贡献。Akonmbe（2005）认为区域经济一体化整合中不仅要政府引导推动，更要强化依托市场机制配置生产要素的功能，来促进区域产业和市场整合，培育和发展共同市场。Vooren（2004）建立了一个运输与经济之间相互作用的动态模型，并用荷兰40多个地区得出不同政策的场景模拟结果；Maciulis等（2009）采用定性分析分析的方法研究运输行业对于经济发展的积极作用与消极影响，并且评价了二者协调发展的相关策略；Hong等（2011）以中国31个省市区的数据为对象研究了交通基础设施与区域经济增长之间的定量关系，论证了交通设施在区域经济增长中起着积极的作用。

由于物流产业的发展程度不同，美国、日本及欧洲等物流发达国家对物流的研究主要侧重于企业层面的微观物流研究；对宏观层面的物流与经济增长之间的关系研究，以及中观层面的物流与区域经济的研究相对较少。国内学者对物流产业与区域经济关系研究的成果较为丰富。贾海成（2012）运用格兰杰因果检验方法和脉冲响应分析，对天津和上海两个物流节点城市现代物流业与经济发展的互动关系进行了考察，探讨了两市物流业发展的特点和差异。王利等（2012）

运用中国2001—2010年31个省市区的面板数据，计算了我国东、中、西部三个地区物流发展水平与经济发展、人口、固定资产投资等变量之间的函数关系，结果表明物流发展水平与经济发展水平高度正相关，与人口、固定资产投资也有显著的相关关系。建议应从人口、基础设施建设等方面加强区域间物流合作，以促进地区物流发展。张梅青（2012）应用共生理论分析物流产业与区域经济协调发展的共生关系，通过构建物流产业与区域经济发展不协调的互惠共生模型和发展协调的互惠共生模型得出物流产业与区域经济共生发展的基本结论：物流产业和区域经济彼此促进的作用是明显的；物流产业与区域经济之间最大的不协调就是发展不同步，以致供需不对称；在物流产业与区域经济协调发展的问题上，竞争与合作具有终端层面上的促进作用；在发展不协调的互惠共生模型中，合作的作用大于竞争的作用。杨志梁（2009）利用中国各省1991—2007年物流发展水平和国内生产总值的年度数据，对中国东、中、西部地区的物流和经济增长的关系进行了实证分析。结果表明：三个区域的物流与经济增长均存在协整关系，东部地区两个变量存在双向 Granger 因果关系，而中、西部地区两个变量仅存在物流对经济增长单向的 Granger 原因。武志惠等（2008）采用逻辑增长（Logistic）模型确定区域物流业与区域经济增长之间的数量关系，并以三大经济圈为例，利用边际分析和弹性分析计算出三大经济圈物流业的单位增长带来的区域经济的贡献。指出不同的物流业增长阶段，各区域物流业对区域经济增长有不同的贡献。决策者应当针对不同的阶段特征，制定正确的物流产业政策来促进区域物流业的发展。张敏等（2010）研究了货运量、吞吐量对惠州市 GDP 的影响，结果表明物流的发展对惠州经济的发展存在显著影响。

目前对物流产业与区域经济发展的关系研究已经积累了一些成果，出现了针对具体城市进行个案研究的论文，但是研究方法多种多样，主要有投入产出表的运用、灰色模型及其理论、协调度测算模型、logistic 模型、耦合度模型、VAR 模型等。这些模型主要被用来测算物流产业与经济之间的关联强度、耦合强度、预测指标数值、因果关系以及相互作用的主要因素，从研究方法的选择来看并没有呈现收敛的趋势。另外，具体针对惠州物流产业与城市经济协调发展研究的定量研究还没有出现。研究惠州市物流产业与城市经济的关系能够认识物流产业在经济发展中起到的基础性作用，为政府对物流产业的投资和规划提供政策依据和参考。

二、研究方法

1. 数据及来源

本文所使用的数据来源于《惠州统计年鉴》，样本区间为 1993—2012 年，与大多文献一样，本文采用 GDP 来衡量经济发展，并用居民消费价格指数对 GDP 数据进行平减以消除价格因素对 GDP 的影响（1992 年为基期），然后对 GDP 变量取自然对数以消除数据序列中可能存在的异方差性。由于中国各城市并没有物流产业的统计数据，因而同大部分文献的做法类似，本文采用货运总量来代替物流产业的产出。

2. 平稳性检验

只有模型中的变量满足平稳性要求时，传统的计量经济分析方法才是有效的。而在模型中含有非平稳时间序列式，基于传统的计量经济分析方法的估计和检验统计量将失去通常的性质，从而推断得出的结论可能是错误的。因此，在建立模型之前有必要检验数据的平稳性。为了确定物流产业与区域经济之间是否协调发展，需要检验两个变量序列的平稳性，本文运用 ADF 检验法进行判断。从表 1 可以看出，货运总量及 GDP 的一阶和二阶差分的 ADF 统计量是显著的，因此拒绝原假设，这两个序列均是平稳的。

表 1 平稳性检验

变量	ADF 统计量	结论
货运总量	0.03	不平稳
货运总量——一阶差分	13.41***	平稳
货运总量——二阶差分	10.78***	平稳
GDP	2.76	不平稳
GDP——一阶差分	26.57***	平稳
GDP——二阶差分	7.39**	平稳

注：***表示显著水平为 0.01，**表示显著水平为 0.05。

3. 协整分析

由于非平稳序列很可能出现伪回归，必须要检验它们的回归方程所描述的因果关系是否是伪回归，即检验变量之间是否存在稳定的关系。本文采用 Johansen 协整检验来判断物流产业与区域经济是否存在协整关系，Johansen 协整检验结果如表 2 所示，拒绝原假设，即拒绝不存在协整方程的假设，而接受存在一个协整方程的假设（显著水平为 1%），这说明物流产业和区域经济这两个变量之间存在协整关系和长期稳定的均衡关系。

表2 协整检验结果

原假设	特征值	最大特征值统计量检验	P值
0个协整向量	0.82	15.01	0.002
至少1个协整向量	0.34	4.75	0.072

4. 回归分析

由于两个变量的一阶差分是平稳序列,因此,可以用经典的回归来描述两个变量的关系。以货运总量为自变量,对GDP进行回归分析(一阶差分),回归分析的结果如表3所示,货运总量的系数为正且是显著的,表明货运总量对GDP有显著的正向影响,这与大多数文献的结论是相同的,货运总量反映了一个城市制造业和商业的繁荣程度,货运总量越大,经济发展越快。物流业具有带动产业优化升级,促进经济结构调整的重要作用,成为推动经济增长的重要力量,对当地经济尤其是制造业具有重要的拉动作用。

表3 回归分析结果

模型		系数[a]				
		非标准化系数		标准系数	t	Sig.
		B	标准 误差			
1	(常量)	-4.355	1.047		-4.159	0.001
	货运总量	1.255	0.123	0.923	10.168	0.000
a. 因变量:GDP						

三、结论

1. 物流产业对惠州市经济发展的贡献

实证分析的结果表明,物流产业和区域经济之间存在长期的协调发展关系,物流产业的发展促进了当地经济的发展。从世界上发达国家的经验来看,当工业化发展到一定程度之后都经历了一个流通现代化的阶段。如日本曾在20世纪60年代连续推出三个流通现代化的五年计划,意在配套和促进工业化的进一步发展,韩国在20世纪70~80年代也效仿了这一做法,并大大提升了流通产业化水平,为增强本国经济的竞争力、实现出口导向型的发展战略做出了积极的贡献。在我国,尽管工业化发展水平与世界上发达国家仍有较大差距,但相比较而言,流通产业化水平滞后于制造业的升级和结构调整,成为制约我国工业竞争力提高的主要因素之一。在流通设施、管理手段、经营组织方式上基本还是沿用了原来的一套,经营分散、管理落后、流通成本高、效率低、服务水平差的问题并没有从根本上得到解决。惠州市明确了经济发展的重大产业,即电子、汽车和石化为代表的现代制造业,这些产业的发展依赖于现代物流产业的发展。另外,惠州在承接东莞和深圳等周边城市的产业转移的过程中物流产业起到了重要的衔接作用。

2. 惠州市发展现代物流产业的基础条件

(1) 经济发展水平和经济规模。只有经济发展到一定的水平,从生产和制造技术等方面提高城市整体经济和大多数企业利润空间有限时,才会对发展现代物流业有一个较大的需求。从另一方面来看,只有城市经济发展到一定水平,也才能为现代物流业的发展创造技术上的条件。

(2) 市场经济制度条件。物流业本质上是商品经济发展到一定阶段的产物。第三方物流业的兴起和发展从根本上说是依赖于发达国家成熟的市场经济制度条件作为支持的,这包括独立自主的物流业主体、统一完善的物流市场体系及健全的物流法制环境。市场经济制度框架下的成本约束和利润最大化的动力机制确保了第三方物流可以获得"第三方利润",从而也使这一独立产业始终保持健康成长的生命力。

(3) 管理体制保证。第三方物流的健康发展和高效率运作必须要拥有系统化的现代管理技术和管理手段及相应的管理机构,即要依靠职责明确的物流主管部门运用先进的管理技术和科学手段加强对第三方物流业的指导和规范,从管理体制上确保第三方物流规范有序发展。

(4) 现代化交通运输网络和必要的仓储设施。现代物流包括仓储、运输、配送、采购、管理等许多要求和内容,其中发达的现代化交通运输网络和必要的仓储设施是物流产业发展的基础条件。

3. 惠州市物流产业发展的定位和路径选择

在深莞惠一体化的背景下,惠州对物流产业的规划和投资不仅要考虑到本区域内的物流需求,而且要考虑与深圳和东莞两市的对接。在三个城市合作的框架下,惠州市不仅要找准物流产业的定位,还要为将来三个城市一体化深化发展留有空间。

(1) 优先发展石化物流。石化产业已经成为惠州市经济增长的支柱产业,根据规划,大亚湾将以石化为龙头产业,重点延伸石油化工产业链,形成石化产业集群。以中海油、中海壳牌等大型骨干企业为依托,以大炼油、大乙烯为龙头,着力构建以高附加值、高技术含量、高产业集中度为标志,以绿色环保为特色的现代化、生态化、符合循环经济理念的石化产业集群。到2015年,石化区炼油规模将达到2200万吨/年，乙烯规模达到200万吨/年，石化工业总产值超过2200亿元。石化产业的大力发展必然产生相应的物流需求，惠州市现有的石化物流产业体制上存在着多头管理，政策上存在不合理之处；市场不规范，安全隐患严重，事故较多；物流企业规模普遍偏小，服务能力和抗风险能力弱；客户观念落后，隐性成本过高等。石化产业的发展战略必然优先发展石化物流产业，才能为石化产业的快速发展并成为世界石化基础奠定基础。与周边的香港、深圳和东莞相比，惠州的整体物流发展水平、投资规模和经济发展水平存在着显著差异，然而，石化产业是惠州的优势，立足于石化产业进行差异化定位符合惠州的产业政策定位。

（2）建设电子、汽车和石化物流园区。通过完善的专业化物流园区促进相关产业的发展，在仲恺高新区建设以原料为主的大物流园区，形成以电子产品为主的物流配送中心；在大亚湾打造以进出口商品、石化产品为主的石化产品物流园区。在汽车产业方面，目前，惠州市汽车行业有德赛汽车电子、华阳集团、天缘电子、普利司通、住友电工、东风本田、东风易进、乐金、比亚迪、亿纬锂能等骨干企业，惠州市已成为全国最大的汽车音响、车载电子产业生产基地，已初步形成汽车产业集群优势。然而缺乏配套的物流园区支持汽车产业的发展。

（3）提高综合物流服务水平。推进适应深莞惠一体化的交通网络建设，合理规划各类物流结点，如物流园区、配送中心等，将两者有机结合形成协同网络，注重与周边城市物流结点和线路的衔接。建立完善的专业高效物流服务体系和服务网络，提升企业的物流服务能力，满足惠州实施以电子、汽车和石化为代表的先进制造业发展的战略要求，进一步扩大内需，有效保障城市的正常运行。

参 考 文 献

[1] Melendez M F. The Logistics and Transportation Problems of Latin American Integration Efforts: The Andean Pact: a Case of Study [M]. University of Tennessee, Knoxville, 2001.

[2] Akombe, Roselyn. Regional integration and the challenge of economic development: The case of the common market for eastern and southern Africa [J]. Dissertation International. 2005, 66 (4).

[3] van de Vooren F W C J. Modelling transport in interaction with the economy [J]. Transportation Research Part E: Logistics and Transportation Review. 2004, 40 (5).

[4] Ma?iulis A, Vasiliauskas A V, Jakubauskas G. The impact of transport on the competitiveness of national economy [J]. Transport. 2009, 24 (2).

[5] 张敏, 李巧玲, 刘学, 等. 惠州物流业与经济发展的相关性分析 [J]. 惠州学院学报 (社会科学版), 2010 (1): 36-41.
[6] 贾海成. 物流产业发展与区域经济关联分析——以天津和上海为例 [J]. 科技进步与对策, 2012, 29 (23): 44-49.
[7] 王利, 王瑜, 李德旭. 区域经济发展与物流的关系研究——基于省级面板数据的实证分析 [J]. 经济与管理, 2012, 26 (8): 93-96.
[8] 张梅青, 周叶, 周长龙. 基于共生理论的物流产业与区域经济协调发展研究 [J]. 北京交通大学学报: 社会科学版, 2012, 11 (1): 27-34.
[9] 杨志梁, 张雷, 程晓凌. 区域物流与区域经济增长的互动关系研究 [J]. 北京交通大学学报: 社会科学版, 2009, 8 (1): 38-40.
[10] 武志惠, 虞巧颖, 申金升. 三大经济圈的物流业对区域经济增长的实证分析 [J]. 北京交通大学学报: 社会科学版, 2008 (1): 43-47.
[11] Hong J, Chu Z, Wang Q. Transport infrastructure and regional economic growth: evidence from China [J]. Transportation. 2011, 38 (5).

惠州石化工业发展探讨

张 敏 唐静武

一、惠州发展石化工业的优势和条件

（一）优越的交通运输条件

"港口－炼化－市场"的深度结合是我国石化产业布局调整的方向。作为中国东部沿海最接近中东的地区，惠州在这方面独具优势。目前，惠州已建成大小码头泊位共25个，原油接卸能力超过4 000万吨。大亚湾是历史上有名的避风港，具有海域宽、风浪小、淤积少、航道短等得天独厚的条件，是国家一类对外开放口岸。京九铁路和广梅汕铁路横贯惠州。由深水良港、航空港、铁路、高速公路和光纤高速网络组成的立体交通通讯网络已经形成，惠州具备发展现代石化大工业的交通运输条件，成为全国规模最大的原油接卸基地。

（二）巨大的市场容量

目前石化产品流向呈现"西油东进，北油南运"的市场格局，石化产业布局开始向供需缺口较大的东南部地区转移。珠江三角洲是全球经济发展最快的地区之一，是新一轮全球重化工业和高新技术产业转移的主要承接地。惠州是新兴的海洋大市，靠珠三角、泛珠三角，南临南海，毗邻香港与深圳，具有广阔的市场腹地，成为众多石化巨头的投资热土。

（三）石化大项目的龙头效应明显

大亚湾石化区虽然起步晚，但起点高、规模大、技术领先，具有后发优势。已投产的80万吨乙烯和即将投产的1 200万吨炼油装置，可为发展石化中下游产业链提供充足的原材料，吸引了三菱丽阳、普利司通、普莱克斯、欧德油储等国际著名企业前来投资，同时也引进了国际先进技术和管理模式，龙头带动效应显著，为全市石化工业的发展开拓了广阔的空间。

（四）石化关联产业发展良好

惠州的数码电子工业发达，位居全国前列。目前，惠州已成为世界最大的镭射光头生产基地、亚洲最大的电话机生产基地、中国最大的电池、电脑、电视机、汽车音响、高级电工产品、线路板生产基地之一，数码产业名城框架基本形成。而电子信息产业的很多基础原材料来源于石化产业，石化产业也需要大量的电子信息设备和信息化技术，两大产业之间具有广阔的相互渗透、相互融合、相互带动的空间。发达的电子信息产业为我市发展石化工业提供了良好的产业基础。

正是基于沿海港口和市场区位优势以及关联产业的良好发展态势，惠州成为珠三角地区重要的油气化集散地和国内石化产业布局增量调整的重要基地。

二、惠州石化工业发展现状及面临的问题

（一）总体发展情况

1. 石化产值实现质的飞跃

我市原有石化产业基础薄弱，品种相对单一，布局无序。在中海壳牌南海石化项目投产前，石化工业产值多年局限于70亿元以下，占全市规模以上工业的比重为4%～10%之间，占全省石化工业比重不足2%。2006年，中海壳牌乙烯项目正式投产，当年，我市石化工业实现总产值271.96亿元，比上年同期增长297.9%，对GDP贡献率达46.3%，石化产业实现质的飞跃。2010年，石化产业增速首次超电子产业，改变了1995年以来电子产业一枝独秀的局面，形成电子、石化"双引擎"驱动的良好格局。2011年，全市克服中海炼油、中海壳牌机器故障检修和石化原料价格指数上涨等因素影响，整体石化行业保持平稳增长。全年石化工业实现增加值290.5亿元，增长10.3%，占全市规模以上工业增加值的30%左右，并呈现良好的发展态势，成为拉动惠州经济高速增长的主导因素。

2. 石化企业规模不断壮大

目前，我市共有石化企业770多家，从业人员近40 000人。其中，石化产业规模以上企业103家，产值超亿元企业40家，产值超5亿元企业11家。从地域分布上看，全市石化核心企业基本分布在大亚湾区。中海壳牌80万吨乙烯项目的产品总量为230万吨，其中，固体产品69万吨，液体产品161万吨，副产品25万吨，是全市最大的工业企业。

3. 石化产业布局有序合理

我市石化产业主要集中在惠城区、大亚湾石化区、博罗县、惠阳区等。大亚

湾石化区已经建设成为以炼油项目为龙头、大力发展石化中下游产业链的大型石化园区；惠城区主要以石化中下游产品为主；惠阳区集中发展涂料行业；博罗县初步形成了以塑料产品为中心的石化产业链；惠东县抢抓全市石化产业发展机遇，结合制鞋业的优势，制定了滨海精细化工园区建设蓝图，石化产业在我市的发展全面展开。

4. 石化产业链初步形成

石油化工产业主要由石油炼制工业体系和石油化工工业体系组成。以石油、天然气为原料生产"三烯"（乙烯、丙烯、丁二烯）、"三苯"（苯、甲苯、二甲苯）等基本有机原料的产业称为石化上游产业；以上游产业生产的"三烯"、"三苯"以及副产的C4、C5、C9、C10馏分等为基本有机原料生产有机化工产品（包括醇、醛、酮、酯、醚类）、高分子材料（包括合成树脂、合成橡胶、合成纤维、化工新材料）和精细化学品（包括传统精细化学品和特种化学品）的产业称为中下游产业。石化上游产业与中下游产业唇齿相依、联系紧密、相互促进、协调发展，上游产业为中下游产业发展提供了大量丰富的基础有机原料，带动了中下游产业的发展，而中下游产业又为上游产业发展提供了巨大的市场需求，促进了上游产业的发展。目前，惠州已初步形成"炼化一体化"的石化产业链条，全市石化工业呈现出上、中、下游协调发展的良好态势。

（三）惠州石化工业发展面临的主要问题

在石化工业迅猛发展的同时，我市石化工业的发展还面临诸多制约因素，需要认真研究并切实解决，突出表现在以下方面：

1. 发展不平衡

从地域分布上看，惠州石化工业核心企业基本分布在大亚湾，企业数较少，但产出占石化产业比重大。惠城区、惠阳区及博罗县石化工业增加值占全市石化产业比重小；惠东、龙门两县的石化企业总数仅10家，企业少，规模小。从行业规模上看，规模最大的行业是化学原料及化学制品行业，其主要代表是中海壳牌，该行业的主要产品包括乙烯、涂料、日用化学品、合成树脂等；其次是塑料制品业，该行业总产值超亿元的企业主要有南亚塑料工业、宝柏包装、大亚湾汇利日用品等11家公司，其余行业规模较小。

2. 产业基础比较薄弱，产业配套还不完善

在中海壳牌南海石化项目投产前，企业生产规模较小，产品种类少（仅覆盖橡胶制品业、塑料制品业、化学肥料、农药、化纤等），产值低；在产业配套上，石化企业分布零散，没有形成大规模的产业集群。目前，我市石化产业虽已有质的飞跃，但在产业配套和集群化发展上，尚处于初级阶段，仍主要依靠中海壳牌乙烯项目、中海油炼油项目等少数大项目的带动。中下游项目培植尚未完

善，中间原料产品提供企业尤为缺乏。由于政府土地储备量少，精细化工园区规划建设用地困难，对延伸石化产业链具有至关重要意义的精细化工尚未实现突破；在辐射和带动作用上，石化大项目对周边地区和县域的辐射作用尚不明显。

3. 基础设施资金投入不足，园区建设进程缓慢

大亚湾石化工业区自开工建设以来，政府投入的资金约20亿元，但还不能满足土地开发、道路、桥梁、海堤、填海、地下管网等基础设施建设的资金需求。同时，基础设施建设体制不畅，建设进程缓慢，如：纯洲岛片计划填海造地3.4平方千米，由于企业资金欠缺，目前该填海工程还未开始；石化大道以南规划填海造地6.6平方千米，也由于企业资金问题，现只填了2.66平方千米，远远跟不上计划进度；惠州港国内、国际班轮基本未开通，仍属地方型港口。加上土地盘整时间长、成本高等因素，石化工业区建设进度放缓。

4. 与广东沿海石化产业带具有一定的同构性，招商引资竞争激烈

在沿海石化产业带中，茂湛沿海重化产业带、广州石化基地与惠州一样，都是炼油、乙烯一体化。茂名炼油能力已达1 350万吨/年，2010年扩至2 000万吨/年，乙烯已达100万吨/年。广州炼油能力达1 300万吨/年，乙烯达20万吨/年，落户广州南沙的中石化与科威特合资项目炼油1 200万吨/年、乙烯100万吨/年即将动工。由于石化产业属资本、技术密集型产业，各石化基地主要依靠规划建设石化区、招商引资来促进石化产业集群发展。由于产业具有一定的同构性，围绕延长产业链条的招商引资必然使竞争更加激烈。

5. 石化物流发展滞后，相关配套体系不完善

石化产业的发展派生出了巨大的社会石化物流需求，刺激了石化物流产业的发展。然而，目前惠州石化物流发展基本上还处于物流分散化的初级阶段，石化区内自给式物流服务普遍存在，石化企业大多拥有自己的运输、仓储、装卸设施，专业物流企业数量较少，几乎所有的物流公司能提供的服务只涉及货代业务、仓储业务或陆运配送业务等其中的一个或几个业务活动，能够提供综合一体化物流服务业务的企业根本没有。即使像招商物流、南方物流、中信物流等本地较大的物流企业也尚未提供一体化的石化物流服务，更不用说为企业提供全方位的供应链管理。石化物流服务供给的缺陷，导致惠州石化生产或贸易企业无法将物流一体化外包，更无法集中精力有效发展生产、技术和贸易，长此下去，会制约惠州石化业的发展和石化物流业的优化升级。

6. 产品结构不尽合理，集约发展程度偏低

一是精细化工产品是我市石化产业发展的弱项，功能单一、系列化程度低，处于领先位置的强势品种不多，未能实现功能配套和系列化，无法发挥规模效应，满足不了我市经济发展的需要；二是产业配套还不够完善，除大亚湾石化区外，其他各县区化工企业分布零散，没有形成大规模的产业集群，经济规模不大，

突出表现在初级产品多而精深加工产品少,传统产业多而高新技术产业发展不足。

7. 生产要素成本增加,节能降耗压力较大

受国际市场原油价格连创新高的影响,石油、乙烯等石化基本原料价格大幅上涨,拉动下游产品生产成本大幅提高,原料供应持续趋紧。如惠城区石化行业对能源、资源性产品依赖性较强,由于要素成本增加,企业利润空间不断缩小,经营压力持续增加。另外,重化工业是耗能耗电行业,节能降耗的压力较大。

8. 人才储备和技术支撑不强

石化产业的发展需要技术,行业管理和经营管理等方面的专业人才,除乙烯、炼油等上游重点项目外,我市石化管理人才缺乏,具备经营管理和石化知识的复合型人才尤其紧缺,结构性矛盾突出。同时,石化产业技术支撑不足,掌握产品核心技术和拥有自主知识产权的相关企业也很少,致使我市石化中下游产业技术支撑不足,初级产品多而精深加工产品少,传统产业多而高新技术产业发展不足,精细化工产业集群有待加速建设。

三、惠州石化工业发展面临的战略机遇与挑战

(一)战略机遇

1. 石化产品需求大于供给

石油和化学工业是与国民经济息息相关的基础原料工业,是国民经济发展的重要支柱。全球石化产业进入成熟期,尤其是全球经济复苏,石化产业在周期性波动中迎来了发展机会。国内消费水平提高和内需扩大将进一步增加对石油化工产品的需求,促使石油化学工业相应保持快速增长。

2. 国内高端石化产品市场空间巨大

我国产品结构不尽合理,中低端产品比重较大。石化产品市场已从总量不足向结构性短缺转变,高端石化产品市场满足率低。随着国内经济持续稳定发展,内需拉动效果将逐步显现,下游产业结构升级对高档石化产品的需求将快速增加,为国内发展高端石化产品提供了巨大市场空间和发展潜力。

3. 一体化、园区化发展趋势明显

目前,世界石化工业向大型化、园区化、一体化方向发展,产业集中度进一步提高。一体化、园区化是融合了原料及产品互供、能源优化、基础设施优化、信息共享、生产管理优化、区域资源平衡、投资优化等众多理念的复杂系统工程,是一种能让资源和能源实现最优化利用从而实现效益最大化的产业发展模式。惠州大亚湾依托大型石化企业,利用有利的自然地理条件,依托区域需求市场,已建成具有国际水平的石化工业园区,力争在新一轮区域竞争中占据有利

位置。

4. 石化投资主体多元化

近年来，中国的石化行业发展速度位居世界各国石化行业前列，随着稳步扩大开放，石化行业多种投资主体实现有序发展。外资在中国炼油、油品销售和石化领域也取得了突破性进展。我国石化行业以国有及国有控股公司为主导、外资及民营企业参与的多元化竞争格局初步形成。大型国有及国有控股公司将继续保持在大宗基础石化产品领域的主导地位；民营石化企业则重点在聚酯纤维（涤纶）产业链方面取得更大发展；外资企业则利用技术优势，发展功能化、精细化、专用化等高端产品，占据行业主导地位。

5. 各级政府对石化产业发展的高度重视

根据工信部下发的《石化和化学工业"十二五"发展规划》，到2015年，石化和化学工业总产值达14万亿元，全行业经济总量继续保持稳步增长，总产值年均增长13%左右。这意味着石化产业在"十二五"期间以及未来一段较长的时期里将保持较快的增速，整个行业仍将处在高速增长期，具有可观的投资前景。广东省政府已将石化工业列为全省重点发展的支柱产业，并制订了石化工业发展的产业政策和发展目标，为石化工业的快速发展创造了良好条件，已基本形成从上游原油开采、炼油、乙烯生产到中下游合成材料、精细化工、橡胶加工比较完整的工业体系。《广东省石化产业调整和振兴规划》提出的主要任务之一是做大做强大亚湾区石化基地。《珠江三角洲地区改革发展规划纲要（2008—2020年）》明确提出"积极培育惠州临港基础产业，建设石化产业基地。"为实施《规划纲要》，惠州市政府提出了建设世界级石油化工基地的战略目标，并制定了《惠州市石化行业发展专项规划》。我国石化工业的快速增长以及各级政府的高度重视和大力支持，为惠州石化产业在广东沿海石化产业带后来居上提供了难得的历史机遇。

6. "深莞惠经济圈"的构建

深莞惠三市将联手推动生产要素合理流动、资源优化配置、产业协调发展。通过优势互补，培育规模超大、超强的新兴产业群，以此打造珠三角经济一体化先行区。大亚湾区毗邻深圳，可充分利用深圳在研发、人才和资金方面的优势，推进产业合作。另外，深圳和东莞都是电子电器、汽车、鞋类、日化、玩具等产业的密集地区，将需要大亚湾区提供更多、更先进的石化原料，优化石化产业结构。

（二）面临的挑战

1. 石化产品市场竞争日益加剧

随着我国油品进口配额的取消，特别是零售、批发市场的放开，国内成品油市场竞争将更加激烈。随着关税的逐步降低以及外贸经营权的放开,韩国、新加坡、中国台湾以及中东地区将成为争夺我国内地石化市场的主要竞争对手。中东石化产品的原料价格低廉和规模优势,加之西方跨国公司在技术、管理等方面的支持,使其产品具有较强的竞争优势。中东大宗石化产品尤其是聚乙烯和乙二醇的大量外销,势必对国内相关石化企业的生产带来冲击。

2. 国内石化产业资源短缺的局面十分严峻

多年来,国内原油产量增幅低于石油需求的增长,原油供需缺口越来越大,原油进口数量和比例越来越高。1996年起,我国成为原油净进口国;2012年,我国原油加工量的产量达4.679亿吨,其中,原油进口量约为2.71亿吨,对外依存度达到56.4%。随着石油化工的发展,化工用油短缺的矛盾日益突显,能否突破原料资源的"瓶颈",将是未来石化产业发展的关键。

3. 环境保护对石化产业提出更高要求

我国已经制定严格的环保法规,同时将要制定更为严格的环保标准,特别是对一些中心城市的污染物控制排放指标将更加严格,"十二五"期间,主要污染物控制指标除 SO_2 和 COD 外还将增加了 NO_x 和氨氮的排放,这对国内石化产业实施污染治理、清洁生产和低碳循环经济提出了更高的要求。虽然我市石化工业起点高,中海壳牌11套装置、1200万吨炼油,ABS(苯乙烯、丁二烯与丙烯腈共聚物),PS(聚苯乙烯),炭黑,子午线轮胎,工业气体等项目都是国际领先水平,具有一定的节能减排优势。但总体上,石化行业是高耗能行业,面临着巨大的节能降耗压力。特别是中海壳牌石化项目及其中下游配套项目建成投产后,水、大气和生态环境均面临考验。虽然园区内坚持高标准建设、采用清洁生产工艺,但污染物排放量的绝对值较大,节能减排任务十分艰巨。未来大亚湾区的石化产业将面临发展与环境容量的矛盾。

4. 广东石化产业链、产业集群尚不完善

广东省是我国三大石化集团在华南地区的投资重点,过去由于国有大型石化企业走大而全的道路,产品结构和工艺路线趋向于企业内部自成体系,通过产业链带动地方石化工业发展不够,使地方石化企业的发展面临原料、技术和资金等多方面约束,尚未形成一批规模较大、具有较强综合竞争力的地方石化企业,产业的龙头带动作用不显著。

四、惠州打造世界级石化产业基地的举措

(一)加快产业结构调整,不断优化产业布局

以大亚湾化工工业区为龙头,在其他五县区各选择一个合适的区域规划建设

石化园区，形成全市石化产业"一大五小"、协调发展的布局；注重与沿海石化产业带的差异化竞争，形成自身特色与竞争优势。按照炼化一体化、基地化、集约化模式和发展低碳经济的要求，优化调整炼化产业布局，进一步提高产业聚集度，大力推进现有石化企业的技术改造，形成以大亚湾为龙头的石化企业集群。坚决淘汰落后产能，以市场为导向，积极调整产品结构，努力发展高端石化产品。

（二）大力推进节能减排，切实转变发展方式

全球石化工业节能减排步伐加快。国外大型石油石化公司通过开发实施节能新工艺、新技术，采用各种提高燃料效率和节能措施，开展 CO_2 的捕集与封存技术研究，在节能减排方面取得了重要进展。惠州所要打造的世界级石化产业基地不能仅仅是产业规模上的世界级，还必须是健康、安全与环保标准上的世界级。由于石化工业是能耗大户之一，为了实现持续有效发展，必须大力推进节能降耗，提高资源利用率。在石化工业的发展过程中，应采取强有力的节能环保措施，使惠州石化走上低碳之路：①牢固树立环保优先的理念。将生态建设和环境保护贯穿于行政决策、规划编制、招商引资、项目建设的全过程，贯穿于园区开发的各个领域，切实做到项目建设与生态保护相统一、资源利用与环境保护相协调、经济增长与生态良好相一致。②优先发展技术先进、污染物排放少的项目。开发推广应用节能新技术，搞好节能技术改造，从源头上限制和减少污染。重视减排 CO_2，开发低碳技术，及早制定和实施减排 CO_2 的措施。③加强节能管理，建立健全节能目标责任制。对污染物排放大、污染治理技术和设施达不到环境保护要求的项目，实行环保一票否决制。④加大减排和环保治理的力度，包括加强"三废"治理，实现清洁生产。加强污染物排放的监控，除了正常和不定期的流动检测，对重点污染物排放石化企业，应设置污染物排放在线自动监控系统，确保污染物达标排放。⑤加强废物回收和循环利用。

（三）加快精细化工园区的规划建设

国内外的经验表明，实行工业园区式的发展模式，是符合石化工业发展规律的最佳发展途径。因此，我市要坚定不移地走园区式的发展道路。沿海石化产业带下一轮竞争在很大程度上将取决于谁在精细化工上的发展水平。除了要加快规划建设大亚湾石化区精细化工园区，使之成为高校科技成果孵化的重要基地，还要加快县（区）精细化工园区建设。惠东县要加快开发国际精细化工创新产业基地和鞋材生产基地；惠城区要加快建设规划总面积5.9平方千米的三栋数码工业园，该园是惠城区石化产业发展的重点；惠阳区要尽快明确良湖工业区（规划占地面积5 000亩）为精细化工基地的功能定位，加快土地征用、基础设施建

设等工作；博罗县除要加紧建设石湾镇石化园区外，要重点加快规划建设杨侨镇精细化工基地，尽快完成该基地首期用地指标报批、其他土地征用以及基地基础设施建设。为石化产业更好、更科学地发展打好规划基础。

（四）充分发挥石化大项目的辐射和带动作用

除继续完善石化产业链、抓好相关配套项目的建设外，还要汲取茂名石化等老牌石化基地的炼油、乙烯及一些配套项目均由某一家龙头企业控制，产品结构和工艺路线在企业内部自成体系，对带动地方石化工业发展不足，对当地经济贡献不够大的经验教训。注重充分发挥大项目的辐射和带动作用，结合我市产业基础和结构，大力发展中下游企业，尤其是生产高档油墨、汽车涂料、电子专用塑料、工程塑料制品等高附加值产品的企业，推动我市经济发展，提供更多就业岗位。

（五）发展石化物流业，建设石化产品交易中心

现代物流是一个新事物、新观念，应加强对发展现代物流理论和知识的宣传引导和普及，应用现代物流知识和技术，做好石化企业的物流发展规划。鼓励石化企业逐步实现主辅分离，开展物流外包。大力发展第三方物流，提高物流综合服务能力。加大对大亚湾石化物流的投入，加强物流设施的硬件、软件建设，尽快形成配套的、完善的物流设施，构建石化物流信息平台，提高物流服务的信息化水平。针对惠州本地石化企业人才结构不合理、石化物流人才匮乏的局面，可以通过校企合作，建立石化物流人才储备基地。

石化产品交易市场是降低企业成本、实现石化产业集群效应和规模效应的重要途径。目前广东尚无一个大型石化产品专业交易市场，惠州可抢占先机，率先规划建设石化产品专业交易市场。基于大亚湾的深水良港和地缘优势，可考虑在大亚湾区规划建设一个大型的石化产品交易中心。石化产品交易中心（或市场）可为生产企业和客商掌握市场信息、交易石化产品提供便利，对促进我市石化物流业发展、提高石化行业影响具有重要的作用。

（六）拓宽融资渠道，推进基础设施和公用工程建设

为增强石化工业的发展后劲，改善投资环境，要进一步加大对基础设施的投入。一是加大对石化区各项基础设施、公用工程的投资建设工作；二是加快东区变电站、220 kV 千帆变电站、110 kV 米岭变电站的建设，以满足普利司通、李长荣化工、忠信化工、ABS、石油焦煅烧、加氢尾油综合利用等项目试车、试产的用电需求；三是尽快启动石化区公用码头建设，解决石化区各企业的货物进出物流运输要求；四是推进大亚湾北环路尽快开工建设并投入使用，以减轻石化区

的运输压力，实现封闭式管理。要拓宽融资渠道，采用各种合法的方式筹集建设所需的资金。除向银行和金融机构融资外，还可以通过市场化，股份化的方式，引入项目经营公司或设立产权多元化的投资公司、资产经营公司，采取特许经营等多种方式，广泛从外商、民间和国内企业筹措建设所需的资金。

（七）大力推进自主创新，提升石化产业竞争力

石化产业属于技术密集型产业，技术创新是推动石化行业发展的核心动力。惠州应加强自主创新和引进技术消化吸收再创新，努力开发具有自主知识产权的核心工艺技术和产品技术，加强前沿技术和产业发展的关键技术的研发；以技术改造和重大工程建设为依托，积极采用高新技术改造提升石化产业；加快石化产业科技服务体系建设，为中小企业提供科技、经济、人才、政策方面的信息和咨询服务；建立石化企业科研设备、技术共享机制；加强产、学、研合作；建设网上科技成果互动平台，组织企业与研究开发机构的交流与合作，促进高校、科研单位和企业之间的技术转移，加快科技成果的产业步伐。积极创造优越的环境和良好的条件，推动北京化工大学与惠州学院共建惠州研究院，共同开创优势互补、互利共赢、共同发展的新局面，力争在生物化工、化工新材料和高端制造、化工资源与环保等领域产出具有自主知识产权的创新成果，为惠州乃至广东的石化企业提供技术支撑和服务。

（八）加强区域合作，联合发展石化产业

区域合作是当今世界经济发展的重要趋势。石化产业属资本、技术密集型产业，惠州资本、技术力量相对薄弱，是发展的"短板"，因此，更需要借助外来力量来发展石化产业，以构建区域经济新格局、建设沿海石化产业带为契机，加强区域合作，借助市外资本、技术发展我市的石化产业。加强与沿海石化产业带其他基地的合作，如信息沟通、技术交流、产品交易等。加强与深圳、东莞等周边发达地区的合作。深圳、东莞等市拥有雄厚的资本和对石化产品的巨大需求，我市可加强与周边两个城市的合作，利用各自的资源和优势，采取多种形式联合发展石化产业，在"深莞惠"一体化进程中建立一个优势突出、特色鲜明的现代石化工业。

（感谢惠州市经信局为本文撰写提供数据、资料信息）

提升惠州制造业价值链位置的对策研究

林 宽

一、惠州产业发展现状及趋势

经过多年的改革发展，惠州市由以农业经济为主的落后地区发展成为广东省新兴的工业城市，形成了以龙头项目带动相关产业发展为特色的产业格局，产业的综合实力和发展后劲显著增强，奠定了构建惠州市现代产业体系的坚实基础。2013年，惠州规模以上制造业实现增加值1 283.3亿元，先进制造业增加值占规模以上工业比重的66.9%。接下来，惠州将加快中海油炼化二期项目建设，积极筹建中卡项目和中海油炼化三期项目，加快发展精细化工等石化中下游及关联产业，促进石化产业规模和效益同步提升。同时大力发展平板显示、LED等产业集群，推动电子信息产业向高端发展。在装备制造业方面，将以重大装备为重点，扶持一批装备制造业企业做大做强，力争在引进汽车整车项目上有新突破，培育发展造修船和海洋工程配套产业链条等。

随着惠州"十二五"规划有关"鼓励大型电子企业向汽车电子产业渗透"、计划建成东南亚较大的发动机零部件出口基地等措施的实施，惠州传统汽车工业，将变为惠州的潜力支柱产业之一。

近年来，惠州市委、市政府高度重视高新技术产业的发展，相继出台了《关于加强技术创新、加速高新技术产业发展的若干意见》、《关于人才引进的若干规定》、《惠州市专利申请费用资助暂行办法》、《惠州市工程技术研究开发中心暂行规定》和《关于进一步加快建设科技强市的实施意见》等一系列政策措施，有力地推动了高新技术产业的持续快速发展。

快速发展的惠州市高新技术产业在珠三角乃至整个广东省都占有重要地位，已经形成了鲜明的特色，并且孕育着巨大的发展潜力。特别是产业链相对完备的电子信息产业，已成为珠三角以广州、东莞、深圳、惠州为核心的"电子资讯走廊"中的重要一极，培育了TCL、德赛、华阳等大型国有（控股）企业，创立了TCL电话机、手机、电脑、彩电，德赛电池、数码龙音响等一大批品牌。随着大亚湾石化工业区的规划建设，惠州将形成电子信息和石油化工两大产业并举、光机电一体化等多产业协调发展的高新技术产业发展新格局。

惠州市的高新技术产业从20世纪90年代初开始起步，经过不懈努力，形成了以电子信息产品制造业为主体、大型企业集团为龙头的高新技术产业的发展格局。现有国家级高新技术产业开发区1家、国家级经济技术开发区1家、省级民营科技园区1家，此外还有正在兴建中的石化工业园、惠州工业园区、软件园、留学生创业园以及农业高新技术园区等多个科技产业园区，已初步形成了贯穿全市经济重点区域的高新技术产业带。

在中海壳牌项目正式落户惠州等各种有利因素的推动下，惠州市高新技术发展更加迅猛，在各类高新技术产品中，电子信息技术产品占88%，居于绝对的主导地位，其次是光机电一体化、新能源、新材料技术领域。高新技术产品的增长主要集中在电子信息技术的平板显示、LED半导体、移动通信手机、计算机、DVD视盘及播放设备、高保真音响设备、汽车电子产品、锂离子电池等。

从总体来看，高新技术产业强劲的发展势头，已成为惠州经济增长的亮点，为惠州经济的快速、持续、健康发展提供了有力的支撑。从产品的分布企业看，增幅大、效益好的产品主要集中在TCL、德赛、华阳、LG、侨兴等几家研发能力强的大企业集团，表明惠州市以大企业集团为龙头带动全市发展的"榕树经济"模式效果明显。

惠州传统产业目前主要以鞋业工业、纺织服装和建材工业为主。在纺织服装产业方面，惠州一批大中型纺织服装企业在承接国际名牌加工订单的过程中，影响力大幅提升，并快速发展，技术装备在局部行业中取得领先优势，促进了惠州纺织服装产业结构的升级。已拥有像富绅、真维斯等一批知名度较高的品牌企业。在建材工业方面，惠州建材工业已形成了以新型干法水泥、加气混凝土、纳米碳酸钙、轻质砖、U-PVC管、高强预应力混凝土管桩等为主要产品的生产体系。

二、惠州制造业所处的经济效应

（一）马歇尔外部经济理论

马歇尔（Marshall）发现，外部规模经济与产业聚集有密切的关系，认为产业在特定地区的聚集可以更快地形成更大规模的外部规模经济。马歇尔从劳动市场共享、附属产业的成长、技术外溢三个方面论述了产业地方化产生的原因。巴顿（Barton）认为企业集群有利于熟练劳动力、经理、企业家的培育，与同类企业地理集中进一步相关联的经济效应是日益积累起来的熟练劳动力汇集和适应于当地工业发展的劳动力就业制度。他指出："一方面，地理上的集中必然会带来竞争，而竞争必然会促进企业的创新；另一方面，地理上的集中本身就有助于在商品制造者、供给者与顾客之间产生一种更为自由的信息传播，相当数量的创新正是由于正确地了解了顾客的需要，以及发现供给上的特殊问题而产生的结果。"

（二）韦伯的工业区位理论

韦伯（Alfred Weber）把产业集群竞争优势归结为技术设备、劳动组织、市场化因素、成本因素四个方面。

经济学家胡佛（E. M. Hoover）在经济活动的区位中，也将集聚经济视为生产区位的一个变量，把企业群落产生的规模经济定义为某产业在特定地区的集聚体的规模所产生的经济，他认为规模经济是中小企业集群产生的原因。胡佛提出任何一种产业都存在三个不同层次的规模经济，都有单个区位单位（如：工厂、商店等）决定的规模经济；单个公司（即企业联合体）决定的规模经济；该产业在某个区位的企业集中所决定的规模经济，这第三个层次的规模经济正是中小企业集群具有的规模经济。

曾忠禄认为，产业群集（industrial cluster）是同一产业的企业以及该产业的相关产业和支持产业的企业在地理位置上的集中。

（三）克鲁格曼新经济地理学理论

20世纪90年代，以克鲁格曼（Paul Krugman）为代表的新经济地理学，运用经济外部性、规模经济、收益递增、产业组织等概念和原理分析和解释产业在地区的集中问题，并把不完全竞争、经济聚集等原理模型化。克鲁格曼的新贸易理论说明各国的贸易优势并不来自于国与国的产业区别以及由此引起的比较优势，而是来自于各国内部的地区产业分工和在此基础上所能达到的规模经济的程度。产品的贸易活动实际上间接地起到了生产要素贸易的作用，无论生产要素最初的分配状态如何，通过贸易活动，总会使某些产品的生产集中于某些工业区。

（四）波特的新竞争理论

波特（Miohael Porter）是从组织变革、价值链、经济效益和柔性方面所创造的竞争优势角度重新审视产业集群形成的机理和价值的。他认为产业集群主要通过外部经济、信息与公共物品共享、关联产品的整体性获得竞争优势。他认为在一个产业集群内，企业相互之间形成上下游的配套关系，集群内厂商间的密切关联形成整体利益大于内部各个厂商利益之和。

三、惠州先进制造业发展现状与特点

(一)以炼油和乙烯为龙头,突出发展精细化工产业

石化产业以炼油和乙烯两大项目为龙头,依托大亚湾石化区、惠阳鸿海精细化工基地、惠东新材料产业基地和博罗精细化工基地、广东省石油化工产品分析测试重点实验室等基地和中心,突出发展精细化工产业,特别是新材料产业,重点生产电子与造纸用高科技化学品、日用化学品、特色涂料与油墨、汽车轮胎、电子塑胶等高附加值、高技术含量的产品。以石化产业辐射带动周边区域发展,打造"环大亚湾经济带",全力构建世界级石油化工产业基地。

(二)电子信息制造业

电子信息制造业以仲恺高新区为核心载体,进一步延长和完善电子信息产业链条,促进产业向产业链高端延伸,打造国家级电子信息产业基地。依托中国平板电脑(惠州)产业化基地、国家数码视听产品产业基地、汽车电子特色产业基地、广东省战略性新兴产业(光电产业)基地以及广东省LED产业(惠州)基地,重点生产平板电脑、计算机零配件、移动通信设备、视听设备、数字家庭产品、信息家电、电子元器件、集成电路、汽车电子、LED上下游产品等高端新型电子信息产品。

(三)汽车产业

汽车产业以比亚迪等大型企业为龙头,依托大亚湾区新兴产业园、惠东京兰新能源汽车产业基地、博罗东部工业园电动汽车项目,重点生产汽车零部件、客车整车和新能源汽车,积极推进我市成为新能源汽车推广应用示范城市建设,着力打造国家级新能源汽车和关键零部件研发与生产基地。同时,依托广东省火炬计划高性能环保电池特色产业基地、新材料产业基地(惠东进电池材料)、电动汽车电池生产基地和测试中心(博罗),生产新能源汽车所需的各类电池及电池管理系统。

(四)机械产业

机械产业以电气机械、仪器仪表、通用设备和专用设备等行业为重点,以增强自主创新能力、提升产业竞争力为核心,通过战略合作、引入外资等方式,着力培育以惠城区、惠东县为龙头的精密机械产业集群,以大亚湾区为龙头的海洋装备产业集群,以博罗县为龙头的环保设备产业集群。

四、惠州产业集群发展的困境与问题

全球金融危机对世界经济产生了重要影响,使全球经济发展放缓。在全球金融危机的影响下,创新能力弱、知名品牌少、产业配套不完善、环保意识差等问题十分突出。我市以出口为导向的产业遭受了严重影响。技术含量低、产品差异化程度低的产业集群,特别是纺织服装、玩具等产业集群出现了困境,甚至倒闭,部分产业集群面临产业链断裂危机。

全球金融危机是我国产业集群面临困境的外部因素,集群创新能力弱、产业配套不完善、知名品牌少、产业根植性不强是造成产业集群当前困境的内部因素。

(一)产业集群多以低成本为基础的聚集,自主创新能力不足

创新能力与参与国内外竞争的要求不相适应。产品模仿多于创新,技术含量低,恶性低价竞争严重。一些产业集群地区普遍缺乏政府公共服务平台的支持和政策支持,这是企业自主创新能力不足的重要原因。

(二)工业园区盲目发展、低层次发展,形成的产业集群缺乏竞争力

近年来,我市兴建了大量工业园区。部分工业园区由地方政府主导,园区专业化分工不明确,只解决了企业入园、产业集中或集聚的问题,缺乏功能分区,产业链不完整,从而造成盲目发展。随着我国经济的全面发展,内地在低成本的劳动用工、优惠的政策等方面逐步具有优势,出现了低成本型集群企业外迁等现象,工业园区的产业根植性不强。为避免龙头企业外迁带走一批与之相配套的上、下游企业,集群需要增强产业的根植力。

(三)产业集群内产业链的发展有待进一步完善

产业集群内未形成配套的产业链。一些产业集群内各企业之间业务和技术关联不大,分工和专业化程度不高,使企业集中在产业链的某些环节,尤其是终端产品的生产上,缺乏明确的产业分工和产业特色。大量"小而全"的企业在同一个集群中,不仅阻碍了产业链的延伸,还会危及集群的自我发展和竞争力的提升。

(四)产业集群的公共服务体系落后

随着产业聚集的发展,一些企业在专业镇的周边落户,形成跨镇域的生产链

条，产业逐步超出镇域范围，出现了跨镇域的分工格局。各镇之间相互竞争，重复建设使得资源得不到有效的综合利用。

（五）产业集群转型和升级进展缓慢

在发展模式上，仍以粗放型增长为主，以成本为主的竞争手段；相当多的企业依赖于地方政府提供税收等政策优惠，依赖于低地价、低用工成本维系企业经营。

上述问题正日益阻碍我市产业集群实现良性发展。要解决这些问题，不能单从保护落后角度出发，而应从积极促进产业集群转型及升级角度出发，促进形成新兴支柱产业，提升产业集群的技术创新、市场开拓和扩张优势。

五、有关提升惠州制造业所处全球价值链位置的对策

在实践中，目前我市的战略新兴产业正面临着"顶着高端产业的名头，却只能在全球产业链中从事低端制造"的困境。

全球战略性新兴产业正呈现出五大发展趋势：①产业间分工演变为产品内分工，产业链呈现高度的全球性纵向整合趋势；②价值链分布越来越陡峭，非实物性活动如差异化、创新等环节在附加价值分配中所占有的份额越来越高；③市场和技术主导演变为创新能力主导，创新成为全球价值链（Global Value Chain, GVC）的主要链接方式；④硬件制造演变为服务嵌入，服务链在产业向高端攀升中的作用越来越大；⑤生态链与产业链的融合，更加强调产业发展的环境治理和环境友好，强调可持续发展。

从产业链的视角分析战略性新兴产业的高端化问题，必须主要着眼于劳动分工的形式的变化，以及由此所形成的内在的技术经济联系的动态调整，通过"链"的升级实现产业发展的高端化。当今的国际分工已经从产业间转向了产业内，尤其是产品内分工成为战略性新兴产业发展的主要模式。过去的产业间分工使发达国家专注于技术资本密集型产业，而发展中国家只能搞自然资源和劳动密集型产业，等于是排斥了发展中国家战略性新兴产业崛起的可能性。当今的产业内和产品内分工，为全球竞争背景下发展中国家搞战略性新兴产业提供了一个极其重要的战略机遇期。因此，我市在全球竞争格局下，制定战略性新兴产业链的高端化应采取如下对策：

（1）从基础和前提看，网络化和信息化是全球化的技术基础，也是战略性新兴产业的产品内国际分工的技术基础。运输成本的降低和区位条件的改善，市场经济所带来的要素流动障碍的破除，直接刺激了我市企业对产品生产中某些环节的业务的外包供给和相应的需求，因此要加强网络化和信息化的建设。

（2）从手段和动机看，产品内国际分工把特定产品内生产环节之间的投入产出关系转化为产业链关系，或把波特的基于企业的"价值链"概念转化为基于全球产品内分工的 GVC 概念，转化为"发包商—供应商"关系。形成这种关系的主要途径是通过制造业或服务业外包。因此，我市企业可以通过发包自己的业务环节寻找企业的定位。

（3）从产业链的组织方式看，产品内国际分工把分工深入地推进到特定产品内部的不同工序、区段和环节，不仅使生产过程更加精细化，而且把不同工序和环节的经济活动在特定目标的整合下，在空间上离散地分布在全球不同国家进行。因此，要寻求适合我市产业链发展的组织方式，培养支配治理结构运作的强势企业。

（4）政府应制定制造业中长期战略规划，加强产业链招商，争取项目集群式、组团式落户，聚集一批行业领先的企业，依托产业龙头项目，促进本地中小微企业与大企业合作配套，着力构造纵向发展延伸、横向关联配套的产业网络。

（5）提升品牌创新意识。首先，要深入实施"质量立省、名牌兴业"的战略，积极鼓励优势企业争创名牌，鼓励品牌企业在园区内以资金、技术、管理和信息等作为支撑，聚集一批中小企业，提供专业化产品、加工原材料和零配件供应等配套协作，形成产业群的整体竞争力；其次，要以重要企业、品牌产品带动园区发展。如引导拥有名牌产品的企业，利用品牌优势，细化分工，扩大协作，积极发展协作单位入园投资合作，拉长名牌产品的产业链，也可以品牌为纽带，进行联合兼并，扩大生产名牌产品的规模和能力。开发系列产品，提高产品档次，拓展名牌产品的生产领域。同时，要加强市场宣传，不断提高园区名牌产品的市场占有率，保持品牌的生命力。

（6）提高工业园区的管理服务水平。要切实打造园区的软硬环境，探索多种行之有效的园区管理模式。把工业园区建设成为适宜于企业创业发展，能把企业引进来、留得住的园区。要坚持体制创新，建立园区管理委员会，打破行政区域的界限，实现园区项目法人责任制。要牢固树立为企业服务的思想，提高工作效率，为企业提供"一站式"审批和"一条龙"服务。要高起点规划，高标准建设，以信息化带动园区现代化，以适应现代大工业的要求。要进一步搞好相关配套服务，加强管理指导协调服务，充分利用社会各种资源，帮助做好单个企业想做而做不了的事情。要根据各区的产业结构特点和分布情况，举办一些专业论坛、专业会展等，促进产业集合型园区向产业结合服务型园区转变，逐步构筑为园区企业发展的综合服务体系。

（7）充分利用当地的教育资源培养人才。大力发展高等教育，培养创新人才，增强惠州的科技竞争力。培养适应惠州企业需要的高级技术工人。确立"以明天的科技，培训今天的学员，为未来服务"的办学宗旨，采用"教学工厂"的模式，学生通过在教学环节中直接使用高新技术设备，把实际操作最先进的设备或实验装置作为最重要的教学环节。吸引高科技研发机构，为教学科研和生活提供配套服务设施。

惠州市战略性新兴产业发展的现状、环境及对策

杨荣　袁睿

战略性新兴产业是以重大技术突破和重大发展需求为基础，对经济社会全局和长远发展具有重大引领作用，知识技术密集、物质资源消耗少、成长潜力大、综合效益好的产业。当前，世界新技术、新产业迅猛发展，孕育着新一轮产业革命，新兴产业正在成为引领未来经济社会发展的重要力量，世界主要国家纷纷调整发展战略，大力培育新兴产业，抢占未来经济科技竞争的制高点。发展战略性新兴产业，惠州正面临着重大的发展机遇，应当切实增强紧迫感和使命感，全力以赴加快培育发展战略性新兴产业。

一、惠州市战略性新兴产业发展状况

（一）电子信息产业

表1是惠州市1993—2012年电子工业主要经济指标发展情况，图1是惠州市电子工业总产值增长趋势（1993—2012年）图。从表1和图1可看到，惠州市电子工业总产值在1993—2012年间呈上升发展势头。2012年，电子工业完成总产值2 336.6亿元，成为我市首个超过2 000亿产值的行业，该年的总产值是2000年的5.4倍，1993年的42倍。同时，当年电子工业总产值占规模以上工业总产值比重为42.52%。

表2是惠州市规模以上工业企业主要电子产品产量情况表。从表2可看到，2012年，惠州市规模以上工业企业生产的彩色电视机1 067.8万台、激光视盘机15 652.3万台、移动电话机18 396.8万部、电话单机2 172.7万部、电视接收机顶盒55.6万台、组合音响866.03万部、半导体储存器播放器157.71万个，分别比2011年增长-6.4%、458.4%、22.0%、-12.8%、671.7%、17.7%和41.3%。

表1 惠州市1993—2012年电子工业主要经济指标发展情况

年度	电子工业总产值（亿元）	电子工业总产值年增长率(%)	电子工业总产值占规模以上工业总产值比重(%)	年度	电子工业总产值（亿元）	电子工业总产值年增长率(%)	电子工业总产值占规模以上工业总产值比重(%)
1993	55.71	—	39.27	2003	768.08	21.65	75.27
1994	92.12	65.36	39.19	2004	841.06	9.50	75.11
1995	163.17	77.13	49.22	2005	1002.49	19.19	70.17
1996	222.08	36.10	51.59	2006	1095.24	9.25	59.72
1997	270.11	21.63	50.96	2007	1258.27	14.89	56.73
1998	265.37	-1.75	54.31	2008	1443.97	14.76	55.53
1999	345.21	30.09	63.09	2009	1604.27	11.10	53.38
2000	430.26	24.64	65.41	2010	1542.42	-3.86	39.50
2001	478.44	11.20	67.56	2011	1954.03	26.69	41.01
2002	631.38	31.97	73.21	2012	2336.6	19.58	42.52

数据来源：惠州市统计局。

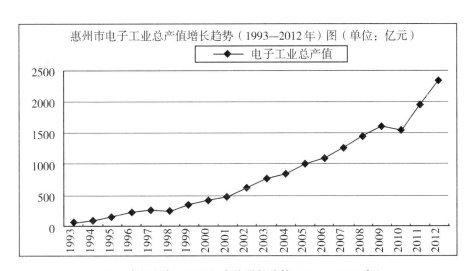

图1 惠州市电子工业总产值增长趋势（1993—2012年）

表2 规模以上工业企业主要电子产品产量

指标名称	2011	2012	2012比2011增长率（%）
彩色电视机（万台）	1140.4	1067.8	-6.4
激光视盘机（万台）	2803.0	15652.3	458.4
移动电话机（万部）	15074.1	18396.8	22.0
电话单机（万部）	2492.7	2172.7	-12.8
电视接收机顶盒（万台）	7.2	55.6	671.7
组合音响（万部）	735.6	866.03	17.7
半导体储存器播放器（万个）	111.61	157.71	41.3

数据来源：《惠州统计年鉴》（2012年、2013年）。

（二）半导体照明（LED）产业

惠州市依托电子信息产业基地建设，大力鼓励和扶持LED产业发展，经过多年发展，惠州在LED产业的发展和产业链的结构已有相当雄厚的基础，形成从封装、光电节能系统解决方案、照明产品研发到LED照明终端产品应用以及市场销售的产业链条，初具LED照明产业领域的发展实力和潜力。尤其在LED封装、LED光电设备、LED背光源及材料、LED显示背光源、LED照明生产及应用和LED产品设计等方面发展迅速，涵盖了整个产业链条的中、下游，并逐步向上游迈进。中下游产业链相对完整，LED应用环节优势初现。美国科锐光电公司和LG伊诺特等一批重点项目的引进，大大增强了惠州LED产业链上游实力，进一步完善LED产业链。近年来，惠州市电子信息产业规模和效益跃上新台阶。据统计，2008年全市LED产值50亿元，LED企业近80家，2009年产值达到76亿元，企业近100家，2009年的LED产值比2008年增长52%，高于全市规模以上工业增加值、电子工业完成增加值增长速度32.8、42.4个百分点。以全市33家重点LED企业计算，2009年，LED产业产值43亿元；2010年，LED产业产值120亿元。2011年，LED产业产值250亿元，产业规模位居全省第二。

（三）新能源产业

近几年，惠州市新能源产业才刚刚起步，发展由缓慢逐步走向加快。表3反映了惠州市"十一五"期间能源生产发展情况。

表3 惠州市"十一五"期间能源生产情况表

名称	2006		2010		"十一五"期间年均增长率(%)
	产量	折合标准量(万吨标煤)	产量	折合标准量(万吨标煤)	
能源生产总量	—	2786.35	—	5534.78	19.7
煤炭	69.23万吨	49.85	153.88万吨	110.79	24.4
原油	878.61万吨	1291.56	1 114.71万吨	1638.62	5.37
成品油	490万吨	720.3	399.7万吨	587.56	-3.68
液化气	18.42万吨	127.56	138.81万吨	960.56	130.6
发电装机容量	415.79万kW	—	607万kW	—	9.7

数据来源:《惠州市"十二五"能源发展规划》报告。

据表3,"十一五"期间,惠州市能源生产总量大幅增长。能源生产总量由2006年的2 786.35万吨标煤(以热当量法计算,下同)增长为2010年的5 534.78万吨标煤,年均增长率19.7%。

其中:煤炭从2006年69.23万吨(折合标准量为49.85万吨标煤)增长到2010年的153.88万吨(折合标准量为110.79万吨标煤),年均增长率为24.4%;原油从2006年878.61万吨(折合标准量为1 291.56万吨标煤)增长到2010年的1 114.71万吨(折合标准量为1 638.62万吨标煤),年均增长率为5.37%;成品油从2006年490万吨(折合标准量为720.3万吨标煤)增长到2010年的399.7万吨(折合标准量为587.56万吨标煤),年均增长率为-3.68%;液化气从2006年18.42万吨(折合标准量为127.56万吨标煤)增长到2010年的138.81万吨(折合标准量为960.56万吨标煤),年均增长率为130.6%,其中液化天然气由2006年的17.82万吨(折合标准量为216.35万吨标煤)增长到2010年120.99万吨(折合标准量为1 468.81万吨标煤),年均增长率为115.7%,液化石油气由2006年的0.598万吨(折合标准量为1.02万吨标煤)增长到2010年的1.86万吨(折合标准量为3.18万吨标煤),年均增长率为42.35%;发电装机容量从2006年的415.79万kW增长为2010年的607万kW,年均增长率9.7%。

(四)新能源汽车产业

据统计,全市现有汽车零部件及摩托车生产企业43家,总注册资本超过40亿美元,车载电子国内市场占有率达70%,列全国首位。国内最主要的车载电子制造供应商云集惠州，2010年，全市车载电子销售总收入超过60亿元。

（五）生物医药产业

近年，惠州市依托良好的工业基础，医药产业发展迅速，医药行业科技企业已形成一定规模。2007年，惠州市医药产业增加值占全省医药产业增加值的1.3%。目前有惠州中药厂、九惠、先锋、罗浮山、艾希德、全一医药、宝芝林药业连锁公司等数百家医药企业。其中，九惠药业的"安胃疡胶囊产业化专项"是国家高技术产业发展项目。

二、惠州市战略性新兴产业的发展环境

（一）惠州市战略性新兴产业发展的有利条件

1. 国家各级政府对发展战略性新兴产业的重视

从国家到省、从省到市，各级政府均作出了部署，并制定了发展规划，把战略性新兴产业培育成为国民经济的先导产业和支柱产业。2010年9月，国务院颁发了《关于加快培育和发展战略性新兴产业的决定》。2012年7月，国务院颁发了《"十二五"国家战略性新兴产业发展规划》。在《决定》和《规划》中明确提出了我国战略性新兴产业的发展目标，战略性新兴产业规模年均增长率保持在20%以上，到2015年，力争使战略性新兴产业增加值占国内生产总值的比重达到8%。到2020年，力争使战略性新兴产业成为国民经济和社会发展的重要推动力量，增加值占国内生产总值的比重达到15%，部分产业和关键技术跻身国际先进水平，节能环保、新一代信息技术、生物、高端装备制造产业成为国民经济支柱产业，新能源、新材料、新能源汽车产业成为国民经济先导产业。

2011年7月，广东省人民政府颁发了《关于贯彻落实国务院部署加快培育和发展战略性新兴产业的意见》，2012年3月，广东省人民政府颁发了《广东省战略性新兴产业发展"十二五"规划》。在《意见》和《规划》中提出，到2015年，高端新型电子信息、新能源汽车、半导体照明（LED）三大产业率先突破，生物、高端装备制造、节能环保、新能源、新材料等产业初具规模，全省战略性新兴产业产值超过2.5万亿元，增加值占生产总值的比重达到10%；在主要领域掌握一批具有自主知识产权的关键技术和标准，培育一批具有国际影响力的大企业和一批具有创新活力的中小企业，形成3~5个产业链较完整、产值超千亿元的新兴产业集群。到2020年，全省战略性新兴产业产值比2010年翻两番，增加值占生产总值的比重力争达到16%，广东成为全国领先、世界先进的战略性新兴产业基地。

2011年5月,惠州市政府职能部门公布了《惠州市战略性新兴产业发展"十二五"规划(草案)》。在《规划(草案)》中明确惠州发展战略性新兴产业的战略方针,就是按照创新驱动、重点突破、市场主导、引领发展的要求,充分利用国际国内两个市场、两种资源,加大引资、引技和引智力度,做大优势、做强特色、提升水平,力争使惠州战略性新兴产业在若干领域跻身国内乃至世界前列,成为推动产业发展的主导力量,促进全市经济走上科技引领、创新驱动、内生增长的轨道。

2. 良好的发展基础

基本形成了电子信息产业、新能源汽车、LED、节能环保、新材料、新能源、生物等特色产业。特别是在电子信息产业方面,惠州已成为全国重要的电子信息产业制造基地,初步形成了以平板显示、光电产业、新能源电子、新一代移动通信、数字家庭、软件和集成电路等领域为主的高端新型电子信息产业体系。另外是惠州市石化产业的发展,它以构建世界级石油化工产业基地为目标,高起点规划,深层次开发。以乙烯和炼油两大龙头项目为重点,进一步延伸石化产业链,不断发展壮大石化中下游产业,形成规模化发展的石化产业集群和产业竞争力,全面推动惠州石化产业的结构调整、总量扩张。仲恺高新区成为国家高新技术产业化通讯产业基地、广东省战略性新兴产业基地(惠州光电产业)和广东省LED产业基地。

3. 区位优势

惠州市地处珠三角东翼,是珠江三角洲东部联系粤东地区的交通枢纽,紧邻深圳、东莞、广州等珠江三角洲发达城市和国际大都市香港。惠州市区西距广州153千米,东距汕头320千米,南与深圳相隔80千米,惠州港到香港中环码头仅47海里;京九铁路贯穿南北,广梅汕铁路连接东西;惠深、深汕、广惠、惠河高速公路在惠州境内交汇,形成环市高速公路网;规划中的厦深铁路横跨惠州,惠莞高速公路已在建设之中。惠州的地理区位、交通设施为物流运输提供了便利,良好的区位条件是区域经济快速发展的重要因素。随着《珠三角地区改革发展规划纲要》、深莞惠一体化的逐步推进,及两岸经济合作框架协议的签署,惠州市的地理优势越发凸显。

(二)惠州市战略性新兴产业发展的制约因素

惠州战略性新兴产业发展总体尚处于起步阶段,仍然面临不少矛盾和困难。集中表现在以下几个方面:①高层次创新人才缺乏。"领军人才"及创新人才培养体系缺乏,中高层骨干人才、高级技工及熟练工人也相对不足,对科技人才培养的体系尚未形成。②企业创新能力不足,核心技术创新能力较弱。自主知识产权少,专利申请以实用新型居多,发明以二次开发为主,原创性发明比重不高,高新技术产业整体竞争力有待于进一步提高，企业核心竞争力不强。③产业链高端环节比较薄弱，产业配套体系不够完善。许多产业位于产业链的中、下游，未在价值链中占据高位，处于价值链微笑曲线的中间部分，产品附加值偏低。同时，产业配套环境还没形成，产业制造所需的零部件和材料采购成本较高，与周边的深圳、东莞等地区没有有效形成配套市场。④区域间产业竞争日益激烈。在国内，长三角地区发达城市纷纷抢占战略性新兴产业的制高点；中西部城市利用成本优势，加快对产业资源的吸收速度；深圳、东莞等省内发达城市利用长期积累的品牌优势，吸引了大量高端产业资源；肇庆、中山等周边城市也凭借突出的自然资源储备和成本优势积极跟上。这些地区战略性新兴产业的迅猛发展，必将引发对人才、技术等高端要素的激烈争夺。

三、惠州市战略性新兴产业发展的对策

（一）加强组织领导，健全规划实施机制

市促进战略性新兴产业发展领导小组统筹负责全市培育和发展战略性新兴产业工作，统筹协调全市推进战略性新兴产业发展的重大事项。市有关部门按照职责分工，各司其职，各负其责，密切配合，共同推进战略性新兴产业发展。领导小组下设办公室，负责与各县（区）及发改、财政、税务、土地、人才、科技、规划、电力等部门沟通协调，研究解决产业引进和发展过程中的具体问题，分析解决项目推进中的实际问题，确保重大工程、重点项目的顺利实施。各县、区人民政府要根据本规划的要求，抓紧制定实施方案和具体落实措施，加大支持力度，加快将战略性新兴产业培育成为先导产业和支柱产业。

（二）建立长效稳定的财税支持机制

在专项资金支持方面，从2011年至2015年，市本级预算每年安排战略性新兴产业发展专项资金，大力支持战略性新兴产业发展。统筹安排现有市财政产业发展扶持资金向战略性新兴产业倾斜。在"十二五"期间，每年从相关专项资金整合安排相关资金，支持战略性新兴产业发展。同时，认真组织推荐战略性新兴产业项目申报国家和省相关财政专项资金，争取更多的财政资金支持。各县、区人民政府要相应设立战略性新兴产业发展专项资金。在落实税收优惠政策方面，全面梳理国家、广东省现行税收政策，大力开展政策宣传和辅导，集中宣讲和解读促进经济发展方式加快转变的各项税收扶持政策，引导企业用好用足各项政策。进一步研究落实企业所得税、营业税中有关知识产权转让收入部分、个人所得税等税收优惠政策。根据《中华人民共和国企业所得税法》及其实施条例，

落实高新技术企业按15%的税率征收企业所得税，落实技术转让、技术开发及相关服务性收入免征营业税以及落实企业固定资产加速折旧等；根据《转发国家税务总局关于印发〈企业研究开发费用税前扣除管理办法（试行）〉的通知》，落实企业研发费用税前加计扣除；根据《关于调整重大技术装备进口税收政策的通知》等文件，落实重大技术装备进口税收优惠。

（三）拓宽产业融资渠道

推动战略性新兴产业企业、银行机构、担保机构、风投公司、中介组织、保险机构建立战略性新兴产业发展金融合作联盟。引导金融机构建立适应战略性新兴产业特点的信贷管理和信贷评审制度。推进知识产权质押融资、产业链融资等金融产品创新。研究运用风险补偿等财政优惠政策，促进金融机构加大支持战略性新兴产业发展的力度。支持企业通过资本市场和债券市场直接融资。对符合上市条件的战略性新兴产业企业，市各有关部门要运用相关资源给予大力支持。鼓励成立战略性新兴产业投资机构和投融资服务机构。鼓励民资、民营企业、国有企业采用股份制形式，设立创业投资机构、私募股权投资机构、融资担保机构、新兴金融服务组织，投资、服务于战略性新兴产业。

（四）加大政府采购、重大工程（项目）采购的扶持力度

政府投资的公共工程项目，优先采用战略性新兴产业产品。积极鼓励、引导用户应用战略性新兴产业产品。对列入市战略性新兴产业重点发展领域的自主创新产品，在政府采购评审中，采用最低评标价法评标的，对其投标价格给予一定幅度的价格扣除。支持企业积极开拓国内外市场。组织市战略性新兴产业企业有针对性地开展定向招商、展销。积极引导和组织战略性新兴产业生产企业参加国外相关专业展会和综合展会，拓展国际市场，引导有条件的战略性新兴产业积极"走出去"，通过境外投资和资源开发，逐步实现战略性新兴产业国际化。

（五）加强产学研合作，提升自主创新能力

支持企业通过产学研用的方式开展技术和产品的研发，建立技术和产业联盟。鼓励企业与科研机构、高等院校联合设立各类研发中心和实验室，联合开展技术研究、产品开发、标准制定、应用推广等工作。重点鼓励、扶持高科技企业的新产品开发和研发投入，并支持本地科技人员创业。加大科技津贴和奖励等扶持力度，对新发明、新专利的创造者或者单位给予科技津贴奖励；对意义重大、前景广阔的科技创新活动给予资金支持；对国际专利申请和国内发明、实用新型专利申请，每项专利给予适度资助奖励。

（六）实施战略性新兴产业人才培育和引进

制订加快高层次人才引进的有关规定，加快引进新兴产业急需的高层次人才。大力引进领军人才，加大力度吸引海外优秀人才来华创新创业，依托"千人计划"和海外高层次创新创业人才基地建设，加快吸引海外高层次人才。大力培养尖端人才和职业技能人才。加强高校和中等职业学校战略性新兴产业相关学科的专业建设，改革创新人才培养模式，建立企校联合培养人才的新机制，促进创新型、应用型和复合型人才的培养。

（七）深化区域合作，建立省部市紧密合作机制

深化落实《贯彻落实<珠江三角洲地区改革发展规划纲要>推进珠江口东岸地区紧密合作框架协议》、《深圳、东莞、惠州规划一体化合作协议》等一系列合作协议，以建设深莞惠经济圈为目标，重点推进惠州市与珠三角发达地区、香港等在产业转移、产业链合作、技术研发等方面的合作。坚持优势互补、错位发展，积极推动产业协作，逐步形成深莞惠三地科学有序的产业分工。加强与粤港台合作交流，充分利用毗邻香港的优势，深化惠港合作，提升惠州战略性新兴产业的国际影响力；加强与香港高校、研发机构合作，推进重大科研成果在惠州实现产业化；支持惠港两地企业联合开展战略性新兴产业关键共性技术攻关，联合设立研发机构；充分发挥香港连接国际市场的桥头堡作用，帮助惠州企业走出去拓展国际市场，吸引国际资本、技术和人才向惠州转移。

（八）深化国际交流合作

大力推进国际科技合作与交流，发挥各种合作机制的作用，多层次、多渠道、多方式推进国际科技合作与交流。鼓励境外企业和科研机构在惠州设立研发机构，支持符合条件的外商投资企业与内资企业、研究机构合作申请国家科研项目。引导外资投向战略性新兴产业，丰富外商投资方式，拓宽外资投资渠道，不断完善外商投资软环境。大力支持企业跨国经营，完善出口信贷、保险等政策，结合对外援助等积极支持战略性新兴产业领域的重点产品、技术和服务开拓国际市场，以及自主知识产权技术标准在海外推广应用。支持企业通过境外注册商标、境外收购等方式，培育国际化品牌。加强企业和产品的国际认证合作。

参 考 文 献

[1] 国务院."十二五"国家战略性新兴产业发展规划（R）. 2011.
[2] 国家发展和改革委员会. 珠江三角洲地区改革发展规划纲要（2008—2020

年)(R). 2008.

[3] 广东省人民政府. 广东省战略性新兴产业发展"十二五"规划(R). 2012.

[4] 惠州市人民政府. 惠州市国民经济和社会发展第十二个五年规划纲要(R). 2011.

[5] 惠州市人民政府,惠州市科学技术局. 惠州市科学技术中长期发展规划(2009—2020)

[6] 惠州市经济和信息化局. 惠州市战略性新兴产业发展十二五规划(R). 2012.

[7] 惠州市经济和信息化局. 惠州市建设国家级电子信息产业基地规划(2011—2020)(R). 2011.

[8] 广东省技术经济研究发展中心. 惠州LED产业发展规划(R). 2011.

[9] 惠州市发展和改革局,中国市政工程西北设计研究院有限公司. 惠州市"十二五"能源发展规划(R). 2012.

[10] 惠州市发展和改革局. 惠州市战略性新兴产业的调研报告(R). 2009.

[11] 惠州市科学技术局. 惠州市科技发展"十二五"规划(R). 2012.

惠州区域经济发展趋势及其质量提升对策研究

胡瑞卿 曾权辉 吴丹涛

惠州地处广东省东南部,是广东省重点发展地区,现辖两区、三县和两个国家级开发区,全市陆地面积1.12万平方千米,海域面积4 520平方千米,常住人口460万(第六次人口普查数据)。惠州历史悠久,有着2 200多年的文明传承,素有"岭南名郡"之称。30多年来,惠州市经济社会发展取得了辉煌的成就,从以传统农业为主的地区发展成为以工业、服务业为支撑的现代文明城市,成为广东省沿海新兴工业城市和珠三角后起之秀,以及华南地区最具发展活力和发展潜力的城市之一。

一、惠州区域经济发展简况与走势

(一)三次产业发展简况与走势

1. GDP总量与人均增长较快

(1)全市纵向比较。

表1 2001—2012年惠州市GDP总量与人均比较

年份	总量（亿元）	环比增长（%）	2001—2006年年均增长（%）	年份	人均（元/人）	环比增长（%）	2001—2006年年均增长（%）
2001	478.95	9.5	13.08	2001	14 590	5.14	9.94
2002	526.57	10.7		2002	15 529	6.44	
2003	586.46	12.2		2003	16 860	8.57	
2004	686.45	15.1		2004	19 189	13.81	
2005	803.92	15.9		2005	21 909	14.17	

续表

年份	总量（亿元）	环比增长（%）	2007—2012年年均增长（%）	年份	人均（元/人）	环比增长（%）	2007—2012年年均增长（%）
2006	928.92	16.8		2006	24 503	11.84	
2007	1 117.91	17.6		2007	28 288	15.45	
2008	1 304.05	11.6		2008	31 748	12.23	
2009	1 414.70	13.2		2009	33 142	4.39	
2010	1 729.95	18.0		2010	38 650	16.62	
2011	2 093.08	14.6	14.40	2011	45 331	17.23	13.18
2012	2368.03	12.6		2012	51513	13.69	

注：①表中数据依据《惠州统计年鉴2012》计算而得；
②2001—2005年的数据为2000年不变价，2006—2011年的数据为2005年不变价格；
③2012年的GDP总量数据来源于《惠州市统计监测月报2012.12》，人均GDP数据来源于宜居城市研究室http://www.elivecity.cn/html/jingjifz/738.html；
④表中GDP总量增长为实际增长，人均GDP增长为名义增长。

从表1可知，从2001—2012年，惠州GDP总量一直处在一个快速增长阶段，并且从2002年起始终保持两位数g的增长速度。2001—2006年，惠州GDP总量年均增长率为13.08%，人均GDP年均增长率为9.94%；2007—2012年，惠州GDP总量年均增长率为14.40%，人均GDP年均增长率为13.18%。2012年GDP总量达2 368.03亿元，人均达51 513元/人。

2008年，虽然受到了金融危机的影响，但依然保持较高的增长速度，GDP总量比上年增长11.6%，人均比上年增长12.23%。到2009年，尽管国际金融危机持续蔓延，经济下行压力加重，但政府及时出台了一系列切实有效的措施，有力推动了经济逆势而上，确保了经济平稳增长，实现生产总值1 415亿元，比上年增长了13.2%，增幅在珠三角排第二位、全省排第四位。为了应对金融危机给经济发展带来的重大影响，政府继续采取了一系列刺激经济复苏的有效措施，到2010年，惠州经济发展开始好转，GDP总量增长速度高达18.0%；2011年GDP总量增长速度为14.6%，并且突破2 000亿元，实现了一个大的跨越。2012年惠州GDP总量增长速度有所减缓，这主要是因为国家鼓励转变经济发展方式，控制经济粗放发展，而且当时通货膨胀率较高，再加上欧债危机的影响，这些因素的共同作用使2012年惠州GDP总量增长速度减缓，同比上年下降了2个百分点。

这些成就的取得，充分肯定了近十多年来惠州政府和人民付出的努力没有白费。然而，要想在经济发展方式转型的攻坚阶段，取得更加辉煌的成绩，就必须充分利用惠州本地的有利条件，结合当前国际环境和市场需求，继续推出切实可行的政策，来促进惠州的高效、和谐、可持续发展。

（2）各县区内部比较

从表2可以看出，惠州各县区在2001—2012年期间不断取得新的进步和发展，无论是GDP总量还是年均增长率都有较大的提高。2009年以前，在6个县区中，惠城区GDP总量最高，龙门县的最低。2010年3月，惠州市行政区域有了新的调整，将仲恺高新技术开发区从惠城区划分出去，独立成立一个高新技术区，这使得惠城区2010年GDP总量大幅下降，并退居第二，而大亚湾区经济开发区位居第一。经过三年努力，到2012年，惠城区的GDP总量又突破了400亿元大关（438.8亿元），与大亚湾区的440.8亿元接近。近三年的发展表明，"瘦身"以后的惠城区有了更多精力来提升自身的经济实力；而仲恺高新区也能更加集中力量来发展高新技术产业，2012年GDP总值达422.3亿元，2010—2012年年均增长速度为22.33%，全市最高。2012年，惠城区、博罗县、大亚湾区和仲恺区四个县区的GDP总值均超过400亿元，龙门县也突破100亿元大关。

表2 2001—2012年惠州市各县区GDP总量比较

	2001（亿元）	2006（亿元）	2001—2006年年均增长（%）	2007（亿元）	2009（亿元）	2010（亿元）	2012（亿元）	2007—2012年年均增长（%）
惠城区	194.02	393.47	15.53	452.02	291.02	342.42	438.8	2010—2012年年均增长14.67%
惠阳区	46.8	96.08	15.09	116.82	154.23	184.13	249.0	17.2
惠东县	93.63	152.11	10.04	178.58	216.64	250.53	325.9	13.54
博罗县	90.48	165.08	12.54	198.34	252.67	294.82	400.3	15.91
龙门县	18.58	36.79	14.22	44.42	57.35	68.85	100.3	18.19
大亚湾区	17.69	102.5	38.66	156.33	212.33	343.63	440.8	27.52
仲恺区	—	—		—	230.68	252.78	422.3	2010—2012年年均增长22.33%

注：①2001—2010年的数据来源于《惠州统计年鉴2012》，2012年的数据来源于《惠州统计监测月报2012.12》；

②表中惠城区2009年GDP总量是按区划调整后的剥离数据，惠城区统计局统计数据显示，2009年惠城区GDP总量为521.7亿元。

(3) 全省各市比较

从表3中可以看出,2001—2012年这12年来,广东省各市区的经济发展都取得了一定的成就,2012年各市区GDP总量比2006年都翻了一番,2007—2012年每年增长率都连续保持两位数。当然,惠州取得的成就更是令人瞩目,2007—2012年年均增长率为16.88%,增幅在广东省内排第三位。同时,2012年的GDP总量也已经达到2 368亿元,对比2006年的GDP总量排名而言,2012年的GDP总量排名上升一位到第6名,且进一步缩小了与排在第5名的中山之间的差距。当然,惠州市的经济发展与广东省内发达的地区相比还有较大的差距,这要求我们充分利用惠州的地理优势,学习吸收临近发达地区的经验,力争尽快提高惠州的综合实力。

表3 广东省2001—2012年各市区GDP总量比较

	2001（亿元）	2006（亿元）	2001—2006年年均增长（%）	2007（亿元）	2012（亿元）	2007—2012年年均增长（%）	GDP总量排名 2006	GDP总量排名 2012
广 州	2685.76	6081.86	16.03	7140.32	13501.21	14.21	1	1
深 圳	1954.65	5813.56	17.69	6801.57	12950.08	14.28	2	2
珠 海	366.59	746.46	14.44	894.81	1503.81	12.38	10	10
汕 头	463.75	718.7	8.11	829.49	1415.01	11.95	11	12
佛 山	1068.36	2983.9	19.01	3660.18	6709.02	14.46	3	3
韶 关	219.19	404.61	13.16	481.14	888.48	14.01	15	15
河 源	102.51	258.08	19.82	329.61	615.26	15.58	19	19
梅 州	189.55	349.58	11.65	411.62	745.98	13.47	16	17
惠 州	480.39	928.92	13.30	1117.91	2368.03	16.88	7	6
汕 尾	155.30	239.86	10.96	288.71	610.41	16.85	20	20
东 莞	578.93	2627.98	21.42	3160.05	5010.14	11.35	4	4
中 山	362.50	1053.61	20.43	1268.04	2441.04	15.03	5	5
江 门	615.16	943.79	11.00	1097.26	1910.08	12.47	6	8
阳 江	185.51	346.14	13.70	405.29	877.01	16.76	17	16
湛 江	434.87	805.52	13.65	924.41	1870.19	15.07	9	9
茂 名	540.18	872.95	13.09	997.08	1951.18	14.35	8	7

续表

	2001 （亿元）	2006 （亿元）	2001—2006年 年均增长 （%）	2007 （亿元）	2012 （亿元）	2007—2012年 年均增长 （%）	GDP总量排名	
							2006	2012
肇庆	411.02	506.27	12.50	619.69	1453.84	19.22	12	11
清远	161.90	430.8	18.21	557.66	1029.02	15.62	14	14
潮州	205.11	320.72	10.32	372.80	706.47	14.07	18	18
揭阳	411.52	480.22	7.50	585.99	1380.15	19.24	13	13
云浮	180.17	230.63	8.98	275.55	540.45	15.25	21	21

注：①2001年的数据来源于《广东统计年鉴2002》；
②2006年的数据来源于《广东统计年鉴2011》；
③2007年的数据来源于《广东统计年鉴2002》；
④2012年的数据来源于《惠州统计监测月报2012.12》。

从表4可以看出，各市2006年的人均GDP排名与2012年的人均GDP排名并无太多变化，很多市区的排名保持不变，其中惠州市的人均GDP就保持在第七位。惠州2001—2006年人均GDP年均增长速度为9.94%，2007—2012年年均增长速度为13.03%。

表4 广东省2001—2012年各市区人均GDP比较

	2001 （元）	2006 （元）	2001—2006年 年均增长 （%）	2007 （元）	2012 （元）	2007—2012年 年均增长 （%）	GDP总量排名	
							2006	2012
广州	38007	62495	16.02	69673	105909.37	9.19	2	1
深圳	43355	68441	13.04	76273	99602.21	6.45	1	2
珠海	29306	52189	11.09	61303	95930.72	10.68	3	3
汕头	10077	14459	6.80	16483	26726.54	10.78	11	13
佛山	31972	50394	16.43	59329	92781.36	10.71	4	4
韶关	7030	13875	12.00	16607	31174.74	14.44	12	11
河源	3170	9222	15.79	11847	16774.63	10.49	18	20
梅州	3902	8474	10.21	9940	14412.29	9.25	21	21
惠州	17211	24503	9.94	28288	51105.62	13.03	7	7

续表

	2001（元）	2006（元）	2001—2006年年均增长（%）	2007（元）	2012（元）	2007—2012年年均增长（%）	GDP总量排名 2006	GDP总量排名 2012
汕尾	5211	8492	8.30	10062	17581.95	12.90	20	19
东莞	37777	39173	19.17	45057	60693.66	7.57	6	6
中山	26994	42286	18.75	48441	77885.63	10.72	5	5
江门	16155	22858	10.07	26225	42870.16	11.05	8	8
阳江	7221	14845	12.36	17241	35796.33	15.80	9	10
湛江	6232	11893	11.38	13455	26455.47	14.25	16	14
茂名	8313	14804	10.85	16713	25629.58	9.58	10	15
肇庆	10600	13626	10.66	16441	36793.04	18.00	13	9
清远	4190	11939	15.60	15322	24704.58	12.88	15	16
潮州	8312	12681	9.28	14601	26884.47	13.34	14	12
揭阳	7124	8500	5.97	10217	20621.41	15.92	19	17
云浮	6975	9843	7.44	11776	18888.93	11.48	17	18

注：①2001年的数据来源于《广东统计年鉴2002》；
②2006年的数据来源于《广东统计年鉴2011》；
③2007年的数据来源于《广东统计年鉴2012》；
④2012年的数据来源于宜居城市网站http://www.elivecity.cn/html/jingjifz/738.html。

2. 第二、三产业比重逐步攀升

表5 2001—2012年惠州市三次产业GDP所占比重比较

	2001	2002	2003	2004	2005	2006	2007	2008	2009	2010	2011	2012
一产（%）	13.6	12.8	11.6	11.3	9.3	7.4	7.0	6.9	6.4	5.9	5.6	5.4
二产（%）	57.8	58.2	58.6	57.1	56.7	58.0	57.2	56.8	55.8	59.0	58.4	58.1
三产（%）	28.6	29.0	29.8	31.6	34.0	34.6	35.8	36.2	37.8	35.1	36.0	36.5

注：①2001—2011年的数据来源于《惠州统计年鉴2012》P36；
②2012年的数据来源于《惠州统计监测月报2012.12》。

从表5可以看出，在过去12年里，惠州GDP三次产业结构不断优化，到

2012年三次产业比重为5.4:58.1:36.5，服务业比重比2001年上升了7.9个百分点，已形成更为合理的产业结构。第一产业的比重已由2001年的13.6%下降到2012年的5.4%，第二产业的比重虽然有升有降，但相对比较稳定。从2007年开始，第二产业的比重开始有了比较明显的下降，在金融危机爆发后，即2009年第二产业的比重再创新低，降到55.8%。为了应对困境，2010年惠州开始实施"工业富市"的战略，第二产业的比重开始回升，且近几年的比重都保持在58%左右。更值得关注的是，第三产业也在逐年稳步上升，2004年第三产业的比重首次突破30%。从2005年开始，第三产业总产值就占惠州全市GDP的三分之一以上。这不仅加快了产业优化升级的步伐，进一步增强惠州产业综合实力，而且也为惠州逐渐转型成为现代化社会提供了有力的支持。

从表6可以看出，惠州市各县区的三次产业GDP所占比重从2001年到2012年不断优化，逐步形成了更加合理的结构。到2012年，各县区的经济中心各有不同，惠城区主要是第三产业，占63.0%；仲恺高新区和大亚湾区的经济重心主要是在第二产业，其增加值比重分别高达到80.4%和88.5%；博罗县、惠东县和龙门县这三个县的第一产业比重都超过10%，龙门县全市最高，达17.5%，其产业结构还需继续优化升级。

表6　2001—2011年惠州市各县区三次产业GDP所占比重比较

	2001			2007			2011			2012		
	一产(%)	二产(%)	三产(%)	一产(%)	二产(%)	三产(%)	一产(%)	二产(%)	三产(%)	一产(%)	二产(%)	三产(%)
惠城区	1.98	70.25	27.77	3.2	60.0	36.8	3.8	35.1	61.1	3.8	33.2	63.0
仲恺高新区	—	—	—	—	—	—	1.8	78.7	19.5	1.5	80.4	18.1
大亚湾区				1.3	79.1	19.6	0.4	88.1	11.5	0.4	88.5	11.1
惠阳区	13.57	53.22	33.21	5	52.3	42.7	4.4	51.6	44.0	4.4	51.6	44.0
博罗县	21.55	56.63	21.81	13.1	49.1	37.8	10.4	52.4	37.2	9.9	52.9	37.2
惠东县	22.08	50.94	26.98	14.7	53.2	32.1	10.7	50.5	38.8	10.8	49.1	40.1
龙门县	38.30	29.30	32.40	26.6	33.7	39.7	18.3	37.8	43.9	17.5	38.8	44.0

注：各年的数据来源于《惠州统计年鉴》。

3. 战略新兴产业与支柱产业呈集群发展趋势

从 2001—2012 年，惠州规模以上工业增加值始终以较快速度增长。到 2012 年，规模以上工业增加值总值达到 1 159.6，同比上年增长了 18.6%，且 2007—2012 年年均增长速度为 21.01%。2003 年，电子工业支柱地位开始走强，当年电子工业完成产值 720.75 亿元，增长 21.4%。到 2006 年，惠州市规模以上工业逐渐形成以电子工业、石化工业、纺织和服装业、皮革（皮鞋）制品业、非金属矿物（水泥）制品业及汽车制造业等六大类支柱产业。在这六大类产业中，仅电子工业和石化工业两个产业增加值就占规模以上工业增加值总值的 60% 以上。可以说，这两个产业是惠州市规模以上工业最重要的两个支柱产业，其余四个产业分别占的比重较小，但比重相对比较稳定。

表7 2006—2012 年规模以上工业增加值六大支柱产业的情况

		2006	2007	2008	2009	2010	2011	2012
规模以上工业增加值总值	增加值（亿元）	369.3	502.5	528.3	674.8	826.1	1012.7	1159.6
	实际增长率（%）	30.2	21.7	12.2	19.2	27.4	20.2	18.6
电子工业	增加值（亿元）	214.2	231.9	250.1	299.3	281.5	319	440.4
	环比增长率（%）	15.2	16.0	17.3	9.6	18.7	21.3	27.8
	比重（%）	58.0	46.2	47.3	44.4	34.1	31.5	38.0
石化工业	增加值（亿元）	53.42	122.6	121.4	177.3	303.1	290.5	311.5
	环比增长率（%）	273.0	36.2	4.0	47.0	41.2	10.3	16.2
	比重（%）	14.5	24.4	23.0	26.3	36.7	28.7	26.9
纺织和服装业	增加值（亿元）	13.3	7.3	7.2	12.0	9.7	11.9	
	环比增长率（%）	4.7	13.2	10.8	19.3	6.6	22.1	
	比重（%）	3.6	1.5	1.4	1.8	1.8	1.2	

续表

		2006	2007	2008	2009	2010	2011	2012
皮革（皮鞋）制品业	增加值（亿元）	10.0	14.6	13.7	21.4	24.0	29.6	
	环比增长率（%）	11.3	3.3	15.4	9.4	20.1	13.0	
	比重（%）	2.7	2.9	2.6	3.2	2.9	2.9	
非金属矿物（水泥）制品业	增加值（亿元）	4.5	10.1	11.6	12.8	17.7	33.7	
	环比增长率（%）	37.0	70.5	10.6	-4.8	20.3	59.0	
	比重（%）	1.2	2.0	2.2	1.9	2.1	3.3	
汽车制造业	增加值（亿元）	11.2	19.4	19.2	19.6	27.2	23.5	
	环比增长率（%）	42.1	77.6	11.3	0.4	24	-0.7	
	比重（%）	3.0	3.9	3.6	2.9	3.3	2.3	

注：①2006—2011年的数据根据2007—2012年惠州市统计局关于国民经济和社会发展的统计公报整理而成；

②2012年的数据来源于《惠州统计监测月报2012.12》。

电子工业与石化工业作为两个主要的支柱产业，但彼此产值大小有所起伏。2010年以前电子工业增加值均大于石化工业，到2010年，石化工业的增加值超过电子工业，2011年石化工业的增加值又小于电子工业。2011年和2012年电子工业增长速度均比石化工业的高，但石化工业年均增长率远高于电子工业，2007—2012年石化工业年均增长率为34.16%，而电子工业2007—2012年年均增长率仅为12.76%。由此看来，在今后几年里，石化工业的增加值可能会超过电子工业的增加值，成为惠州规模以上工业第一支柱产业。

4. 现代服务业蓬勃发展

表8 2001—2012年惠州市第三产业增加值行业构成比较

行业名称	2001 总值(亿元)	2001 比重(%)	2006 总值(亿元)	2006 比重(%)	2011 总值(亿元)	2011 比重(%)
全市	133.95	100.00	311.41	100.00	753.33	100.00
交通运输、仓储和邮政业	42.92	31.43	35.69	11.46	85.46	11.34
批发和零售业	23.14	16.94	79.58	25.55	166.05	22.04
住宿和餐饮业	10.66	7.81	22.38	7.19	64.80	8.60
金融业	-1.31	-0.96	13.00	4.17	60.52	8.03
房地产业	9.73	7.13	41.84	13.44	119.03	15.80
其他服务行业	48.81	35.74	118.92	38.19	257.47	34.18

注：①2001年的数据是根据《惠州统计年鉴2007》对第三产业增加值的行业分类方法，再对《惠州统计年鉴2002》关于第三产业的数据进行整理获得；
②2006年和2011年的数据分别来自于《惠州统计年鉴2007》和《惠州统计年鉴2012》。

惠州全市第三产业增加值从2005年开始，所占比重已超过总增加值的三分之一。2001年，"交通运输、仓储和邮政业"、"批发和零售业"和"住宿和餐饮业"是惠州市第三产业的三大支柱产业，"交通运输、仓储和邮政业"所占比重最大；到2006年，"批发和零售业"、"房地产业"和"交通运输、仓储和邮政业"变成惠州第三产业的三大支柱产业，其中"房地产业"的比重上升较快，替代了"批发和零售业"，而且"交通运输、仓储和邮政业"下降幅度比较大。2011年，第三产业的三大支柱产业还是"批发和零售业"、"房地产业"和"交通运输、仓储和邮政业"，其中除了"房地产业"比重有所上升，其余的两个产业的比重都有下降。现代服务业发展势头较好，具有较强的发展潜力，如金融业在2001年时还处于负增长状态，在第三产业增加值中所占比重很小，到2006年所占比重达到4.17%，到2011年时所占比重就已经达到8.03%，接近"批发和零售业"的比重。另外，现代物流、现代商贸、总部经济、文化产业等现代服务业均得到蓬勃发展。

表9　2001—2012年全市第三产业增加值比重

年份	2001	2002	2003	2004	2005	2006
增加值比重（%）	27.9	28.4	29.8	31.6	34.0	34.6
年份	2007	2008	2009	2010	2011	2012
增加值比重（%）	35.8	36.2	37.8	35.1	36.5	35.5

注：①2001年和2002年的数据分别根据《惠州市统计年鉴2002》和《惠州市统计年鉴2003》提供的三次产业的增加值计算获得；
②2003—2011年的数据来源于《惠州市统计年鉴2012》；
③2012年的数据根据《惠州统计监测月报2012.12》提供的三次产业的增加值计算获得。

5. 现代农业发展实现新的突破

表10　惠州市2001—2012年农林牧渔业总产值　　　　单位：亿元

年份	2001	2002	2003	2004	2005	2006	2007	2008	2009	2010	2011	2012
总产值	111.11	109.06	114.75	123.34	120.74	112.26	128.55	149.33	147.91	166.30	189.87	201.8

数据来源：①2001—2011年的数据来源于《惠州市统计年鉴2012》P160；
②从2005年使用现价，不使用不变价，产值指数使用缩减指数；
③2005年起增加农林牧渔服务业产值。

2011年全市农林牧渔业总产值是189.87亿元，比上年增长3.6%，其中农业118.54亿元、林业4.36亿元、牧业47.26亿元、渔业16.54亿元、农林牧渔服务业3.17亿元；农业增加值116.5亿元，增长3.9%；农民人均纯收入10 938元，增长20.5%，增幅连续5年（2007—2011年）达到两位数，连续6年（2006—2011年）超过城镇居民人均可支配收入增长幅度，在全省各地级市中排位第6，比全省平均水平9 372元高出1 566元。2012年全市农业增加值124亿元，比上年增长4%；农民人均年纯收入12 414元，同比增长13.5%，高于城镇居民人均可支配收入。

2012年末，全市共有各级农业龙头企业230家，其中国家级4家（含2家国家扶贫龙头企业）、省级28家（含8家省级扶贫农业龙头企业）、市级104家，年销售收入超亿元的农业龙头企业19家。各级龙头企业总销售收入75亿元，带动农户23万多户，占全市农户的45%，户均增收4 500元，增加780元，增幅20.8%。有农民专业合作社692家，成员12 774户，带动农户11.9万户，户均增收3 680元，增加420元，增幅12.9%。累计培育市级以上合作社示范社

99家,其中国家级示范社15家、省级示范社80家、市级示范社99家。2012年新增了2个省级现代农业园区,目前共有省级现代农业园区12个,园区总面积3万亩,辐射带动6万亩,带动农户1.8万户,户均增收8 000多元。同时,积极推动农产品品牌化建设,大力实施名牌带动战略,2012年新增省名牌产品(农业类)13个,现累计有省、市名牌(优)农产品共100个。

在农产品出口方面,农产品出口总值持续增长,出口品种有升有降。据出入境检验检疫部门统计,2012年1—11月份,从惠州口岸出口的主要农牧产品总货值1.75亿美元,增加了666.4万美元,增幅为3.9%。

(二)固定资产投资高速增长

表11 2001—2012年惠州市全社会固定资产投资比较

年份	数值(亿元)	环比增长(%)	2001—2006年年均增长(%)	年份	数值(亿元)	环比增长(%)	2007—2012年年均增长(%)
2001	84.43	9.07	25.93	2007	486.91	57.69	25.54
2002	104.73	24.04		2008	588.74	20.91	
2003	228.47	118.15		2009	758.97	17.7	
2004	297.61	30.26		2010	894.02	17.79	
2005	352.37	18.40		2011	1 025.21	21.5	
2006	308.78	-12.37		2012	1 208.68	17.90	

注:①2001年的数据来源于《惠州统计年鉴2011》;
②2002—2011年的数据来源于《惠州统计年鉴2012》;
③2012年的数据来源于《惠州统计监测月报2012.12》。

2001—2012年,惠州社会固定资产投资高速增长,2001—2006年年均增长率为25.93%,2007—2012年年均增长率为25.54%,两个时间段的年均增长率均超过25%。2011年,社会固定资产投资总额突破1 000亿元,到2012年全社会固定资产投资额已达到1 208.68亿元,增长17.90%。如果继续保持这样的增长速度,这将为惠州的未来发展提供强大的物质基础,有利于惠州经济的健康持续发展。在过去的12年间,2003年惠州的社会固定资产投资额环比增长118.15%,增长速度最快,这主要是因为当年对基本建设的投资激增,比2002年增长2.62倍,达151.17亿元。2003年之后,社会固定资产投资额增速开始减缓,到2006年出现了负增长,2007年扭转局势,实现57.69%的增长速度。但在接下来的5年里,由于金融危机的影响、国家发展政策的调整以及世界宏观经济环境恶劣等原因,惠州社会固定资产投资增速开始放缓,近几年在17%~

18%之间变动。

（三）外商直接投资缓慢增长

表12　2001—2012年惠州市实际吸收外商直接投资额比较

年份	数值（亿元）	环比增长（%）	2001—2006年年均增长（%）	年份	数值（亿元）	环比增长（%）	2007—2012年年均增长（%）
2001	11.80	12.38		2007	12.28	17.51	
2002	13.26	12.37		2008	13.52	10.10	
2003	16.90	27.45		2009	13.59	0.52	
2004	9.31	—	5.95	2010	14.38	5.81	
2005	10.42	11.92		2011	15.68	9.07	8.74
2006	10.45	0.29		2012	17.28	10.2	

注：①2001年的数据来源于《惠州统计年鉴2011》；
②2002—2012年的数据来源于《惠州统计年鉴2012》P106；
③2012年的数据来源于《惠州统计监测月报2012.12》；
④2004年起外商直接投资的统计口径有调整，与往年不可比；2003年以前数据为区划调整口径；2003年起统计口径有调整，与往年不可比；2010年起县（区）数据不含市直部分。

2001年惠州外资实际利用总量为11.80亿美元，经过12年的发展，到2012年也才达到17.28亿美元。2005—2006年年均增长率为5.59%、2007—2012年的年均增长率为8.74%，这两个阶段增长比较缓慢。2008年金融危机之后，2009年、2010年处于经济恢复期，外资实际利用总量稍有下滑。2011年又奋起直追，比2010年增长了9.07%。总之，2001—2012年，惠州外商实际利用总量的增长速度有快有慢，起伏较大。从2004年起，由于外资实际利用的总量的统计口径有调整，与往年的数据不可相比。到2005年，外资实际利用总量达到10.42，增长率高达11.92%，但好景不长，2006年增长率还不足1%。从2008年开始，又由于经济危机的影响，外资企业也开始减少了对惠州投资。到2009年，实际吸收外商直接投资额为13.59亿美元，增幅只有0.52%。2009—2010年受金融危机的影响仍然较大，增速较慢，直到2011年才开始好转。

（四）外贸出口强劲有力

2001年惠州外贸出口总额仅为49.09亿美元，到2012年达到292.05亿美元，12年共增长了242.96亿美元，2001—2006年年均增长速度是18.22%，

2007—2012年的年均增长速度是15.54%。以此看来,惠州市的外贸出口还是比较可观的。2001年环比增长9.16%,2002年环比增长19.97%,在此后10年间,除了2009年受到2008年金融危机的影响,出口大受影响,出现负增长之外,其余年份每年的环比增长率在15%～30%之间。从惠州外贸出口总额来看(尤其是最近3年),惠州经济发展具有较为强大的后劲和动力,出口增长强劲有力。

表13　2001—2012年惠州市外贸出口总额比较

年份	数值（亿元）	环比增长（%）	2001—2006年年均增长（%）	年份	数值（亿元）	环比增长（%）	2007—2012年年均增长（%）
2001	49.09	9.16	18.22	2007	146.06	18.97	15.54
2002	58.90	19.97		2008	179.89	23.16	
2003	71.46	21.34		2009	171.49	-4.67	
2004	87.39	22.29		2010	202.33	17.99	
2005	106.55	21.92		2011	231.22	14.28	
2006	122.77	15.22		2012	292.05	26.31	

注：①2001年的数据来源于《惠州统计年鉴2011》;
②2002—2011年的数据来源于《惠州统计年鉴2012》;
③2012年的数据来源于《惠州统计监测月报2012.12》;
④2003年以前数据为区划调整口径;2010年起县(区)数据不含市直部分。

（五）零售市场比较活跃

从表14可知,2001年惠州市社会消费品零售总额为141.39亿元,2012年为754.15亿元,2012年的总额是2001年的5.33倍,是2007年的2.1倍。在2004年以前,其增长速度均在15%以下;但在2004年以后,除2009年和2012年的增长速度为15.08%、15.5%以外,其他年份的增长速度在18%～20%之间。纵观12年的数据,每年的社会消费品零售总额都处在不断攀升的趋势,而且环比增长率也在保持15%以上。

表 14 2001—2012 年惠州市社会消费品零售总额比较

年份	数值（亿元）	环比增长（%）	2001—2006年年均增长（%）	年份	数值（亿元）	环比增长（%）	2007—2012年年均增长（%）
2001	141.39	11.79	15.38	2007	356.06	19.34	16.71
2002	161.85	14.47		2008	426.76	19.85	
2003	184.65	14.09		2009	491.10	15.08	
2004	213.15	17.33		2010	582.53	19.0	
2005	251.51	18.23		2011	684.72	18.2	
2006	298.41	18.41		2012	754.15	15.5	

注：①2001 年的数据来源于《惠州统计年鉴 2011》；
②2002—2011 年的数据来源于《惠州统计年鉴 2012》；
③2012 年的数据来源于《惠州统计监测月报 2012.12》。

（六）科技创新已具备良好的发展基础

1. 科技资源投入大幅增长，企业研发能力持续增强

惠州科技创新能力不断增强，正在加速赶超全省先进地区。科技投入大幅增加，2012 年 R&D（research and development）投入总量达 42 亿元，2010 年、2011 年增长率分别高达 81.5%、72%，2012 年增速略有下降，为 26.8%；其占 GDP 的比重连年攀升，全市 R&D 占 GDP 比重从 2009 年的 0.75%，上升到 2010 年的 1.11%，再上升到 2011 年的 1.58%，2012 年提升至 1.8% 以上，企业研发能力持续增强。

表 15 2009—2012 年 R&D 投入情况

R&D 投入	2009	2010	2011	2012
总经费（亿元）	10.61	19.26	33.12	42*
增长（%）	25.1	81.5	72	26.8
占 GDP 比重（%）	0.75	1.11	1.58	1.8*

注：带"*"号为推算数据。

2. 科技型企业实力增强，科技中小企业迅速发展

科技型企业认定超额完成年度目标任务，且其实力有所增强。2012 年惠州新获认定国家高新技术企业 28 家；新获认定广东省创新型企业 8 家，新获认定广东省创新型试点企业 6 家,到目前为止,有省级创新型企业 20 家,省级创新型试点企业 6 家,国家创新型企业 1 家,国家创新型试点企业 1 家,省"百强创新型企业培育工程"示范企业 8 家、省自主创新 100 强企业 4 家,累计认定广东省自主创新产品共 50 种;新获认定省民营科技企业 52 家,目前已认定省级 190 家,市级 83 家;企业技术创新平台新增 17 家。新认定的创新型企业、高新技术企业均为中小企业,科技型中小企业得到了迅速发展。

表16　2009—2012年创新型及高新技术企业等情况

	2009	2010	2011	2012
创新型企业数省级以上(家)	10	14	20	26
高新技术企业数(家)	73	97	111	132
企业技术创新平台(家)	97	115	133	150

3. 高新技术产业日趋扩大,高科技成果不断涌现

2012 年,全市规模以上先进制造业增加值 773.3 亿元,增长 23.3%,占全市规模以上工业增加值比重为 66.7%,比上年高出 3.2 个百分点;规模以上高技术制造业增加值 449.7 亿元,增长 28%,增幅比去年上升 6.8 个百分点,高于全市规模以上工业增加值增幅 9.4 个百分点;高新技术产品产值从 2010 起,保持 20% 以上的增长率,2012 年高新技术产品产值达 2 780 亿元,占规模以上工业总产值比重预计达 48.5%,比重稳居全省第二;高新技术产品出口 178.9 亿美元,增长 49.5%,占出口总额比重达 61.2%,比上年提升 8.8 个百分点。高新技术企业 132 家,比上年增加 21 家。

表17　2009—2012年高新技术产品产值情况

高新技术产品产值	2009	2010	2011	2012
总额(亿元)	1 317	1 812	2 282	2 780*
增幅(%)	5.7	37.59	25.94	21.82
占规模以上工业总产值比重(%)	43.8	46.4	47.9	48.5

(七)财政收入不断增加

惠州一般财政预算收入总量不断增加,从 2005 年开始,每年的环比增长率都超过 20%,最高的达到 39.65%。即使是在 2008 年金融危机的时候也达到

25.78%，增长势头强劲。再经过四年的快速增长，到2012年惠州市的一般财政预算收入总量创历史新高，达到了200.88亿元，这为今后经济和社会的快速发展提供了坚实的财力保障。

表18 2001—2012年惠州市一般财政预算收入总量比较

年份	数值（亿元）	环比增长（%）	2001—2006年年均增长（%）	年份	数值（亿元）	环比增长（%）	2007—2012年年均增长（%）
2001	18.28	41.30		2007	62.06	39.65	
2002	19.72	7.88		2008	78.06	25.78	
2003	24.12	22.37		2009	101.56	30.11	
2004	25.42	5.39		2010	131.22	29.20	
2005	34.72	36.59	22.85	2011	162.83	31.30	28.59
2006	44.44	28.00		2012	200.88	23.37	

注：①2001年的数据来源于《惠州统计年鉴2011》；
②2002—2011年数据来源于《惠州市统计年鉴2012》；
③2012年的数据来源于《惠州统计监测月报2012.12》。

（八）居民生活不断提高

2003年惠州城镇居民可支配收入增长率较高，达到18.54%，那年是非典时期，能有这样的增长率实属不易。2003年过后，直到2007年，城镇居民可支配收入都是以中低速度增长。2008年本是受金融危机影响比较大的一年，但该年城镇居民可支配收入增长率依然有12.54%，由于持续受金融危机的影响，2009年的增长速度下降了3.32个百分点。2009年国家投入4万亿刺激经济发展，从2010年开始，惠州经济状况也开始好转，2011年和2012年惠州城镇居民的可支配收入增长率都保持在12%以上。同时，农村居民人均纯收入也平稳增长，环比增长率不断提高，农村居民的生活也越过越好。2011年，农村居民人均收入首次突破10 000元大关。2007—2012年，农村居民人均纯收入年均增长16.02%，连续7年高于城镇居民人均可支配收入的增长。这也说明了惠州城乡之间经济发展不平衡的状况正在改善，贫富差距正在慢慢地缩小。但不可否认的是，从人均纯收入绝对量来看，农村居民与城镇居民相比仍有较大的差距。如何增加农村居民纯收入，以实现城镇农村协调发展，仍然是当前惠州面临的重大问题之一。

表19　2001—2012年惠州市居民人均收入比较

年份	城镇居民可支配收入			年份	农村居民人均纯收入		
	数值（元/人）	环比增长（%）	2001—2006年年均增长（%）		数值（元/人）	环比增长（%）	2001—2006年年均增长（%）
2001	10 014	1.93	8.46	2001	3 750	3.31	5.80
2002	10 691	6.76		2002	3 903	4.08	
2003	12 673	18.54		2003	4 054	3.87	
2004	13 822	9.07		2004	4 370	7.79	
2005	14 884	7.68		2005	4 698	7.51	
2006	15 991	7.44	2007—2012年年均增长（%）11.03	2006	5 090	8.34	2007—2012年年均增长（%）16.02
2007	17 310	8.25		2007	5 695	11.89	
2008	19 481	12.54		2008	6 626	16.35	
2009	21 278	9.22		2009	7 583	14.44	
2010	23 565	10.75		2010	9 077	19.70	
2011	26 609	12.92		2011	10 938	20.50	
2012	29 965	12.61		2012	12 414	13.49	

注：①2001—2011年的数据来源于《惠州市统计年鉴2012》；
②2012年城镇居民可支配收入的数据来源于《惠州统计监测月报2012.12》；
③2012年农村居民纯收入数据来源于惠州农业信息网，为预计数。

二、惠州区域经济发展过程中存在的主要问题

由以上分析可见，近十多年惠州区域经济发展取得了令人瞩目的成就，为惠州跻身广东省"第二梯队"① 打下了良好的基础。但在其经济社会发展过程中仍存在一些问题，主要表现在以下几个方面：

（一）产业集聚经济效益不佳

惠州电子工业、石化工业、纺织、服装业、汽车配件等聚集发展势态虽然已经形成，但其集聚经济效应与产业规模不成正比，相反很多企业随着规模的扩大（扩张），其利润增幅猛降，甚至其绝对量也在下降。这说明有些行业规模的扩

---

① 广州、深圳为第一梯队，佛山、东莞为第二梯队，其余城市为第三梯队。

大并未带来部门内部企业的收益率上升,企业的专业化分工、相互协作以及产业链的衔接没有产生良好的效果,产业集聚经济效益较低,产业化协作仍存在一些问题。

(二) 区域资源特色发挥不佳

特色的本质是区别性、独有性、差异性。惠州是粤东的一座历史名城,海域面积达4 520平方千米,有着独特的地理位置和优美的自然环境。尤其是旅游资源非常丰富,具有旅游开发潜力的景点有900多处,属景点高密度分布区,并具有资源多样性的特点,集山、江、湖、海、泉、瀑、林、涧、岛为一体,融自然景观与人文景观于一身。其中被列入国家级、省级风景名胜及自然保护区的有6处,拥有"岭南第一山"——罗浮山,是道教、佛教圣地;"北回归线上的绿洲"——南昆山,给人以回归大自然之感;"东方夏威夷"——巽寮湾,天然优良的海滨度假村;穿城而过的东江、西枝江;"苎萝西子"——惠州西湖,风景秀丽;天然的金山湖湿地、潼湖湿地等;水质甚至可直饮的红花湖、白鹭湖等;全国唯一的海龟自然保护区,等等。在这块"天赐宝地"上,惠州缺少高屋建瓴的旅游整体规划和实施,长期以来惠州并未在这块宝地上获得较高的旅游产业和海洋产业收益和回报,区域资源特色发挥不佳。

(三) 自主创新能力不强

提高自主创新能力,建设创新型惠州,是惠州区域经济发展战略的核心。但惠州研发经费投入、研发人员投入和发展效果并不显著,这说明其高新技术领域自主知识产权相对匮乏,尤其是缺乏自主知识产权的核心技术。现有的科研部门没有为惠州的高新技术产业提供足够的智力支持,高新技术产业还主要处于组装和制造环节,在高新技术核心领域的研究和开发还处于薄弱环节。

(四) 人才相对缺乏且质量偏低

人才对一个地区的发展起着至关重要的作用,为了推进人才工作,壮大人才队伍,惠州市政府相继出台了一系列人才政策,对引进和培养人才起了一定的作用。然而,在区域人才竞争激烈形势下,在快速发展的惠州经济背景下,惠州人才相对缺乏。而且,总体来看惠州人才质量不高,具体表现在专业技术不强,原始创新能力不高,高层次人才尤其是高技能人才、复合型人才和创新拔尖人才质量偏低。人才相对缺乏和质量偏低,将是制约惠州科技、经济和社会发展的重要因素,甚至会成为制约其经济社会进一步发展的瓶颈。

（五）资源环境约束加剧

惠州同我国其他地区一样，将不仅要面临来自国际社会要求节能减排的压力，也要面对自身实现可持续发展的压力，必将采取更为严格的资源环境约束机制，土地、环保等指标的控制将更加严格。而今后，正是惠州现代化工业、现代化服务业和城镇化进程加速推进时期，各个项目的落实和城乡建设的推进，都将面临更大的资源制约和环境压力。

同时，惠州目前还面临其他诸多问题，如产业层次总体偏低，现代服务业发展相对滞后，产品附加值不高；地方财力不足，社会和民生领域还存在较多薄弱环节；城乡统筹、公共设施均等化难度较大等。

三、提升惠州区域经济发展质量的对策与建议

展望未来，惠州站在新的历史起点上，面临着新任务，我们要进一步增强责任感、使命感和紧迫感，开阔视野、更新思路、抓住机遇，有效解决各种问题和矛盾，努力实现新的发展和新的跨越，力争跻身于广东第二梯队行列。

（一）继续加大战略性新兴产业和支柱产业集群化发展力度

1. 加快 LED 产业集群化发展速度

一是要依托广东 LED 产业（惠州）基地和仲恺、大亚湾两个 LED 产业园区，组建 LED 产业联盟和 LED 公共技术平台，以科锐等大企业为依托，优化 LED 产业链；二是要完善 LED 公共技术平台，加快推进下游 LED 照明、显示、背光、汽车照明的标准化、规模化、品牌化和低成本化，疏通 LED 产业下游关键端口。三是要制订 LED 产业发展规划，重点扶持培育 LED 照明、背光和显示产业，加快 LED 路灯示范工程建设，推进 LED 室内照明技术的推广应用。

2. 加快高端电子信息产业集群化发展步伐

一是要以仲恺高新区为主战场，依托惠州云计算智能终端创新型产业集群基地、惠州智能移动终端制造产业基地、惠州物联网终端及应用产业基地、广东省光电显示（惠州）基地等载体，以 TCL、华阳、德赛等大型集团为龙头，突破下一代移动通信云计算智能终端系统、平板显示、OLED 发光材料、激光显示、3D 显示等关键核心技术。二是要加快推进"三网"融合，加强物联网、云计算、下一代互联网核心技术和高端电子产品的应用和产业化发展，进一步强化其在通信产业的领先优势，打造新一代移动通信产业链和国家级通信产业集聚区。

3. 推动车载电子与动力电池等战略性新兴产业集群化发展

一是要依托 TCL 金能、德赛电池、亿纬锂能、超霸电化等骨干企业，重点

在整车生产、动力电池、电控系统及相关高性能关键技术和产品上取得突破,推动车载电子与动力电池产业集群化发展,推进新能源汽车推广应用示范城市建设。二是要围绕汽车、智能终端、机械、石化、环保等重要产业(部门)的需求,开发具有自主知识产权的数字化智能化仪器仪表等,形成新兴精密制造装备产业,并推动其集群化发展。

4. 加大石油化工产业的集群化发展力度

一是要以大炼油、大乙烯项目为龙头,发展高附加值的乙烯中下游产品和精细化工产品,使石油化工产业向高附加值、低污染、专用化、精细化方向发展。二是要引进、培育和发展具有国际竞争力的品牌企业和名牌产品,聚集强大的创新能力,强化我市石油化工产业的集群化发展力度,初步建成世界先进水平的特大型大石油化工产业基地。

通过以上战略性新兴产业和支柱产业的集聚,不断增强我市产业协同发展紧密度,逐步完善产业创新体系,并共同攻破核心技术尤其是云计算智能终端核心技术难关。

(二) 充分利用区域自然资源,打造旅游休闲天堂

自然资源是经济发展的重要因素,自然资源是区域经济发展的潜在优势,影响着经济发展的结构、方向、途径等。

1. 合理开发海洋资源,打造气势恢宏海滨游

一是整合惠州海洋资源,打造高端海滨度假区;二是建设核心度假岛屿,构建"以一点辐射周围"的优势区域;三是加大招商引资力度,吸引大型投资集团开发海滨旅游地;四是实行分区规划治理,严格划分工业区和旅游区。

2. 有效整合开发江、湖资源,打造悠悠缠绵的"江湖"游

一是打造休闲之都,定位珠三角的休闲后花园;二是大力整合江湖资源,打造"江湖"集群旅游景区;三是发展夜游线路,打造华灯璀璨"江湖"夜。

3. 有效开发和保护南昆山资源,打造南国第一避暑天堂

美丽南昆山,定位南国第一避暑天堂。由此完善旅游配套,全方位发展,打造老少咸宜度假胜地,增加旅游景点可达性,保持对顾客长久吸引力。

4. 合理整合和利用罗浮山资源,打造闻名天下的道教文化游

一是设计突出以"道教文化旅游"为主题的路线;二是根据罗浮山道教文化的特点,不断丰富罗浮山道教文化旅游商品;三是充分发挥罗浮山道教文化的影响,积极开展道教朝觐游、道教养生保健游;四是研究开发融合宗教庆典仪式、传统民俗活动和宫观庆典节日,开展丰富多彩的罗浮山道教文化活动;五是加强罗浮山道教文化旅游的宣传,打造道教文化旅游名牌。

5. 有效整合和开发河、瀑资源,打造戏水逍遥的漂流游

一是根据各个区域特点,以漂流文化为载体,大力打造特色主题漂流游;二是完善漂流区配套服务,为多方人群提供贴心服务;三是充分利用周边资源,将单一的漂流景区建设为多功能、多元化发展的综合漂流度假地;四是保护资源,合理开发,实现漂游业的可持续发展。

6. 以绿道网络为纽带链接全市旅游网点,形成强大的旅游网络

一是依托天然的河流廊道,完善两江四岸的线性城市公园建设,链接周边景点,建设游憩型绿道;二是延伸珠三角省立绿道2、3、5号线惠州段绿道建设,链接更多旅游网点,强化其文化、娱乐和景观功能,展现惠州市特色;三是以"山、水"为主题,辐射周边的景点,形成特色休闲旅游片区,并用绿道网络将山水资源"串成带、织成衣"。

(三) 加快一体化发展步伐,推进区域融合发展

1. 深化深莞惠一体化合作

近年来,深莞惠一体化趋势正在逐步形成,今后三地在交通运输、区域创新体系、农产品质量安全以及文化建设等方面,应进一步巩固一体化合作成果,加大力度继续开展联动性、紧密性的深度合作;在基础设施、产业布局、医疗卫生、食品安全、警务治安等各领域,也应进一步加快深度合作步伐;在重点合作项目建设上,三地应该共同完善交通体系尤其是城际轨道的无缝对接,共同推广和建设新能源企业,协调解决中石油深圳LNG应急调峰站项目建设,建立跨界河流防洪、治污联防联治机制等。另外,还应加强如坪山—惠阳(秀山)经济合作区、环大亚湾滨海旅游经济区等新的地理概念的规划和建设工作。消融各种障碍,使得三城生产、生活等均形成一体化格局。

2. 加强区内产业融合发展

合理定位各县区的区位功能,充分发挥它们的区位优势和产业优势。打造以"江湖"休闲旅游、金融、商贸物流、通讯信息网络、文化、总部经济等现代服务业为主的中心城区(惠城区),以商贸物流、通讯信息网络、楼宇经济等现代服务业为主的惠阳区;以高新技术产业为主的仲恺高新区,以石化工业、港口物流业、海滨旅游业为主的大亚湾经济区,以道教文化游、生物科技、高端制造业为主的博罗县,以海滨旅游、清洁能源、制鞋业为主的惠东县,以现代农业、温泉旅游、森林农场旅游为主的龙门县。

总之,加大惠州市区域产业空间集聚,引导产业集群式创新,降低整个产业链条的成本,使区内产业高效融合发展。

3. 合理规划环大亚湾经济区发展

惠州市正在积极争取把环大亚湾经济区列入广东省海洋经济优化发展区的重点建设区域,以策应省的发展战略。顺应环大亚湾经济区的发展势头和新的定

位，惠州在环大亚湾经济区的科技发展战略应合理调整和规划。一是要以环大亚湾经济区为平台，突破行政区划界限，整合区域科技资源，健全和完善产业链；二是要加强环境保护，着力打造以大亚湾为中心的石化产业区和港口物流区，攻破核心技术难关；三是要深度研发与环大亚湾经济区海洋经济相配套的海洋科技；四是要开发以淡水为中心的现代服务业和以巽寮为中心的滨海旅游服务业相配套的物联网科技及其应用。由此，引领环大亚湾经济区产业转型升级和城市发展质量提升。

4. 加快城乡一体化建设

一是加快农业转型升级。加大强农、惠农、富农政策力度，发展特色效益农业；推进农业产业化经营，大力推进科技兴农，提升农业技术装备水平；拓展农业功能，发展生态观光旅游农业项目。由此提高农业经营效益，增加农民收入，缩小城乡收入差距。二是完善农村基础设施。健全城乡交通网络体系，进一步完善农村公路硬底化改造；稳步推进"村村通自来水"工程；积极开展新一轮农村电网建设；完善城乡绿道配套设施，打通城乡绿道网；全面实施"幸福农村"信息化工程；大力推进名镇名村建设。由此促使城乡基本公共服务均等化，加快城乡一体化进程。

（四）加强创新体系建设

1. 加大科技经费投入力度

一是要以企业自有资金、借贷与融资资金投入为主，政府资助、社会筹集等方式投入为辅，大力加大科技经费投入，为我市增强自主创新能力提供有力的财力基础。二是要合理调配和使用有限的科技资金，把每一分钱用在刀刃上，确保关键技术、核心技术、关键领域的攻关资金。三是要继续引导企业积极申报和承担科技支撑计划项目和国家级、省级等科技重大专项项目，争取更多的项目资金。

2. 大力培育和引进高端科技人才

一是要以高层次、高技能、创新型人才为重点，以产业和项目为载体，大力引进一批重点产业、重点学科、重要领域方面的领军人物；着力培养一批先进制造业、现代服务业、现代农业等产业发展的紧缺人才和高素质的现代企业管理人才，造就一批德才兼备、具有战略眼光和卓越组织才能的科技专家和工程师，充实和加强惠州人才队伍。二是要引进和培育一批善于攻坚、能够解决产业发展关键技术和重大战略问题的创新团队，并积极实施引进创新科研团队和领军人才计划。三是要建立健全公共人才资源服务系统，营造人才辈出、人尽其才、才尽其用的良好环境；建立由群众评价、市场评价、社会评价、业内评价的人才评价机制和人才激励机制；完善人才落户、住房、税收等优惠政策，吸引各类人才扎根惠州。

3. 深化和拓展产学研合作

深化"产学研"合作，加快集聚和整合创新资源。在云计算智能终端、汽车电子、物联网、LED等领域中组建产学研创新联盟，支持企业、产业园区、专业镇等建立产学研创新平台、院士工作站和企业科技特派员工作站，引进科技特派员。广泛开展企业与高校、科研院所技术合作对接，引进一批新技术成果在我市转化。

4. 积极推进重大科技创新平台建设

着力抓好西安电子科技大学、武汉大学、石油大学在惠设立国家重点实验室分支机构的事宜。组建电子信息研究院，推动石油化工研究院建设。新组建一批市级以上企业技术研发中心，加强仲恺高新区科技创新服务中心、留学人员创业园等孵化器的孵化功能，加快形成孵化集群，为企业创业打造孵化平台。

5. 加强创新体制机制建设

落实高新技术企业税收优惠、企业研发投入的所得税税前加计抵扣、自主创新产品政府采购等政策。推动财政加大科技投入力度，引导鼓励企业加大研发投入。加强对县（区）科技进步责任考核工作，完善科技考核体系。力争完成各项科技考核目标。

6. 加强区域创新体系建设

充分发挥惠州自身优势，以项目为载体，与深圳、东莞建立区域科技创新体系，共建"深莞惠"科技合作带，与深莞共同构建起以企业为主体、以市场为导向、产学研结合的开放型区域创新体系。推进深莞惠共性技术研发设计平台和科技检测平台共享，创新成果相互转化和创新人才联合培养。支持深圳股权投资机构与我市联合建立惠州科技创新引导基金。推动惠港、惠台科技合作深入开展，建设"粤台科技合作（惠州）基地"。

7. 加快民营经济发展

落实促进实体经济加快发展的政策措施，加大扶持力度，切实解决企业发展中遇到的困难。健全中小企业技术创新体系，鼓励和引导民营企业发展新兴产业，推动民营企业转型升级。实施"百十亿"民营企业、民营企业家培育工程，打造100户以上产值超亿元、10户以上产值超10亿元民营企业，培育壮大一批民营龙头企业。

（五）加快推进智慧惠州建设

1. 全方位开启物联网应用示范工程

智慧惠州的建设定位是建设新兴科技型城市。我市应围绕建设"智慧惠州"的发展目标，以重点行业和重点领域的先导应用为引领，本着需求推动的原则，开展工业、农业、旅游、物流等行业的示范，推动企业转型升级，促进物联网和云计算技术的应用与推广。以提升人民生活水平和建设幸福、宜居惠州为目的，利用物联网技术，开展智慧城市应急、医疗、家居和社区的物联网应用示范工程。由此，全方位地开启智慧工业、智慧农业、智慧物流、智慧政务、智能交通、智慧教育、智能医疗、智能家居、智慧社区、智慧环保等十大物联网应用重点示范工程建设。

2. 完善物联网和云计算产业公共技术和中介服务平台

以建设"智慧城市"为契机，统筹资源、市场、技术、人才等各种要素，聚焦物联网和云计算核心技术，推动产品和技术创新。由此，进一步整合各类社会资源，聚焦配套环境，健全产业支撑体系；抓住支撑产业发展的关键要素，健全和完善物联网和云计算产业公共技术和中介服务平台，鼓励建立产业联盟，培育具有持续创新能力和完整配套能力的产业集群。

到 2015 年，"智慧惠州"基本框架应初步形成并取得阶段性成果，公共服务平台和应用系统等智慧体系投入运营并逐渐应用于市民的出行、医疗、教育、社会保障等各个领域，将惠州建成信息基础设施先进、电子政务高效便捷、市区管理精细智能、信息化与产业化深度融合、新兴信息产业集聚发展、综合水平全国领先的发展格局，使惠州成为珠三角地区信息化示范引导区，支撑和带动全市社会经济协调可持续发展。

（六）加强节能减排和环境保护

严格落实节能责任考核，大力推进工业、建筑、商贸、交通、公共机构等领域的节能减排，加快污水处理设施建设，加强废气排放监管和重金属污染防治，加快垃圾中转站和生活垃圾无害化处理厂建设，积极推进生态乡镇建设。

惠州市农业科技创新存在的问题及对策研究

张　敏　王莉青　陈飞霖

我国《国民经济和社会发展十二五规划纲要》指出："坚持走中国特色农业现代化道路，加快转变农业发展方式，提高农业综合生产能力、抗风险能力和市场竞争能力。转变农业发展方式的根本途径必须大力依靠科技。"2012年中央一号文件也指出，现代农业发展的根本出路在于科技创新。农业科技创新是统筹城乡发展，协调推进城镇化和新农村建设，加快转变城乡"二元"结构的关键；是转变农业经济增长方式，实现农业可持续发展的重要保证。但与发达国家相比，我国农业科技的整体水平差距较大，发达国家农业科技贡献率一般在70%以上，而我国的农业科技贡献率"十一五"末期仅仅为51.9%，预计"十二五"期末农业科技进步贡献率达到55%。惠州农业科技贡献率为56%，虽略高于全国平均水平，但仍与发达国家相距甚远。另一方面，虽然惠州在经济、社会发展方面取得显著进步，但仍是农业大市，农业人口占总人口的70%左右，许多农村地区仍相当落后，而且农业生产常常具有较大的风险，利润低，容易亏损，导致目前"三农"问题仍很严重。随着农业产业结构的不断调整和农业生产力水平的不断进步，信息技术和科技创新技术在农业高效、持续发展中起到越来越重要的作用。通过农业科技创新，可以把科技转化为农业生产力，取得良好的经济效益，促进现代农业转型升级，增加农民收入，并以点带面，以村带片，带动整村整镇的发展，促使农民集体致富。

一、惠州市农业科技创新的现状

（一）农业科技创新投入增加，农业产业化和标准化发展迅速

近年来，惠州市共引进、试验、示范和推广农作物新品种新技术800多项，主要农作物良种覆盖率99%，生猪良种覆盖率100%，农业科技贡献率达到

56%，提高1.5个百分点。完成国家、省、市科研试验项目60项；新增农业科技创新中心4家（省级2家，市级2家），全市省、市级农业科技创新中心累计达到22家；获省级农业技术推广奖2项；市级农业技术推广奖10项，其中一等奖3项；开展农业送科技下乡900多场（次），参加咨询群众28.2万多人（次），发放宣传资料36.5万份；完成绿色证书培训6 000人、劳动力转移"阳光工程"培训1 440人、新型农民培训2 000人、基层农业标准化技术推广人员培训800多人，培育农业科技示范户2 000户；推广应用测土配方施肥技术245万亩，技术入户率达90%以上；推广施用农家肥和有机肥56.64万吨、364万亩，推广稻草覆盖和秸秆还田120万亩，指导全市农作物病虫害防治2 986.21万亩次，挽回农作物产量损失60.9万吨；新增市级农业科技推广专项经费60万元。

同时，惠州市农业产业化发展迅速，形成以农业龙头企业和农民专业合作组织为主的农业产业化组织，涵盖了粮食、蔬菜、水果、畜牧、水产等产业，包括种养、加工、流通等环节。目前，惠州市建立了全国最大的冬种马铃薯、甜玉米、供港蔬菜生产基地，甜玉米、马铃薯、淮山、粉葛和年橘等"十二大"特色农产品蓬勃发展，种植面积达到208.7万亩，现代种植业示范基地达到118个，农业龙头企业发展到210家，农民专业合作社发展到365家，省市级名优农产品发展到87个，水稻机械化综合水平提高到64%，累计建成现代化畜牧业示范基地52个、万头以上瘦肉型猪场55个、5万只以上肉禽场61个，全市规模化养殖比重达85%，生态养殖普及率达70%以上。

目前全市累计制定农业地方标准40项，建立农业标准化示范区43个（其中国家级16个、省级13个、市级14个），共有"三品"（无公害产品、绿色食品、有机农产品）认证企业135家、基地140个，其生产产品303个。大力实施名牌带动战略，新增省名牌产品（农业类）9个、市名优产品（农业类）11个，目前全市省、市名牌（优）农产品共87个（比去年增加19个），其中省名牌21个、市名优66个。

（二）新品种开发取得明显进展，种植结构进一步优化

农作物新品种选育及繁育技术是农业科技的核心之一，具有自主知识产权的高产、优质、专用、多抗农作物新品种陆续在惠州市选育成功。惠州市选育的一些水稻、玉米、蔬菜新品种详情见表1。

表1 惠州市自主选育的新品种

农作物	品种	审定号	选育单位	父母本
水稻	粳珍占4号	粤审稻200103	惠州市农业科学研究所	粳籼89/珍桂矮1号
	野籼占6号	粤审稻2002001	惠州市农业科学研究所	桂野占2号/特籼占13//IR24
	野籼占8号	粤审稻2005003	惠州市农业科学研究所	桂野占2号/特籼占13号//IR24
	粤二占	粤审稻2005009	惠州市农业科学研究所	粤香占/朝二占
	泰四占	粤审稻2006001	惠州市农业科学研究所	胜泰1号/七四占
玉米	惠甜5号	粤审玉2010020	惠州市农业科学研究所	MS05-6/MH03-6
	惠甜6号	粤审玉2012009	惠州市农业科学研究所	HZ02-6/TTX03-5
蔬菜	惠宝紫红茄	粤审菜2009006	惠州市惠城区菜篮子工程科学技术研究所、惠州市惠城区菜篮子工程办公室	从惠州市横沥镇农家茄子品种中选出的优系
	惠茄1号	粤审菜2012010	惠州市农业科学研究所	韩引选K06-2/横沥长茄H06-3

注：数据来源来源于课题组实地调研及惠州市农业局提供的相关信息。

惠州市自主选育品种主要集中在惠州市农业科学研究所，先后审定水稻新品种5个，玉米新品种2个，蔬菜茄子新品种1个，为惠州市新品种选育的做出了巨大贡献。同时，惠州市通过加大宣传推广力度，建立良种示范区、召开良种观摩会等形式，大力示范推广农作物优新品种，引导农民大力发展特色蔬菜、优质水果等种植产业，加快品种更新换代，调整优化种植业结构，提高农产品产量、品质和市场竞争力。其中水稻粤晶丝苗2号、粤奇丝苗、花生粤油7号、粤油14号、甜玉米金凤五号、新美夏珍、甘薯广薯87、紫罗兰等一批优质、高产的作物品种得到广泛推广应用，成为惠州市当家品种，有力保障了粮油安全。2006年以来，惠州市共引进水稻、甜玉米、花生、马铃薯、甘薯等优新品种220多个，同时，惠州市部分合作社重视与科研院校等机构合作，引进先进技术、大力推广良种良法，提高了合作社农产品科技含量和效益，而且惠州市80%以上的合作社建立了标准化生产基地，一批有实力的合作社建了滴喷灌系统、蔬菜大棚、冷库等设施。实施品牌战略和加强基地建设，大大增强了合作社抵御自然风险的能力，提高了市场竞争力。

除农作物外，在养殖业方面，近年来，惠州市各级政府和有关职能部门认真落实各项扶持政策，积极推行规模养殖、健康养殖和标准化生产，大力推广畜禽优良品种和科学养殖技术，认真落实动物防疫责任制和各项防控措施，促进了现代养殖业的发展。尤其惠州的水产养殖业受到政策扶持、科技进步、市场拉动等诸多因素的激励，获得了高速发展。水产养殖业已成为惠州市农业经济的支柱产业之一，在增加渔民收入、减轻捕捞对资源的压力、农民脱贫致富等方面发挥了重要作用。积已达208万亩，成为惠州市农民增加收入的重要途径。

（三）农业龙头企业科技创新能力显著提升，带动农民增收明显

惠州的一大批龙头企业，如四季绿、兴牧、东进农牧、九华农贸、好收成农贸、顺兴食品、海纳农业、广田食品、伦信农业、源茵畜牧、财兴实业、李艺金钱龟等都十分重视加大农业科技研发方面的投入。2012年，全市龙头企业投入科研经费2 800万元，增加600万元。农业龙头企业中从事科技研发和技术推广的人员比重达7.5%。兴牧畜牧、东进农牧、九华农贸、广东海纳、奕达农贸等5家企业创建了省级科技创新中心，南昆山乳业、鹏昌农业、源茵畜牧等16家龙头企业建立了市级科技创新中心，有4家龙头企业获得市级以上科技奖励或荣誉。

农业龙头企业不仅加大了科技投入，建立科技创新中心，还加强与科研院所、大专院校合作，联合开展农业先进适用技术研发，推广应用良种良法。有些农业企业甚至引进国外先进技术和设备，消化吸收关键技术和核心工艺，开展集成创新，推动农业科技进步。如四季绿公司自主研发的"大跨度经济实用型大棚"和"轨道式大面积喷灌设备"，获国家发明专利。金种家禽公司的麻黄鸡配系通过国家新品种审定，成为惠州第一个国家级新品种，还获得了国家级"惠阳胡须鸡"原种场保护资格。又如，博罗县的惠州李艺金钱龟生态发展有限公司，利用当地农村自然资源，开发金钱龟养殖业。该公司充分利用养殖技术人才，公司员工中有大专以上文化的22人，其中博士3名，总体文化水平较高，并与各大学、科研机构技术合作，目前养殖了2 100只种龟，占世界产量的1/4，世界第一，产值已过亿元，获得良好的社会经济效益。

九华农贸公司也是农业科技创新的代表性例子之一，公司成立了惠州市农业科技创新中心，常年聘请中国农科院等科研院所的教授、博士任技术顾问，并且组建南方冬种马铃薯技术公共信息服务平台，是中国移动农村信息服务站之一。目前公司承担国家和省马铃薯标准化示范区各1万亩，国家无公害马铃薯生产基地2万亩，并且在桂、赣和粤其他市县等地也建立了示范基地，合作经营网点50多个，2012年总种植面积已达8万多亩，总产值5亿多元，带动50多个村庄2万多农户共形成资源共享，产、供、销合作一体化的联合体，带动当地农民人均增收3 000元以上。

农业科技创新有利于提升农业企业的竞争力，有力地促进了农业产业化和龙头企业发展壮大。到 2012 年底，全市各级农业龙头企业发展到 220 家，其中国家级 2 家、省级 20 家、市级 104 家。企业固定资产规模 30.9 亿元、年销售收入 75 亿元、实现利润 7.8 亿元、缴纳税金 0.86 亿元、出口创汇 10.4 亿元，带动 23.5 万农户户均增收 4 500 元，比上年增加 780 元，增长 20.8%。目前，全市龙头企业带动农户的比重达到 65%，吸纳农村劳动力转移就业 3.6 万人。

二、惠州市农业科技创新存在的问题及原因分析

（一）地区发展不平衡，基础设施薄弱，影响了科技创新政策的实施

尽管市政府和农业部门出台了很多鼓励农业科技创新的政策，但很多政策只是提供了原则性、指导性的意见，在具体的实施环节尤其是需要资金投入的环节，却缺乏详细的政策支持，有些政策的可操作性也比较差。同时，惠州市由于地区发展不平衡，基础设施薄弱，又反过来进一步影响了政策的实施。

惠州市地区发展差异较大，惠东、博罗、龙门 3 个县的经济发展明显滞后于市区，市区强、县域弱的现象非常明显。县域拥有全市七成以上的土地、五成以上的人口，经济发展水平只占全市的三成以下，且自然条件较差，还存在一定数量的贫困人口。城乡二元经济结构未从根本上改变，农业和农村经济在资源配置上处于不利地位，农村公共设施服务相对落后，教育、卫生、文化等方面建设与城镇仍然有很大差距。农村经济发展的相对落后，对引进人才，留住人才形成了许多困难，缺少相关的农业技术人才，对农业科技创新形成了制约。

其次，随着工业化、城镇化的加快推进，农牧业和经济建设用地的矛盾日益突出，农业水源污染与农产品安全生产、农牧业可持续发展的矛盾日益明显。而且，农田种植一般由农户在自己的承包田里自行劳作，生产经营散乱，种植的品种缺乏整体性和统一性，缺乏有组织的大市场引导，产业水平不高。推进农业高效规模化，首先需要扩大生产规模，这种一家一户分散经营土地的模式，也给规模化生产和农业科技创新的推进带来困难。

惠州市农田水利基础设施大多修建于 20 世纪六七十年代，排灌渠道以泥渠为主，年久失修，渠道渗漏堵塞严重，灌溉效率衰减，抗灾能力较弱，水利用率低（约 43%）。政府对基础设施的投入仍然显得比较薄弱，基础设施建设缺乏长期的规划，未能形成统一标准和统一设计，与现代化农业对基础设施的要求有很大差距。没有良好的基础设施作为保障，即使有再好的技术和品种，人才再优秀，农业科技创新成果也难以发挥效益，进而又会打击农业科技创新的积极性。

（二）针对农业科技创新的财政支持力度不够，经费紧缺

农业科技创新发展的源头是农业科研投资，农业科研是开展农业科学研究的物质基础，是农业经济增长的内在动力，其总体规模、结构直接关系农业科技成果的供给，是惠州市农业的核心竞争力所在。然而，长期以来，惠州市农业科研基础条件差，投入严重不足。目前，农业科技创新的主体仍然是依靠大专院校和科研院所，对农业科研、开发、推广的投入不足，对研发机构创新能力的保障力度不够，很大程度上影响了农业科技成果的转化，限制了研发人员待遇的提高，严重制约着农业科技发展。

调查中发现，各家企业对国家扶持科技创新的建议中，普遍都要求设立扶持中小企业的专项创新资金，有的还要求国家有针对性地培养各类型的农业科技创新人才。中小企业普遍面临科技创新资金不足，融资困难等问题，应对外界变化的能力也较弱，所以对科技创新的投入、人才培养都经常遇到经费不足，且中小企业工作环境较差，难以发挥相关人才的技术特长，经常难以留住人才。而国家面对科技创新的专项资金多以大型企业、大型的科技项目为主，对中小企业的投入明显不足，也是造成中小企业难以申请科技创新资金的原因。在对惠州市十家农业科技企业调研中发现，现有科研项目申报和实施体制偏重于科研部门、高等院校和少数龙头企业，大多数企业很少有机会参与，难以得到项目支持。科研经费投入主要靠企业自筹，有的企业只能靠引进技术，财政支持农产品加工业技术创新资金虽然逐年有所增加，但与快速发展的农业和农产品加工业需求相比，仍严重不足，支持力度明显不够。

此外，在调研农业推广部门时发现，部分基层农业科技推广部门无法享受财政全额拨款，工资福利待遇得不到保障，业务工作难以正常开展，影响了农业科技推广事业发展。由于缺乏资金经费，农技推广部门无法配置先进的仪器设备，现有技术装备十分落后，仍主要靠"一张嘴、两条腿"手段开展服务，远远落后于当今科技发展水平，无法适应现代农业发展要求。近年，惠州市依靠各县区实施测土配方施肥项目，土肥检测工作水平有了一定提高，但装备水平仍然有限，达不到鉴定标准。惠州市病虫测报手段还相当落后，大部分县区没有配置病虫测报灯，仍靠人为田间赶蛾目测，严重影响情报的准确性和时效性。市农技推广中心的实验室仪器设备水平较低，土壤肥料、种子质量只能开展初级检测，远达不到法定鉴定水平，植物检验检疫更是无从谈起。目前中心仍没有一个稳定的试验示范。同时，由于农业科技推广工作面广、线长，服务的对象多、项目多，但各级财政对农业科技推广的投入十分有限，仅能保障基本的农业技术试验示范，维持初级的咨询指导服务。因此，很多农作物新品种、新技术只能停留在示范阶段，难以实现大面积推广应用，农业科技转化为现实生产力的力度较弱，出

现了农技推广"最后一千米"问题。如惠州市红火蚁等植物疫情发生面积较大，但仅靠市财政每年30万元的防疫经费，实在让"巧妇难为无米之炊"。县区、乡镇基层农业（农机）、农技部门开展业务工作的经费更为紧缺，这些最终导致他们在农业科技的创新上没有积极性。

（三）农业科技创新人才力量较为薄弱，知识结构亦有待优化

农业科技创业人才是农业从业人员中的精英，在知识经济以及实施"科技兴农"、"科技富农"的农业发展战略的今天，惠州市农业科技创业人才拥有的文化素质明显是偏低的，这些问题严重阻碍了农业科技创新的发展。

表2　2011年惠州市农业科技人员学历及职称情况

序号	学历			职称		
	名称	人数	占总人数比例	名称	人数	占总人数比例
1	博士	5	0.2%	高级	43	2%
2	硕士	23	1%	中级	221	10.2%
3	本科	1050	48.8%	初级	434	20.2%
4	大专及以下	1074	50%	初级以下	1454	67.6%
	合计	2 152	—		2 152	—

注：数据来源来源于课题组实地调研及惠州市农业局提供的相关信息。

从上表可以看出目前惠州市农业科技人员中高学历高职称人员比例过低，拥有硕士以上学历仅占了1.2%，拥有中级以上职称的也仅有10.4%，高学历和高职称人才相对匮乏，而且缺乏通才型学术拔尖人才和学科带头人，导致高新技术研究乏力；同时也缺少管理能力强、具有创新能力的农业科技企业家，以致农业科技产业化发展相对落后。而且，农业技术人员许多都是非农业化、专业化，许多基层农技人员缺乏生产实践和继续教育的机会，所具备的知识和技能已过时，缺乏科技创新能力。农业科技培训的体制不健全，与培训有关的部门各自为政、互不沟通，各部门之间的纵向科技培训未能衔接；而且培训方式单一，形式单调、手段落后，科技培训参与率低，接受培训的时间短，无法满足当前的需要。

另外，惠州市农业科技创业人才的知识结构也有待于优化。通过调查惠州市20家农业龙头企业得知，在274名农业科技人员中，从事种植业的为68人，畜牧业97人，水产业20人，加工业22人，其他产业67，分别占24.8%、35.4%、7.3%、24.5%。从某种程度上说，农业增加值的大幅提高在于农业产业链的延长，即在于农产品的深加工，但由于从事农产品加工业的科技人才缺

乏，这必定会严重制约惠州市农产品加工业的发展，因此影响着农业增加值的提高。从问卷调查中也得知，60.5%的人认为，目前，惠州市"农业科技创业型人才"的学历和专业知识结构不适应当前新农村建设的需要。

（四）农业从业者普遍文化素质不高，影响农业科技创新成果的推广

农民作为农业生产和科技成果应用的主体，其科技文化素质直接影响农业科技创新的效果。然而随着第二、三产业蓬勃发展，大量农村年轻劳动力进城务工，从事农业生产的大多为老人和妇女，许多农村出来的大学生毕业后也不愿再回农村，农村呈现人口老龄化、劳动力科学文化素质偏低的趋势，新技术和新品种利用率低下。而受人力、财力所限，目前农业科技推广部门对农民进行专业培训，主要是采用邀请有关专家或科技人员到指定地点为农民集中讲课，科技人员到田间地头作现场讲解，以及送科技下乡等形式，此类培训覆盖面不广，且缺乏科学性和系统性，对全面提高农民农业技术水平作用有限，对农民培训的力度有待加大，方式方法也需要不断创新。政府也很少应出台相应的配套政策，引导农民学科学、用科学，激励农民接受农业科技培训，特别是培训后的相关扶持政策等。如果农民接受科技培训后，得不到政府的有力支持，难以发挥骨干示范作用。

此外，全市农业科技推广队伍中专业技术人员所占比例偏低，专业技术人员中也存在高学历和高职称人员偏少、专业结构单一、知识老化等问题，农业科技推广人才队伍青黄不接，人才紧缺、技术支撑能力弱，不能满足农业发展的需要。市一级专业技术人才紧缺现象突出，由于编制原因，限制了农业科技推广人才的更新补充。在乡镇一级农业科技推广机构中，这个问题更为突出，普遍存在编制被挤占、人员被挪用等现象，而且农业科技推广人员政治待遇低、工资福利差，难以留住人才、稳定队伍，严重削弱了基层农业科技推广的技术力量，进而使得农业科技创新转化为生产力的效果大打折扣。

（五）农业企业规模偏小，创新能力不足

根据调查的10家企业资料显示，2011年营业收入超过1亿元的有海纳和好收成两家，其他8家都在千万元以上，从1 000多万元到9 000多万元不等；10家企业2011年均实现了盈利，但利润超千万元的仅有三家，其他七家都在百万元以上；职工人数超百人的有5家，最多的为350人，最少的有60人；企业产品主要销售地区中本省所占比重，除外资企业勇记低于50%外，其他企业在本省的比例均超过70%。

惠州市目前的主要几家农业企业已经具备了一定的生产规模，但还是以一些

中小型企业为主,销售地区也主要局限于本省范围。10家企业注册成立时间均在2000年以后,企业成立时间不久是造成规模不够大的主要原因,企业需要时间的积累才能有待进一步做大做强。只有企业形成了一定规模,才有一定的资金和相关软硬件设施,吸引人才搞科技研发,才能形成相应的规模效益,为科技创新创造良好条件。

三、以科技创新促进惠州市现代农业转型升级的对策建议

(一)制定良好的政策鼓励农业科技创新

良好的农业科技创新政策非常重要。农业科技创新发展需要各种服务体系,政府需要在信息咨询、科技服务、法律保护等方面给予支持,为农业科技创新者营造良好的环境。另外,对农业科技创新企业在税收上给予优惠,在用地、用人方面给予政策倾斜,同时建立一整套行之有效的激励机制来鼓励农业科技创新,比如,对农业科技创新做出突出贡献的个人,政府应给予适当奖励,宣扬其优秀事迹,树立模范,进而推动、促进农业科技创新的升温,充分发挥农业科技创新工作者的示范带动作用,为农业创业活动的开展提供持续保障,促进地方农业的转型升级。

此外,允许科技创业人才,按照相关政策,在农村跨地区开展科技承包、生产资料经营服务。在承包土地上享受优先、优惠扶持,鼓励牵头创建行业协会,创办公司,开发特色产品。

(二)加大公共财政对农业科技创新的支持力度

农业科技投入不足一直是惠州市农业发展的重要制约因素,改变农业企业研发积极性不高、能力偏弱的局面,必须要加大农业科技投入力度,不断完善农业科技创新体系,为惠州市现代农业转型升级提供科技支持。

首先,一方面,农业产业的基础性和弱质性,决定了农业科技的公益性,而农业科技的公共产品性质,又决定了农业科技投入的政府主导性。另一方面,农业科技创新是一项惠及农民、企业、地区乃至全社会的事业,不仅属于准公共品,而且同农民的生存和基本发展相关,具有较强的外部性。因此,应发挥政府在农业科技投入上的主导作用,建立和完善以政府为主导的多元化农业科技投入体系。况且当前惠州已经进入工业反哺农业、城市支持农村的阶段,按照健全公共财政体制的方向,应该进一步加大财政对农业科技创新的投入力度,并将财政对农业科技创新的支持纳入财政预算范围,建立其稳定增长的内在机制,确保科技经费的增长高于财政收入增长的幅度,增加用于农业领域科技投入的比重,同

时，不断优化财政对农业科技创新的支持方式，加强对财政支持资金的使用监管，以提高财政资金支持农业科技创新的效果。

其次，事实上，地方政府每年都有一定的开发资金，用于开发性生产经营项目。建议在开发性资金的使用方面，注意向农业科技创新企业倾斜。凡农业科技创新人才进行的承包项目或自主创业，政府在农业项目资金、农贷资金、科技三项费用、扶贫资金等方面要给予重点倾斜。另外，政府需要增加科研试验基地基础设施、试验室及配套仪器设备专项经费，用于进一步完善、升级科研试验硬件条件，提高科研试验手段，拓宽科研试验领域。同时，增加科技创新及示范推广经费，用于推动农业科技成果的引进试验、吸收创新及示范推广工作的全面深入开展，为现代农业又好又快发展提供强力的技术支撑。

最后，在不断加快建立以政府投入为主体的投入体系，完善投入机制的基础上，鼓励社会各类资本发展农业科技创新，形成多元化的投资机制，满足农业发展的需求。即在增加惠州市政府对农业科技投入的同时，鼓励企业等社会力量广泛参与，形成政府主导、全社会广泛参与的多元化投入机制，从根本上改变农业科技投入不足的状况。加强金融服务创新，提高农业科技服务水平。针对农业科技创新周期长、见效慢的特点，开发与政策性保险、政策补贴、担保公司相结合、相合作的贷款品种，满足企业需求。

（三）加强农业科技创新人才队伍建设，建立全方位的人才培养与供给系统

人力资源是科技创新的主要推动力量，在现代农业转型升级发展的过程中，必须要加大农业科技创新人才队伍的建设力度，为农业科技创新提供人力支持。

首先，从惠州实际出发，对现有的农业科研机构进行改革，不断完善科研机构的设置，形成覆盖全面的科研体系。研究制订并形成一整套适应惠州农业创新发展需要的，包括人才的引进、选拔、培养、使用、考核、奖励等在内的综合性人才管理制度，加强人才引进力度，特别是各类复合型人才，建立一支科技创新能力强的人才队伍，并且不断地对现有人才进行培训，鼓励其参加学习并促进知识升级。

其次，进一步建立健全人才竞争和激励的组织管理制度，把个人价值体现出来。加强对农业科技人才的考核力度，按照课题和成果的完成程度以及社会效益、适用效果等指标进行考评，形成公正廉明的用人机制和人才成长条件，进一步提高科研人员的待遇，充分发挥他们的积极性，为创新型农业科技人才成长创造有利环境。对工作中成果、业绩突出的，要在分配上给予充分的体现，让农业科技创新人才的智力要素参与收入分配，真正体现农业科技创新人才的价值。在住房、医疗、休养方面也要充分体现出对农业科技创新人才的关心，使他们拥有

良好的生活环境。同时，大力开展优秀农业科技创新工作者评选活动，对杰出人才，政府给予精神和物质奖励，并通过多种宣传工具，大力宣传先进典型，鼓励并带动其他农业科技创新人才发挥更大的作用。

再次，要加强同市内外科研机构的联系，加强交流，通过对一些重大科研项目的开发，形成具有国际竞争力的农业科技人才队伍。同时建设国家农民专业合作社人才培养实训基地和省现代农业技术培训基地，实施农村劳动力转移、农村青年农业创业等农业科技培训，加大培训力度，扩大培训规模，加快培养村干部、农民专业合作社负责人、到村任职大学生等农村发展带头人，培养农民植保员、防疫员、水利员、信息员、沼气工等农村技能服务型人才，培养种养大户、农机大户、经纪人等农村生产经营型人才。同时，加快引进和培养优秀农业科研人才和创新团队，引导和鼓励高校涉农毕业生到基层工作，加强种养大户、农机大户、经纪人等农村实用人才队伍建设，为加快农业科技创新提供人才保障。

此外，注重为农业科技创新人才的长远开发创造环境。当然这必须综合运用各方面的力量：①各级农业科技教育培训中心；②高中等农业院校；③企业与民间的各类培训服务机构；④各级农民协会；⑤各级农业技术推广服务体系和农业改良普及系统。建立由政府、学校和民间力量共同构成的多主体参与，相互交流、相互补充的全方位农业科技创新人才培养与供给系统。特别要注意完善大学和科研机构对于农业科技创新培训方面的体系，主要解决农业从业者应用高新技术的培训，同时可以借助网络教育将大学、推广部门、培训部门、行业协会结合起来，还可以开展远程培训、网上交流示范等。

（四）加强对农民的农业科技培训，并建立"产学研"合作机制

农民和农业科技推广人员的科学文化素质、科技意识，直接决定着农业科技转化的程度和农民的增收水平。惠州农业经营模式分散化，农民文化程度较低，科技培训匮乏，信息传播渠道不通畅等因素严重制约着农业科技信息服务成效，阻碍着农业科技创新成果的转化和应用，因此，提高农民科学文化素质是加速农业科技创新转化的主要力量，要不断加强对农村居民的培训力度，提升农村居民接受新科研、新成果的能力。要充分重视农民科技教育培训工作，落实领导责任制。要成立农民教育培训工作领导小组，促进农民农业科技知识的更新，对农民当前在培训工作中出现的问题进行认真分析，了解问题所在。要结合当前农村发展的实际，制定行之有效的培训措施。要创新培训方式，通过现代化的培训手段，形成功能齐全的培训新体系和灵活的运行机制。要不断整合现有农村教育资源，充分利用教育培训资源，创新培训方法，这样才能提高农村劳动力的技能水平，是农业科技创新成果得到更有效的推广和使用。首先要组织开展农村青年创业、农民专业合作社财务人员、基层农技干部等培训，培育有文化、懂技术、会

经营的新型农民。其次，积极送农业科技下乡，即采取市、县（区）、镇三级联动的方式，广泛发动各级农业行政部门、科研和技术推广部门、农业企业以及农民专业合作社等多方力量，大力开展形式多样、内容丰富的农业科技促进活动，形成"政府引导、上下联动、全面参与、层层落实"的农业科技促进新格局，引导全市农业科技人员积极投身农业和农村经济建设主战场，深入基层、开展服务，掀起农民"学科技、用科技、促双增"的热潮。根据农时、农事季节，结合各地特点，深入基层开展以培训讲座、科技集市、田头指导等为主要形式的送农业科技下乡活动，把农业生产的良种、良法送到基层农村千家万户，帮助农民群众及时解决生产中遇到的疑难问题，促进农民学科技、用科技，提高农民科技素质和科学种田水平。

同时，进一步完善农业科技创新机制，打破部门、区域、学科界限，有效整合科技资源，建立协同创新机制，推动产学研、农科教紧密结合。要进一步强化企业技术创新的主体地位，政府应通过有效的技术创新政策鼓励企业从事农业科技创新。比如，由政府引导，加强农业从业者与惠州学院、华南农大等省内高校合作，根据企业或农户需求和农业局具体分析，利用本区域地理、气候等方面的优势，找出合适的合作项目。具体做法上，设立由地方农业部门首长任组长，下设技术专家组和联络组，技术专家组和联络组分别由大学和企业的科技部门负责人担任；政府和企业共同投入合作经费，大学提供智力和科技支持，并同时委托农业职业技术学院、农业科研院所、农业技术推广机构、农广校等单位为农业给予技术扶持，优先提供农业新技术服务，明确合作重点，设立和实施一批优势特色明显的农业科技合作专项。同时加强基地建设，以"大学+政府+农业企业+农民专业组织+农户"的形式，建设一批农业科技合作示范基地，促进农业科技成果快速推广，促进农业科技创新。

（五）为农业科技创新企业提供更多金融支持

为农业科技创新提供一个顺畅的资金支持，是激励农业科技创新的关键性措施。首先，应加大政策性金融对农业科技创新的扶持，政府发放的政策性贷款和向农业部门投入的贷款资金和利息补贴资金，必须做到专款专用。同时，采取财政和金融结合，对农业科技创新企业给予贴息等优惠政策，并且支持发展农业科技创新基金，积极引导和鼓励金融信贷、风险投资等社会资金参与农业科技创新。

目前由于农业风险性较大，金融机构有惜贷的现象，因此应积极协调银行与农业科技创新企业之间的借贷关系，促使从事农业信贷工作的相关银行对农业科技创新给予优先支持。通过增加银行信贷投放、帮助农业科技创新企业和个人获得必须的启动资金，提高他们的创新热情。农业发展银行、农村信用社和其他金融机构应建立新型信贷激励和考核机制,调动信贷人员对农业科技创新型企业发放贷款的积极性,并为农业科技创新企业提供期限长、利息低、覆盖面广的贷款,支持农业科技创新行动。同时,发展重点服务农业科技创新的金融组织,充分发挥农村信用社为农业科技创新服务的作用,可由政府协调给农村信用社增加存款渠道和资金总量,增强农村信用社存贷款能力,加大其对农业科技创新的信贷支持。此外,可以放宽农村地区抵押物的范围,如允许小城镇的农业科技创新企业地产包括集体所有土地的使用权,以及农村宅基地、自留山的使用权、房屋产权做抵押。

总之,以科技创新的力量来推进惠州现代农业转型升级,是必须要坚持的重要举措。当前,在新的发展环境和机遇下,面对农业科技创新的发展现状,既要制定良好的政策鼓励农业科技创新,还要不断地加强财政投入力度,完善农业科技人才队伍建设。同时对农民加强培训,强化农民接受新技术的能力,并且加强农业科技信息建设,推进农村信息化项目,为农业科技创新企业提供更多金融支持,这样才能更好地推动农业科技创新,从而进一步促进惠州市现代农业的转型升级。

(注:本文数据来源于课题组实地调研及惠州市农业局提供的相关信息,在此表示感谢!)

参 考 文 献

[1] 人民网. 我国国民经济和社会发展十二五规划纲要 [EB/OL]. http://news.sina.com.cn/c/2011-03-17/055622129864.shtml.

[2] 刘卫柏,李中. 基于统筹城乡发展视角的农业科技创新研究 [J]. 科学管理研究,2011,29(4):45-48.

[3] 胡凯. 我国农业科技进步贡献率测算与分析:1978—2010年 [J]. 商业研究,2013,06:169-175.

[4] 李新平,黄小红."两型社会"综合配套改革试验区建设的政策路径选择 [J]. 邵阳学院学报(社会科学版),2011(3):33-36.

[5] 吴喜梅. 论政府在农业科技创新中的职能 [J]. 经济与管理. 2012,07:54-55.

[6] 崔亚平 科技创新是实现辽宁农业现代化的关键 农业经济 2013,01:32-33.

[7] 刘亭,郭涛,李博文. 基于创新视角的农业科技发展 [J]. 安徽农业科学,2011,39(29):18343-18344.

[8] 傅秀林. 促进农民增收的意义及其战略措施 [J]. 农业与技术,2004,24

(6): 1-3.

[9] 房桂芝,董礼刚. 关于农业科技信息服务现状的调查与思考 [J]. 农业科技管理. 2009. 28 (5): 27-30.

[10] 胡凯. 企业 R&D 行为影响因素研究:文献综述 [J]. 江西农业大学学报(社会科学版), 2011, 04: 59-63.

惠州市交通运输发展报告

王发良

一、惠州"十一五"至"十二五"期间交通运输发展现状分析

交通运输的发展直接反映一个区域经济的发展状况,同时交通运输系统的发展状况也会相应制约一个区域经济的发展。交通运输的发展状况主要取决于交通基础设施的建设状况、区域交通的整体布局和交通运输系统的管理方式。

(一)惠州公路运输现状分析

1. 公路建设运输现状分析

公路运输系统是惠州交通运输系统的重要组成部分,目前惠州市的物流活动主要靠公路运输来完成。在惠州市政府的高度重视下,惠州公路运输的基础设施有了长足的发展,如表1所示:

表1 惠州市2006—2011年公路建设情况

年份	2006	2007	2008	2009	2010	2011
公路线路长度(千米)	10 436.1	10 436.1	10 467.7	10 467.7	10 825.8	10 892.4
等级公路(千米)	8 831.1	8 831.1	9 348.0	9 825.8	10 074.0	10 234.7
高速公路(千米)	277.9	277.9	277.1	374.5	378.5	453.8
等外公路(千米)	1 327.2	13 727.2	1 119.7	790.0	751.8	656.7
公路密度(千米/百平方千米)	93.53	93.5	94.0	95.7	95.4	96.0

资料来源:2007—2012年《惠州统计年鉴》。

从表中可以看出，2011 年惠州市公路总里程达到 10 892.4 千米，其中等级公路 10 234.7 千米，高速公路 453.8 千米，等外公路 656.7 千米。2006—2008 年公路线路建设增长比例维持在 0.3%，而 2009 年以后惠州市公路线路建设增长比例迅速增加到 3.4% 左右。

惠州市高速公路网规划为"七横五纵一联"共 1 030 千米。目前通车高速公路 8 条，共 453.8 千米，分别是：G15 沈海高速公路惠州段（深汕西高速公路），主线长 62.6 千米，双向四车道，于 1996 年 12 月建成通车；G25 长深高速公路惠州段（惠河高速、惠盐高速），主线长 99.6 千米，双向四车道，惠河段于 2003 年 12 月底建成通车，惠盐段于 1993 年 4 月建成通车；G35 济广高速公路惠州段（惠河高速、广惠高速），主线长 102.3 千米，双向四/六车道，惠河段于 2003 年 12 月底建成通车，广惠段于 2003 年 12 月建成通车；S20 潮莞高速公路惠州段，主线长 49.1 千米，双向六车道，于 2010 年 1 月建成通车；S21 广惠高速公路，主线长 57.4 千米，双向四车道，于 2003 年 12 月建成通车；S25 长深高速公路惠州支线（惠盐高速），主线长 6.6 千米，双向四车道，于 1993 年 4 月建成通车；S30 惠深沿海高速公路，主线长 48.3 千米，双向六车道，项目于 2010 年 3 月建成通车；S2 广河高速公路惠州段，主线长 75.3 千米，双向六车道，于 2011 年底建成。

目前在建高速公路 5 条：S27 仁深高速公路博深段，长 34.1 千米；S23 龙大高速公路惠澳段，长 54.9 千米，全线计划 2013 年 12 月完工；S21 广惠高速公路东延线，全长 31.4 千米，全线一期计划 2013 年 4 月完工；S29 从莞高速公路惠州段，全长 30.9 千米，全线计划于 2013 年 7 月完工；G25 长深高速公路惠盐段和 S25 长深高速公路惠州支线改扩建工程，长 30.7 千米。

2. 公路运输车辆增长情况分析

惠州市民用车辆拥有量在不断增长，如表 2 所示。

表 2　惠州市民用车辆拥有量（辆）

年份 车辆类别	2007	2008	2009	2010	2011
载客汽车	108 896	133 298	162 743	202 882	247 185
载货汽车	42 658	41 706	45 439	50 638	56 091
其他汽车	3 509	4 143	2 693	2 895	3 100
摩托车	475 678	482 709	482 966	478 686	468 365
合计	658 524	688 109	720 473	738 368	778 129

资料来源：2007—2012 年《惠州统计年鉴》。

从表2可以看出，2011惠州市民用汽车拥有量达到77.8万辆（包括拖拉机2 029辆、挂车359辆），同比上年增长5.11%，其中惠州市民用汽车保有量30.6万辆，比上年末增长19.5%；其中私人汽车25.6万辆，增长22.8%。

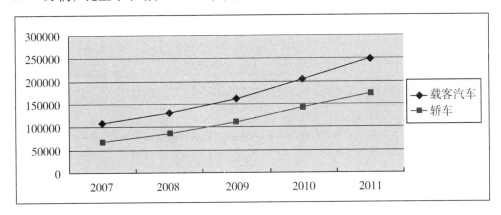

图1　2007—2011年惠州市载客汽车与轿车对比增长情况折线图

资料来源：2007—2012年《惠州统计年鉴》。

从图1可看出，载客汽车与轿车的拥有量呈同步增长的趋势，载货汽车也保持相同态势，2011年私人轿车保有量为16.3万辆，增长25.1%。

3. 公路客货运输的增长分析

公路运输作为交通运输系统的重要组成部分之一，其具有机动灵活、覆盖面广和通达度高等特点，现已成为惠州市最主要的运输方式。惠州市2011年各种运输方式所完成的运输量可以通过表3显示。从表3可看出，公路运输在旅客运输和货物运输所占比重都最大，其中公路运输输送的旅客占总输送旅客的95.56%，公路运输输送的货物占货物总输送量的41.73%。进一步察看其货运量，除了2008年外，2007—2010年的公路货类运输量都处于一个稳定增长期，2011年的增长速度较之前4年的幅度快。

表3　2011年各种运输方式完成客货运输量情况

指　　标	绝对数	比　重
旅客运输总量	13 600万人	
铁路	592万人	4.35%
公路	12 996万人	95.56%
水路	12万人	0.09%

续表

指　标	绝对数	比　重
旅客运输总量	13 600 万人	
货物运输总量	14 477 万吨	
铁路	253 万吨	1.75%
公路	6041 万吨	41.73%
水路	8 183 万吨	56.52%
港口货物吞吐量	5 170 万吨	35.71%
沿海港口	5 014 万吨	34.63%

资料来源：《惠州统计年鉴 2012》。

从图 2 可以看出，2007 年至 2011 年公路货物运输量稳步增长，2011 年以后的增长速度较之前 4 年明显加快。

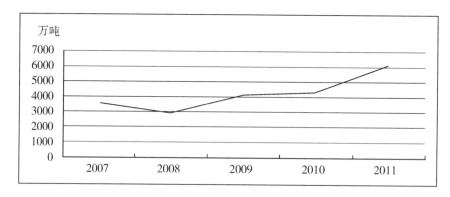

图 2　2007—2011 年惠州市公路货物运输量增长情况折线图

资料来源：《惠州统计年鉴 2012》。

（二）惠州铁路运输现状分析

1. 惠州铁路建设运输现状分析

2012 年惠州市安排的 149 项重点建设项目中，交通运输工程 34 项，年度计划投资 114.3 亿元，目前主要施工的项目有莞惠城际轨道交通，厦深铁路。

厦深铁路路线全长 502.4 千米，在惠州市境内起点为惠东县吉隆镇，途经惠东县、惠阳区、大亚湾区。在惠州市设有惠东站和惠州南站两个车站。厦深铁路于 2013 年 4 月完成全线铺轨工程，10 月正式开通。厦深铁路惠州段项目累计完成投资 33.5 亿元，占总投资的 71%。

莞惠城际轨道交通项目进入惠州市，经沥林、陈江、惠环、惠城等镇（区），终点为惠州大道站。正线全长99.448千米（其中：东莞市境内长67.460千米，惠州市境内长31.988千米），截至2012年5月底，莞惠城际轨道累计完成投资30亿元，占总投资的23%，计划2015年建成通车。

2. 铁路客货运输的增长分析

从表4可知，惠州市铁路客货运输的吞吐量在稳步增长，从2009年起的增长速度明显高于前几年。2011年，完成客运量592万人和旅客周转量148 249万人千米，完成货运量253万吨和货物周转量72 693万吨千米。

表4　2007—2011年惠州市客货运输（吞吐）量——铁路

年份	2007	2008	2009	2010	2011
客运量（万人）	478.6	521.8	501.8	550.1	592.0
旅客周转量（万人千米）	123 000	134 102.6	128 962.6	137 646.6	148 249.0
货运量（万吨）	240.8	247.2	231.8	248.3	253.0
货运周转量（万吨千米）	65 560.3	70 946.4	66 526.6	71 266.8	72 693.0

资料来源：2008—2012年《惠州统计年鉴》。

（三）惠州水路运输现状分析

1. 惠州水路运输建设现状分析

在惠州市政府与惠州市交通运输局合理地规划安排下，惠州市现有水路运输企业31家，国内水路运输服务企业5家，其水路分货货运量如图3。

从图3可看出，2008—2009年水路分货货运量变化幅度不大，而2007—2008年、2009—2011年处在快速上升阶段，2011年惠州市水路分货货运量已达8 183万吨，货物周转量1 490 033万吨千米。

2. 惠州港口吞吐量的现状分析

惠州港2011年全年完成货物吞吐量5 170万吨，其中港口集装箱吞吐量451万吨，2007—2011年的港口客货运输吞吐量如表5。

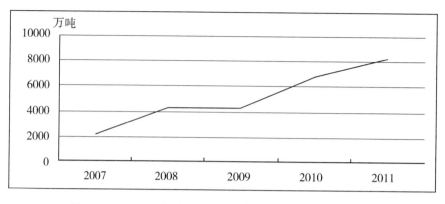

图 3　2007—2011 年惠州市水路分货货运量增长情况折线图

资料来源：2008—2012 年《惠州统计年鉴》。

表 5　2007—2011 年惠州市港口客货运输吞吐量

年份	2007	2008	2009	2010	2011
货物吞吐量（万吨）	2 323.57	2 583.1	3 811.1	4 672.5	6 174
集装箱（万吨）	131.5	315.3	220.8	305.3	451

资料来源：2008—2012 年《惠州统计年鉴》。

从表 5 中可以看出，2007—2008 年惠州港货物吞吐量增长比较缓慢，增长幅度只有 18%，2008 年以后，惠州港的货物吞吐量增长幅度高达 39% 以上。

（四）惠州管道运输现状分析

管道运输业作为中国新兴的运输行业，以成为统一运输网中干线运输的特殊组成部分。目前惠州的管道运输集中在大亚湾区。2011 年，管道货物吞吐量达 1 205 万吨，如图 4 所示：

从图 4 中可以看出，惠州市管道货物的吞吐量，近几年大多维持在 1 200 万吨左右，2009 年的管道货物吞吐量明显大于别的年份，高达 3 200 万吨。

二、惠州市交通运输系统中存在的问题及原因分析

（一）惠州市公路密度偏低、公路线路结构有待进一步提高

尽管近年来惠州公路密度在不断提高，到 2011 年达到 96 千米/百平方千米，

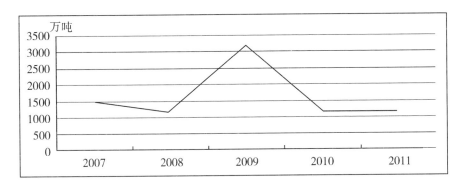

图4 2007—2011年惠州市管道货物的吞吐量增长情况折线图

资料来源：2007—2012年《惠州统计年鉴》。

但与发展水平相当的中山市相比仍然偏低，2011年中山市公路密度就达到109.3千米/百平方千米，所以惠州市公路密度仍然有待提高。提高惠州市公路密度是惠州市经济发展的需要，也是提高惠州市交通运输效率的必然要求。

2011年惠州市等外公路占总公路里程的6%，而2011年中山市等外公路占总公路里程只有2.3%，并且惠州市高速公路所占比例只有4%左右，可见惠州市公路结构与中山市相比明显偏低，较低层次的公路结构必然会影响整个公路运输的效率，从而阻碍惠州市经济的进一步发展。

造成惠州市公路密度偏低与公路结构不合理的原因有：①惠州市公路基础设施的投入资金不足。惠州市公路线路建设缓慢，高速公路的比例比较低，都与惠州市公路基础设施投入资金不足有关；②惠州市公路基础设施建设资金使用效率偏低。惠州市公路基础设施的建设资金采用行政配置和市场配置相结合的方式，这种资金筹措模式大大地降低了建设资金的使用效率，随意更改道路规划，造成重复或反复建设现象严重；③惠州市公路基础设施建设项目管理水平较低，监管和验收不到位，使得公路基础设施工程项目完成质量比较低。由于惠州市对基础设施项目的监管不到位，使得项目建成后，两三年后就破烂不堪，要不断地对基础设施进行翻旧铺新，造成极大的浪费。

（二）交通事故频发、交通安全状况堪忧

近几年，惠州市交通事故频发，造成很大的人员伤亡和财产损失，因此，惠州市交通运输质量有待提高，交通安全状况需要进一步改善。2011年惠州市道路交通事故发生569起，虽然比上年略微下降了8.52%，但并没有明显地改善，惠州市各个辖区交通事故次数互有增减，特别是高速公路路段交通事故发生具有明显上升的势头；2011年惠州市交通事故造成312人死亡，645人受伤，相对于2010年略微有所减少，但交通安全状况仍然没有得到根本的改善，仍然造成了

极大的人员伤亡和财产损失，高速路段交通事故的严重性有不断加大的趋势。

惠州市交通事故频发，交通安全状况得不到根本的改善，造成这一交通乱象的原因有：

（1）企业经营行为不规范。受经济利益的驱动，一些运输企业、站场和从业人员不顾国家运输安全方面的有关规定，摆不好安全与效益的关系，盲目追求短期利益，往往将安全规章制度和各项安全管理规定抛至脑后，超范围经营，违章经营，互相争客、抢客、倒货，驾驶员盲目地赶时间、抢速度而超速行驶，疲劳驾驶等行为引发重特大交通事故。

（2）安全管理落实不到位。由于惠州市市场进入门槛比较低，一些规模较小的企业把精力都投入到生产经营上，忽视抓安全管理。企业对承包车辆和挂靠车辆管理弱化，没有科学的管理手段，只收费不管理。安全机构及管理岗位设置不全，职责不清，安全管理不到位。企业安全制度不健全，没有明确的安全责任人和相应的责任制，奖惩措施不明。安全管理投入不足，安全设备设施及管理手段落后，安全网络形同虚设。

（3）从业人员安全知识和安全技能匮乏。从业人员来自于社会弱势群体，文化程度不高，法纪观念淡薄，平时较少接触或缺乏系统安全教育，遵章守纪的自觉性较差。大多数乘务员没有经过岗前培训，安全知识、职业道德规范严重缺乏。

（4）车辆技术状况令人担忧。行业管理中要求运输企业都有检测设备和定期检测、强制维护、定点维修车辆等方面的规定，但个别企业为了短期经济利益，通过虚开发票等形式，逃避车辆维护，车辆保养质量难以得到根本保障，营运车辆技术状况管理存在薄弱环节。

（5）高速公路养护难以适应社会经济发展的需要。由于惠州市气候潮湿、多雨，易造成水毁的现象，但是养护经费来源仍采用拨款方式，不能适宜高速公路管理企业经营要求。

（三）惠州市交通一体化有待加强

交通运输一体化的实质就是打破行政界线、部门界线、地域界线，推动区域综合运输系统的协调发展，对区域内的交通基础设施、运力结构、运输组织等统筹规划，实现人便于行、货物畅通的需求统一的局面，实现区域内交通资源的优化配置。

惠州市交通运输系统缺乏整体规划，各系统、各部门相互配合不够，比如铁路系统、公路系统和水上运输系统不能相互协调、相互配合，严重制约惠州市交通区域一体化的发展。惠州市交通一体化主要存在以下几方面的问题：①现有的交通设施不能满足惠州市经济社会发展的需要。尽管惠州市近几年来公路运输基础设施在逐步增加，但总量仍然不能满足惠州经济快速发展的需求。随着惠州经济的快速发展，惠州城市化进程在不断加快，必然会提高惠州对城市和城际轨道的需求，而目前惠州主要施工的项目只有莞惠城际轨道交通、厦深铁路，惠州市内的轨道交通建设却为零，甚至还没有提到规划的日程上来，这样造成了惠州市运输结构的严重失衡。惠州港的发展非常缓慢，一方面是惠州市政府对水上交通运输系统投入不足；另一方面是水上交通运输系统的配套服务严重滞后。总之，只靠发展公路运输来满足惠州经济发展的需求是不现实的，也不符合交通一体化的需求。②区域交通运输管理脱节，规划建设缺乏有效协调和统筹安排。各地区、各种运输方式或部门以自我为中心，各自规划，各自建设，自成体系，造成本应相互衔接的环节割裂，相互之间的接口少，标准和规则不统一，最终导致系统低效、成本增加、重复建设、资源浪费，并且影响到运输服务质量和综合利用效率。③深、广、莞、惠存在运输市场分割现象。生产要素在区域内自由流动能够充分地整合区域内的各种资源，实现社会效益最大化。深、广、莞、惠各地区出于短期经济利益的需要，实行地方保护，限制运输要素的自由流动，使得深、广、莞、惠运输市场相互分割，阻碍惠州交通运输市场一体化进程。

（四）交通运输层次结构不合理

交通运输有5种基本运输方式，各种运输方式协同发展是未来交通运输发展的必然趋势，而各运输方式内部应该存在一个层次化问题。

从表3中我们可以看出，2011年惠州市公路运输的旅客占总旅客的95.56%，铁路和水路完成旅客运输量占总旅客量的比分别为4.35%和0.09%，公路运输货物运输量占总货物运输量的41.73%，水路运输占总货物运输量的56.52%，铁路运输占货物总运输量的1.75%，而航空运输在人员运输和货物运输中所占比重都为零，这种运输结构极不合理。公路运输相对于铁路运输有一个明显的缺陷，那就是单位路面的通过率远远低于铁路运输，随着惠州市经济的进一步发展，人员流动和货物流动量都会不断增加，而惠州市土地资源却不能增加，甚至有减少的趋势，大力发展公路运输，必然会导致土地资源的供应和运输需求的增加之间的矛盾，并且这种矛盾会越来越激烈，所以合理的运输结构是大力发展轨道运输和水上运输，适度发展公路运输，相机发展航空运输。目前，惠州市把财力主要集中在公路基础设施的建设上，在水上运输和轨道运输上投入相当少，轨道运输只有莞惠城际轨道交通，厦深铁路正在建设之中，而城市内的轨道交通建设却为零，甚至在远期规划中都没有出现，水路运输只重视水路运输系统的使用，而不注重对水路运输系统各环节的维护，更别说扩展，这样必然会导致惠州市运输层次结构不合理，最终的结果是交通运输的供给与需求之间的矛盾越来越突出。究其原因，主要是惠州市政府对交通运输缺乏整体观，没有充分认识5种运输方式的优缺点,没有了解交通运输供需矛盾深层次的原因,盲目上项目,太注重短期效益,往往忽略长期效益的追求。

(五)惠州市公路拥堵现象越来越突出,运输效率比较低

惠州市公路线路每年以0.87%的速度增长,而惠州市车辆保有量却以3.63%的速度上升,公路线路建设的速度明显低于车辆保有量的增长速度,如此必然会导致公路拥堵现象越来越突出,从而降低惠州市公路运输的整体效率。惠州市公路拥堵最严重的时间段分别是11:30-13:00、17:30-18:00,这段时间正是集中下班的时间段。惠州市公路运输效率低的原因如下:①公路基础设施的投入有待加强。公路线路的增长速度过缓,最主要的原因就是公路基础设施建设资金投入不足;②惠州市公路线路总体布局存在问题。道路运输具有很强的"木桶"效应,也就是说,道路运输效率不是由长板决定的,而是由最短的那块板决定的,惠州市公路线路总体布局存在短板问题,有的地方设计得供过于求,有的地方设计得供不应求,供过于求造成道路通过量的浪费,供不应求却造成道路堵塞;③惠州市没有合理的分流引流方法。由于公路运输的供给比较刚性,而对公路运输的需求却具有弹性,也就是在不同的时间段对运输的需求是不一样的,这样就造成了运输供给的刚性和运输需求的弹性之间的矛盾。如果运输供给与运输需求最大值保持平衡,这样就不会出现拥堵问题,但却会造成运输资源的浪费。要完美地解决运输供给刚性与运输需求弹性之间的矛盾,就要采用合理的引流分流措施,使下班时间适当错开,并在下班期间加强交警的疏导作业;④交通管理方法不够科学规范。惠州市占道乱停乱放现象比较严重,进一步削减了运输供给资源,使得公路运输供需矛盾更加突出,交通信息传递不及时、不准确,广大驾驶员不能实时掌握各路段的交通信息状况,这是造成惠州拥堵的另一原因。

(六)交通运输体制有待进一步的改革优化

目前惠州市交通运输管理主要采用行政和市场并举的方针,行政配置和市场配置相互分割、干扰和抵消,致使资源配置整体格局处于无序状态,自然使交通结构难以实现均衡和优化。由于目前交通管理体制的限制,使得交通运输体系建设受条块分割体制的影响,各种运输方式自成体系,自我配套,各种运输方式内部都有比较完善的布局,造成资源的极大浪费,但综合性的交通枢纽却很少建设。惠州市应该对现有的交通运输体制进一步改革,整合交通运输体系内的各种资源,使各种运输方式相互衔接,协调配合。继续促进政企分开,完善、健全交通法律法规体系,对现有的经营体制和投融资体制进一步实行优化。

三、发展惠州交通运输的建议

(一) 建立以轨道交通为主体,其他运输方式协调配合的一体化交通运输体系

铁路单位路面通过量比公路要大得多,中国是一个人均土地面积比较少的国家,提高土地的利用效率对解决中国人口粮食问题和人口及货物的运输问题尤为重要,铁路运输的这一特点更加适合中国国情,也适合惠州市的市情,所以,要解决惠州市的交通问题,应该把重点放在发展铁路运输上。随着惠州经济的进一步发展以及惠州城市化进程的不断深入,惠州市的人流量和货流量会不断增加,这就必然导致惠州交通基础设施占用更多的土地资源,造成土地资源供应的进一步紧张,为了解决或者缓和这种矛盾,应大力优先发展轨道交通,包括城际轨道交通和城市轨道交通,充分利用轨道交通单位路面通过量远远大于公路运输的特点。比如日本,日本就是在土地供应紧张的情况下,通过大力发展轨道交通,解决因经济发展带来的人流量和货流量增加的困局。当然轨道交通的基础设施建设的前期投入成本要远远大于公路运输的前期投入成本,但要解决惠州市交通供需之间的矛盾,就必须从长远的角度来考虑交通布局问题,否则只能是疲于应付。惠州市是一个临海城市,在大力发展城际轨道和城市轨道交通的同时,要充分利用水上交通来缓解物流量上升而带来的影响。水上运输单位路面的通过量要远远高于铁路运输和公路运输,但通达性最差,所以要充分发挥水运交通的潜能,注重对水运交通系统环境的保护、维护和投入,将惠州打造成以轨道交通为主,公路运输和水路运输相形发展,相机发展航空运输的一体化交通体系。

(二) 大力打造绿色交通系统

打造绿色交通系统就是要尽最大努力去降低交通运输过程中碳和噪音的排放量。随着交通运输业的发展,交通运输需求不断地增加,交通运输给环境带来的负面影响会越来越大,越来越突出,据欧盟环境总署2008年的报告表明,交通运输业是PM1(可吸入颗粒物)的集中度不断提高的第二大来源,另外,石油和其他矿物燃料的价格会上涨得更快,这样就会提高对低碳经济和能源安全的关注度,必然会要求更多再生能源的供给,并通过科技进步和规模生产降低成本,因此惠州交通系统的发展要尽可能减少对矿物燃料的依赖,提前打造绿色交通系统。

惠州市打造绿色交通系统应从以下几个方面去努力:①交通基础设施建设走低碳发展的道路。目前惠州市铁路密度比较小,应尽量提高惠州市铁路密度,增

加复线率,提高电气化率和行车速度。公路设计减少混合交通,提高道路总体技术标准,增强通行能力和抗灾能力,增加高等级公路建设,特别是高速公路建设。惠州港的航道基本处于自然状态,现有的两条航道都是限于吃水船舶单向航道设计的,这样的航道极大地制约了惠州港吞吐量的进一步提高,应对惠州港航道进行拓宽和挖深作业。尽快对惠州市惠阳区平潭镇的军用机场进行改造,把军用机场改为军民两用机场;②对交通运输设备进行升级。目前惠州市车辆总体上不能适用公路,特别是高等级公路的发展,应该增加高效低耗的重型货车、厢式货车、集装箱拖挂车和各类特种专用汽车的比例,逐步淘汰低效高耗的货车。增加高档客车的数量,引导技术性能较差、安全性能差的客车退出市场,城市公交尽可能采用低碳排放量的新能源汽车。杜绝随意改装车辆的运行,减少超载运输的情况发生;③加强惠州市交通系统信息化管理。加强惠州市交通系统的信息化建设,使得交通信息在系统内部能够及时、准确地进行传递,增强惠州市交通系统内部各部门、各环节之间的衔接能力、协调能力和相互配合的能力。

(三) 大力发展多式联运运输方式

多式联运是指多式联运经营人按照多式联运合同,以至少两种不同的运输方式,将货物从出发地运送到指定的交货地的运输方式,多式联运包括国内多式联运和国际多式联运。多式联运是在集装箱运输的基础上发展起来的一种全新运输方式,它的优势是能够为顾客提供"门"到"门"的服务,并且节约运输成本。多式联运省略掉不同运输方式交接时的检查、检验、装卸等环节,降低货物损坏率,减少货物在运输过程中的停留时间,从而提高了整个运输效率,减少整个运输过程对环境的污染。

惠州地处广东省东南部,珠江三角洲东北端,属珠三角经济区。惠州南临南海大亚湾,毗邻深圳、香港,北连河源市,东接汕尾市,西邻东莞市和广州市,素有"粤东门户"之称,这种独特的地理位置为惠州市开展多式联运创造了条件,既可以开展国内多式联运,也可以开展国际多式联运。惠州有能力开展水上运输与铁路运输的联运,水上运输与公路运输的联运,公路运输与铁路运输的联运,水上运输、公路运输和铁路运输的联运,随着惠州市航空运输的逐步发展,在不久的将来甚至有可能开展水上运输、公路运输、铁路运输和航空运输等四种运输方式的联运。

惠州市开展多式联运还应该做好以下几方面的工作:①制定与多式联运相关的法律、法规。多式联运业务的开展离不开相关法律法规的指导,没有相关法律法规来规范多式联运相关责任人的行为,没有相关法律法规来明确多式联运经营人和实际承运人的责任和利润分配情况,多式联运业务是不可能得到发展的;②培育诚信市场体系。多式联运是多式联运经营人和各实际承运人紧密合作的一种运输方式，如果多式联运相关责任人缺乏必要的诚信，即使有相关法律法规来规范他们的行为，也会由于他们之间的不诚信产生内耗，极大地增加多式联运的成本，使得多式联运业务在惠州开展受阻；③政府进行政策引导。政府在一定的时机应该出台一些政策，鼓励企业开展多式联运活动，调动企业开展多式联运的积极性。

参 考 文 献

[1] 公丕彩. 浅析交通运输安全管理存在的问题与对策 [J]. 全国商情. 理论研究, 2012, 26.

[2] 王志平. 我国区域经济合作与交通运输一体化问题的探讨 [J]. 铁道运输与经济, 2007, 12.

[3] 王发良. 惠州港可持续发展问题研究 [J]. 广东交通职业技术学院, 2009, 8 (2).

惠州市基本公共服务供给问题分析

李普亮

一、引言

提高基本公共服务供给水平和促进基本公共服务均等化不仅是各级政府的重要职责，也是全面建成小康社会的应有之义。《国家基本公共服务体系"十二五"规划》明确提出："建立健全基本公共服务体系，促进基本公共服务均等化，是深入贯彻落实科学发展观的重大举措，是构建社会主义和谐社会、维护社会公平正义的迫切需要，是全面建设服务型政府的内在要求，对于推进以保障和改善民生为重点的社会建设，对于切实保障人民群众最关心、最直接、最现实的利益，对于加快经济发展方式转变、扩大内需特别是消费需求，都具有十分重要的意义。"现阶段，理论界和实务部门对于基本公共服务的内涵和外延的表述并不完全一致，但其核心思想却是一致的。按照《国家基本公共服务体系"十二五"规划》的界定，基本公共服务是指建立在一定社会共识基础上，由政府主导提供的，与经济社会发展水平和阶段相适应，旨在保障全体公民生存和发展基本需求的公共服务，其范围一般包括保障基本民生需求的教育、就业、社会保障、医疗卫生、计划生育、住房保障、文化体育等领域的公共服务[①]。《广东省基本公共服务均等化规划纲要》指出，基本公共服务是建立在一定社会共识基础上，为实现特定公共利益，根据经济社会发展阶段和总体水平，为维持本国和地区经济社会稳定和基本的社会正义，保护个人最基本的生存权和发展权所必需提供的公共服务，是一定阶段公共服务应该覆盖的最小范围和边界，其范围包括两大类八项内容：①基础服务类，包括公共教育、公共卫生、公共文化体育、公共交通等四项；②保障类，包括生活保障（含养老保险、最低生活保障、五保）、住房保障、就业保障、医疗保障等四项。不难看出，基本公共服务是涉及公民生存与发展最基本需求的公共服务，其范围的界定应是一个动态的过程，应

---

① 广义上还包括与人民生活环境紧密关联的交通、通信、公用设施、环境保护等领域的公共服务，以及保障安全需要的公共安全、消费安全和国防安全等领域的公共服务。

与特定的历史和经济发展阶段相适应。

2012年,惠州市成为广东省深入推进基本公共服务均等化综合改革首个试点市,在市委和市政府下发的《惠州市基本公共服务均等化综合改革实施方案(2012—2014年)》中,基本公共服务的范围由原来的八项内容进一步拓展到农村公用设施、生态环保、社会安全、社会管理等基本公共服务。近两年来,惠州市基本公共服务投入力度不断加大,2012年,全市公共财政基本公共服务支出达到95.8亿元,2013年突破100亿元。截至目前,惠州市基本公共服务均等化成效明显,基本公共服务均等化范围显著扩大,城乡、县区和不同群体间的基本公共服务差距显著缩小,基本公共服务投入体系发挥显著作用,基本公共服务体制机制初步形成。但实现基本公共服务均等化是一项系统工程,由于各种主客观因素制约,惠州市在基本公共服务供给方面仍有不少问题有待解决。

二、惠州市基本公共服务供给存在的问题

(一)政府财力相对不足,制约了财政对基本公共服务的投入强度

近年来,惠州市经济发展势头良好,财政收入保持了较快增长。2012年,全市地方公共财政预算收入200.9亿元,同比增长23.4%[①],但与基本公共服务支出的巨大资金需求以及珠三角其他发达城市相比,财政收入水平仍然亟待提高。表1显示了2012年珠三角各地市人均地方财政一般预算收入水平。

表1 2012年珠三角各地市地方财政一般预算收入

市 别	地方财政一般预算收入(亿元)	人均地方财政一般预算收入(元)
全 省	6 229.18	5 904.72
珠 三 角	4 129.09	7 284.81
广 州	1 102.40	8 615.73
深 圳	1 482.08	14 105.11
珠 海	162.60	1 0323.14
佛 山	384.08	5 300.29
惠 州	200.88	4 316.39

---

① 2013年,惠州地方公共财政预算收入250.1亿元,增长24.5%。

续表

市　别	地方财政一般预算收入（亿元）	人均地方财政一般预算收入（元）
东　莞	356.32	4 306.79
中　山	201.89	6 411.82
江　门	135.03	3 018.13
肇　庆	103.81	2 616.91

说明：表中数据源自《广东统计年鉴2013》。

从2012年地方财政一般预算收入总量来看，在珠三角九个城市中，惠州市排名第六[①]，高于珠海、江门和肇庆，但仅占全省地方财政一般预算收入的3.22%[②]、珠三角地方财政一般预算收入的4.86%和深圳地方财政一般预算收入的13.55%。而从人均地方财政一般预算收入水平看，惠州市财力状况同样不容乐观。2012年，惠州市人均地方财政一般预算收入为4 316.39元，仅高于江门、肇庆和东莞，仅占全省人均地方财政一般预算收入的73.10%、珠三角人均地方财政一般预算收入的59.25%和深圳人均地方财政一般预算收入的30.60%。政府作为基本公共服务的供给主体，充足的财力保障是其提高基本公共服务水平的必要条件，但财力的相对有限性对全市基本公共服务供给形成了较大程度的约束，影响了居民对基本公共服务水平和民生改善的满意度。2012年，惠州市39项具体公共服务满意度排序显示，所有公共服务的满意度得分均在80分以下。我们通过对惠州市442个城镇居民的问卷调查显示，目前城镇居民对政府在改善民生方面的工作成效满意度并不乐观，见图1。

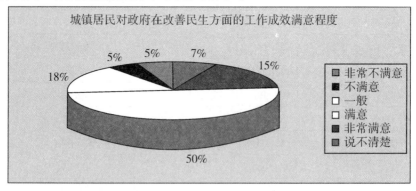

图1　城镇居民对政府在总体改善民生方面的工作成效满意程度

---

① 2013年排名上升至第五位。
② 2013年排名上升至第五位。

图1显示，有50%的城镇居民认为政府在改善民生方面的工作成效"一般"，分别有15%和7%的居民表示"不满意"和"非常不满意"，只有18%和5%的居民表示"满意"或"非常满意"，表明政府在改善民生方面的工作有待改善。

（二）各县区财力分布不均衡，影响区域间基本公共服务均等化水平

虽然惠州市总体上属于广东省经济较为发达的地市之一，但辖区内经济发展不平衡的特征依然比较突出，特别是县域经济发展水平还亟待提高。表2显示了2012年惠州市各个县区的一般预算收入水平。不难看出，各县区之间财政收入规模差异较大，其中，龙门县的财力尤为薄弱，仅占全市一般预算收入的3.02%，仅为惠城区一般预算收入的5.93%。从人均一般预算收入来看，惠东县、龙门县和博罗县的人均财政收入水平明显低于惠城区和惠阳区，县区之间财力不平衡的现象非常突出。

表2　2012年惠州市各县区财政收入水平

	地方财政一般预算收入（亿元）	人均地方财政一般预算收入（元）
全市	200.9	5 875.82
惠城区	102.20	12 570.73
惠阳区	21.75	5 851.49
惠东县	17.20	2 035.50
博罗县	22.03	2 612.36
龙门县	6.06	1 745.39

说明：表中数据由作者根据惠州市各县区国民经济社会发展公报公布的相关数据计算而得，计算人均地方财政一般预算收入时采用的是户籍人口数，其中龙门县户籍人口数为2011年数据。

各县区之间财力的差异直接影响到各县区之间基本公共服务的供给水平，本文主要据教育和医疗卫生的方面相关指标刻画基本公共服务的地区性差异，见表3。

表3 2010年惠州市各县区部分基本公共服务供给水平

年份	小学学生辍学率(流动率)(%)	普通初中毕业生升学率(%)	普通初中生辍学率(%)	每千人口卫生机构床位数(个)	每千人口卫生技术人员(人)	每千人口注册护士数(人)
惠城区	-1.69	99.0	0.05	6.31	9.81	3.85
惠阳区	-1.04	99.02	0.02	4.83	6.98	2.12
惠东县	1.44	96.71	0.90	2.30	3.13	0.98
博罗县	0.32	97.51	0.66	2.81	3.77	1.28
龙门县	1.50	97.99	0.63	2.19	3.22	1.02
大亚湾	-3.21	99.47	0.00	1.76	4.23	1.3
仲恺区	—	—	—	3.07	6.98	2.25
全市	-0.21	98.10	0.43	3.62	5.4	1.89

说明：数据源自《惠州统计年鉴2011》。

可以看出，在教育方面，惠东县、龙门县和博罗县的小学学生辍学率、普通初中生辍学率明显高于全市平均水平，而其普通初中升学率均低于全市平均水平。在医疗卫生方面，惠东县、龙门县和博罗县的每千人卫生机构床位数、每千人卫生技术人员和每千人注册护士数均显著低于全市平均水平。各县区间的上述指标水平的差异与各县区间的财力差异总体是吻合的，欠发达地区较为薄弱的财力对本地基本公共服务的供给形成了明显制约。

（三）城乡居民和不同群体居民基本公共服务水平差距较大

在城乡二元体制尚未得到根本扭转的背景下，教育、医疗卫生、文化体育等优质资源往往集中于城镇，城镇居民与农村居民享受的基本公共服务质量也存在明显差异。在医疗资源方面，城市拥有级别较高的医院，这些医院还拥有许多高学历、经验丰富的专任医生以及众多先进的医疗检测设备，而农村地区往往只有一到两家具有一定规模的乡镇医院和部分农村医疗合作机构，医疗设施不尽完善，医护人员素质普遍不高，许多村民对村卫生室和乡镇卫生院的医疗水平信任度偏低，大病患者往往选择县城及以上的医院，加大了患者的看病成本。在教育方面，城市学校校园设施较为齐全，教学设备先进，有些学校甚至还配备了游泳池、音乐室、舞蹈室、学生活动中心等。相比之下，许多农村学校尤其是经济较为落后的农村学校，由于教育经费不足，硬件设施难以及时更新和升级，高水平的师资力量短缺，教学质量难以保障，学生的综合素质与城镇学生也存在较大差距,使得农村孩子落后于起跑线上。在社会保障方面,城市基本上建立了以五大社会保险为主体的社会保障制度,而农村的社会保障水平也远低于城市。在交通方面,虽然农村主要干道公路覆盖率也不低,但是道路维护普遍缺失,不少水泥路因年久失修而坑坑洼洼,道路情况欠佳;而城市公路维护相对比较及时,道路平整华丽。在环境保护方面,许多农村垃圾胡乱堆放的现象仍然比较突出,而且也得不到及时有效的清理,既影响了村容整洁,也对农村居民的身心健康带来不利影响。

此外,惠州市不同群体享受的基本公共服务水平也存在较大差距,特别是对于在惠工作的外来务工人员,由于没有本地户口,在许多方面难以享受与本地户籍直接挂钩的基本公共服务。以教育为例,根据现有的相关政策规定,没有本地户口的外来务工人员子女通常无法进入公立学校享受免费义务教育,只能支付较高费用选择私立学校就读,或者颇费周折方能进入公立学校,这既影响了现有在惠工作的外来务工人员的生活质量及其子女的教育质量,也会影响到潜在外地求职者来惠就业。

(四) 基本公共服务需求表达机制不够健全

理论上,不同辖区居民对公共服务的需求不尽相同,从资源配置效率的角度看,公共服务的供给应与公共产品需求相匹配,传统的自上而下的公共服务供给决策机制容易导致公共服务供给领域中的效率损失,见图2。

图2中,假定D_1和D_2分别代表辖区1和辖区2的居民对某类公共服务的需求曲线,MC代表该类公共服务的边际成本曲线①,按照边际收益等于边际成本的原则,辖区1和辖区2的地方政府应当提供的最优公共服务数量应为Q_1和Q_2,但如果由上级政府统一决定公共服务的供给数量,由于其对不同辖区居民偏好的认知可能存在偏差,往往倾向于通过自上而下的决策方式选择一个比较折中的供给数量(如图2中Q_0),这个数量高于辖区2的最优数量Q_2却低

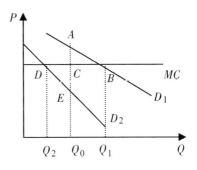

图2 公共服务提供中的效率损失

于辖区1的最优数量Q_1,由此会导致图2中ABC和CDE的效率损失。

惠州市在提供公共服务方面已开始注重搜集居民对公共服务的需求信息,比如制定方案时,在惠州日报、南方网、今日惠州网等媒体刊发《关于公开征求对开展基本公共服务均等化综合改革试点工作意见建议的公告》,广泛征求社会

---

① 此处假定该类公共服务的边际成本保持不变。

各界的意见和建议；工作推进中，召开书记网友见面会，书记市长与政协委员见面会，广泛汇集民意，凝聚共识，形成了共建共享幸福惠州的生动局面。但由于种种因素制约，真正参与其中的居民数量并不多，尤其是农村居民在公共服务方面的需求反映机制不够畅通，致使农村居民对公共服务的真实需求信息未能对公共服务的供给决策产生应有的影响，公共服务的供给和需求难以形成有效对接，影响了公共服务的供给效率。

三、完善惠州市基本公共服务供给对策

（一）建立财政对基本公共服务投入的稳定增长机制，完善基本公共服务投入的绩效评价机制

由于政府是基本公共服务的供给主体，因此，必须确保各级财政对基本公共服务投入的稳定增长。为此，一方面要根据政府收支科目分类标准和《惠州市基本公共服务均等化综合改革实施方案》明确界定基本公共服务投入的口径，另一方面，建立对各级政府基本公共服务投入增长的考核机制，突出考核机制的激励和约束功能，确保基本公共服务投入的增长速度不低于本级财政经常性收入的增速。同时，根据惠州市主体功能区规划和各地财力状况，完善政府间的转移支付制度，降低专项转移支付比重，强化一般性转移支付，提高经济落后地区、生态发展区和禁止开发区提供公共服务的能力。

需要注意的是，基本公共服务供给水平的提高不仅取决于财政对基本公共服务投入的数量，而且还受到基本公共服务投入的运作绩效，必须改变传统的"重投入，轻绩效"的理念和做法，按照"3E"原则①，切实提高财政资金的绩效。为此，重点实现以下三个方面的突破：①拓展绩效评价链条，使其覆盖基本公共服务供给的全过程，包括供给决策、资金的筹集和使用、生产主体的选择以及最终产出的数量和质量；②实现评价主体的多元化，除了政府和部门内部自上而下的评价之外，积极吸纳社会中介组织和基本公共服务受益群体参与其中，特别是要将受益群体的满意度作为评判基本公共服务供给绩效的重要指标；③完善基本公共服务绩效问责制度，将绩效水平与决策主体和生产主体的利益挂钩，实现激励目标与地方政府和部门行动目标的兼容。

---

① 即经济性（economy）、效率性（efficiency）和有效性（effectiveness）。

(二) 引入基本公共服务生产的竞争性机制，提高基本公共服务的供给效率

政府虽然是基本公共服务的供给主体，但并不意味着这些基本公共服务一定由政府生产。理论上，如果基本公共服务由地方政府垄断生产，则地方政府往往缺乏积极性来最小化给定质量和水平的服务成本。Bailey（1999）指出，当允许地方主管机构保有作为服务购买者的战略责任时，如果可供选择的潜在供给者要求为交付服务的权利而竞争，那么服务的效率和质量将会实现最大化。在竞争占优的情况下，公共部门或私人部门，无论谁是服务供给的提供者并不重要。理论上，是竞争而非企业所有权促进了效率（Bishop & Kay，1988）。而且，竞争并不必然需要很多某一特定服务的供给者或大量的竞标服务合同的潜在供给者，依靠竞争的威胁而非竞标的数量创造增加效率的动机是问题的关键所在（Baumol et al. 1982；Shepherd，1984）。因此，基本公共服务的生产可以通过引入竞争机制来实现，降低私人部门的进入壁垒，使公私部门可以展开有效的竞争，迫使目前从事基本公共服务生产的部门为了在下一个竞标回合中不失去合同而减少 X-无效率改善它的效率。理论上，可竞争性的程度愈高，成本节约和服务质量的改善做得越好（Ellwood，1996）。竞争机制的引入使得基本公共服务的供给实现了"使用者—购买者—生产者"的分离，其中居民是基本公共服务的使用者，地方政府是基本公共服务的需求者和购买者，公共部门或私人部门是基本公共服务生产者。需要注意的是，竞争机制虽然有利于减少基本公共服务生产者的 X-无效率，但生产者是为了基本公共服务合同而非为了满足基本公共服务使用者的需要而竞争，如果地方政府在基本公共服务合同中不能充分反映基本公共服务使用者们的意愿，而且如果基本公共服务的使用者没有能力改变自己所使用的基本公共服务，则基本公共服务的总体输出或质量可能依然达不到最理想的状态，所以，基本公共服务的使用者必须能够对购买者形成一定的约束，使其意愿在购买合同中得到清晰的表达并得到有效的执行，当然，基本公共服务的使用者对购买者的约束还需依赖于基本公共服务需求意愿表达机制的完善。不过，由于不同类型的基本公共服务具有不同的特点，其生产机制的选择需要区别对待，对于那些绩效水平可量化或可探知的基本公共服务的生产，委托方和受托方可以订立正式契约，对生产成本、产品数量和质量以及违约责任做出明确规定，这将有助于保证公共服务的同质性，提高它们的成本效率。但如果基本公共服务的生产行为及绩效水平难以观测或具有较强的不确定性，而且监测成本较高，此时正式的生产契约将难以奏效，基于近距离和信任的、委托人和代理人之间的、非正式的管理层级关系可能是更富有成效的。

（三）完善基本公共服务均等化供给机制，提高基本公共服务的均等化水平

按照《惠州市基本公共服务均等化综合改革实施方案（2012—2014 年）》的要求，完善资源均衡配置机制，努力缩小城乡之间、地区之间和不同群体之间享受的基本公共服务水平，尤其要注重医疗卫生、教育、社会保障等民众更为关注的基本公共服务领域的资源均衡配置，依靠制度创新打破医疗卫生和教育资源配置中的"马太效应"，缓解大医院"门庭若市"而基层医疗机构"门可罗雀"并存的现象，减少城乡家庭千方百计为子女择校的苦恼，解决外来务工人员看病贵、子女上学难、社会保险参保率低等难题。

（四）完善基本公共服务供给决策机制，实现基本公共服务供给与需求的有效对接

充分发挥民意在基本公共服务供给决策中的影响力，构建和完善"自上而下"和"自下而上"相结合的基本公共服务供给决策机制，尤其是在农村，应充分发挥村民委员会和农民合作组织的作用，畅通自下而上的基本公共服务需求信息和意愿的表达渠道，分清轻重缓急，优先提供民众迫切需要的公共服务，政府及相关部门应减少"锦上添花"性质的项目，增加"雪中送炭"性质的项目，努力做到基本公共服务服务供给与需求的有效对接。

参 考 文 献

[1] Bailey S J. Local Government Economics: Principles and Practice [M]. Palgrave Macmillan, 1999.

[2] Bishop, M. and J. Kay. Does Privatisation Work? Lessons from the UK [R]. London Business School, 1988.

[3] Shepherd W G. "Contestability" vs. "Competition" [J]. American Economic Review, 1984, 74 (4): 572 - 87.

[4] Ellwood S. Cost Based Pricing in the NHS Internal Market [M]. CIMA Publishing, 1996.

[5] 和立道. 基本公共服务均等化：政策固化与突破 [J]. 云南财经大学学报, 2012, (6).

惠州现代服务业发展路径研究

张毓雄

一、现代服务业的界定

现代服务业是中国特色概念，首次出现于1997年9月党的十五大报告之中，后被政府文件、新闻媒体、企业发展规划等广泛使用，并且，随着对现代服务业发展的重视，相关的研究大量出现。但是，至今学术界对现代服务业的概念没有一个统一的、得到广泛认同的定义。

鉴于现代服务业最早始于政策制定者，是作为政府试图特别扶持发展的一类服务业的部门的提法，因此，本研究认同，现代服务业的界定必须紧紧结合特定的背景，充分考虑本国的经济发展水平、国际经济环境和政府经济发展战略的制约。具体地，现代服务业应包括以下大类：①金融中介；②房地产、租赁及商务活动；③公共管理和国防；④教育；⑤卫生和社会保障。从现代服务业体系角度看，大致分为三层，第一层是核心层，分为两类，一类是知识密集型服务业，包括计算机服务和软件业、商务服务业、科学研究事业、专业技术及其他科技服务业及教育事业；另一类是其他核心服务业，包括金融保险业、房地产业、租赁业。第二层是第一层服务的辅助层，主要是交通运输及仓储业、邮政业及信息传输服务业等功能的集聚。第三层是为以上内容配套的功能集聚，即是公共和政府服务业，包括地质勘察业、水利、环境资源与公共设施管理业、卫生、社会保健和社会福利业及公共管理和社会组织，详见表1。现代服务业与传统服务业基本上是相对的，基于以上的现代服务业统计分类体系，那么第三产业中剩下的服务业即为传统服务业的内容，具体见表2。

表1 现代服务业统计分类体系

圈层		分类	细项内容
现代服务业	核心服务业	知识密集型服务业	计算机服务和软件业
			商务服务业
			科学研究事业
			专业技术及其他科技服务业
			教育事业
		其他核心现代服务	金融业
			房地产业
			租赁业
	基础服务业	基础服务业	交通运输及仓储业
			邮政业
			信息传输服务业
	配套服务业	公共和政府服务业	地质勘察业
			水利、环境资源与公共设施管理业
			卫生、社会保障和社会福利事业
			公共管理和社会组织

表2 传统服务业

名称	细项内容
传统服务业	批发零售贸易业
	住宿和餐饮业
	居民服务业和其他服务业
	文化、体育和娱乐业

二、惠州现代服务业总体水平分析

近年来，惠州经济社会的快速发展，为现代服务业提供了巨大的市场需求和发展空间。从服务业总产值看，服务业增加值从2000年的121.7亿元上升到2012年865.1亿元，上升幅度达743.4亿元（如图1所示），服务业占GDP的比重从

2000年27.7%上升到2012年的36.5%，上升了8.8个百分点（如图2所示）。

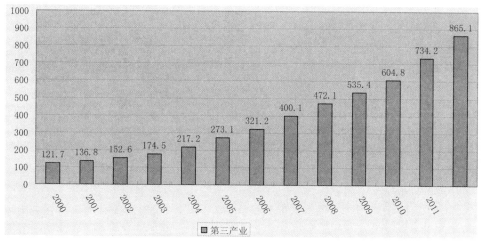

图1　惠州服务业总产值发展变化

资料来源：根据1989—2012年《惠州统计年鉴》和《惠州国民经济和社会发展统计公报》、http://hz.wenming.cn/ecjj/201202/t20120206_165424.htm. 相关数据整理拟合而成。

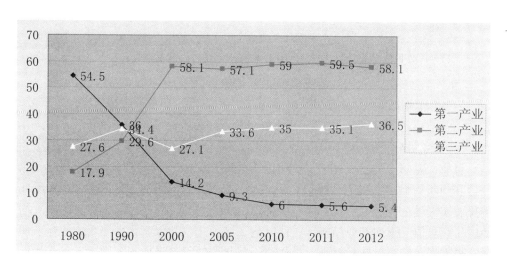

图2　惠州三大产业的变化情况

资料来源：根据1989—2012年《惠州统计年鉴》和《惠州国民经济和社会发展统计公报》、http://www.hzsin.gov.cn/hz09readnews.asp?newsid=5544 相关数据整理拟合而成。

从内部结构来看，2012年惠州市批发零售业、住宿和餐饮业、仓储和邮电业这三个行业占惠州服务业的比重达43.1%①，显然，这些传统产业的增加值在第三产业增加值中的比重显示了其明显的优势且仍为第三产业的支柱产业。其中，批发和零售业增加值占服务业的比重为23.7%；交通运输仓储和邮政业所占比重为10.2%；房地产业所占比重为14.2%；金融业所占比重仅为7.2%②。

从区域角度看，惠州市服务业的发展差异较大，市区集中了惠州市大部分的第三产业。统计数据显示，惠城区的服务业增加值占了全市服务业增加值比重的34.18%，而工业发达的大亚湾区、仲恺区的服务业增加值仅占全市服务业增加值比重的6.77%和9.00%（如图3）。

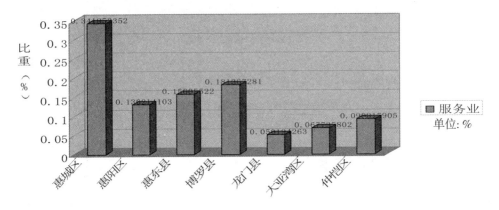

图3 各县区服务业占全市服务业的比重

资料来源：根据《惠州统计年鉴2012》的相关数据计算拟合而成。

三、惠州现代服务业发展存在的主要问题

1. 现代服务业发展落后于工业化发展水平

目前，惠州经济发展处于工业化发展的中高级阶段，经济发展进入转型期。评价和判断一个国家和地区工业化（或经济发展）所处的阶段，通常是采用钱纳里、霍夫曼、克拉克、配第等学者提出的工业化阶段判断标准，即主要由人均地区生产总值、三次产业结构、就业结构、城市化率和工业化率等5个指标来衡量，根据表3的指标体系标准对惠州市工业化所处阶段进行如下判断（如表4）。

---

① 根据惠州统计局《惠州统计年鉴2012》的相关数据计算。
② 根据惠州统计局《惠州统计年鉴2012》的相关数据计算。

表3 工业化各阶段（经济发展各阶段）及其衡量的指标体系

时期	工业化阶段（经济发展阶段）		人均GDP（美元）	产业结构（三次产业增加值结构比重，单位:%）	就业结构（第一产业从业人员占全社会从业人员的比重，单位:%）	城市化率	工业化率
1	前工业化阶段（初级产品生产阶段）		720～1440	第一产业＞第二产业	60%以上	32%以下	20%～40%
2	工业化阶段	中级	2880～5760	第一产业＜20%，且第二产业＞第三产业	30%～45%	32%～65%	40%～60%
		高级	5760～10810	第一产业＜10%，第二产业＞第三产业	10%～30%		
3	后工业化阶段（发达经济阶段）		10810以上	第一产业＜10%，且第三产业＞第二产业	10%以下	70%以上	60%以上

表4 惠州工业化阶段（经济发展阶段）的判断依据

阶段名称	数值	阶段的判断
2012年惠州人均GDP（美元）	8061	工业化高级阶段
产业结构（2012年三次产业增加值结构比重，单位:%）	5.4:58.1:36.5	工业化高级阶段
就业结构（第一产业从业人员占全社会从业人员的比重，单位:%）	29.2	工业化高级阶段
城市化率（%）	47.3	工业化中高级阶段
工业化率（%）	55.4	工业化中高级阶段

资料来源：根据《惠州国民经济和社会发展公报》和《惠州统计年鉴2012》，惠州统计信息网（http://www.hzsin.gov.cn/hz09readnews.asp?newsid=6442）相关数据整理计算而成。

由表4数据综合判断,惠州正处于工业化中高级发展阶段。世界经济发展的一般规律显示,工业化阶段中期经济发展的主要动力是制造业,而进入工业社会高级阶段之后,经济发展处于转型期,即服务业将取代制造业而成为经济结构主体。服务业的发展承担着市场体系的培育、发展的历史任务。数据显示,目前发达国家服务业增加值所占GDP比重已经超过70%,中等发达国家达50%左右,低收入国家达45%。然而,惠州服务业占经济总量的比重仅为36.5%。可见,目前惠州服务业在总量上与现在的经济成长阶段不相适应。特别是与标准模式相对照,服务业的比重和水平偏低,落后于工业化进程。

2. 现代服务业内部结构不合理

其实,目前惠州现代服务业不仅仅总量存在不足,而且其内部结构也极不合理。从现代服务业增加值结构来看,其内部结构升级缓慢,现代服务业发展滞后。以2012年为例(如图4),代表传统产业的交通运输、仓储和邮政业(简称交仓邮)和批发零售业(简称批零)增加值占整个服务业的比重分别为15.4%和35.4%,现代产业中,除房地产业增加值占整个服务业比重(达26.2%)稍高一些以外,其他都较低,如金融业只占整个服务业比重的9.1%。

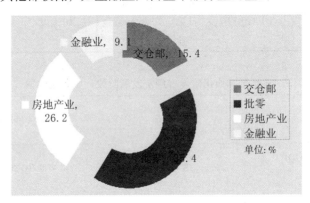

图4 惠州服务业内部增加值结构变动情况

资料来源:根据《惠州统计年鉴2012》的相关数据整理计算拟合而成。

从服务业内部就业结构看,传统服务业部门占全社会劳动力比重较高,现代服务业所占比重太小(如图5所示)。

从服务业内部各行业基建投资比重看,惠州服务业内部各行业投资占服务业比重极不均衡。如图6所示,传统产业中交通运输、仓储、邮政业(简称交仓邮)和批发零售业(简称批零)投资比重分别为5%和2%;现代服务业中房地产业占93%,金融业只占0.04%。显然,这与惠州工业化进程中产业结构合理化调整滞后正相关。

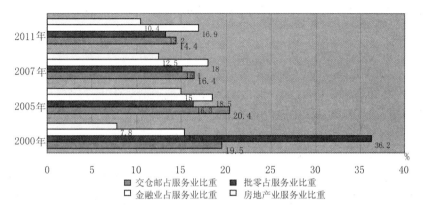

图 5　惠州服务业内部就业结构变动情况

资料来源：根据《惠州统计年鉴 2012》以及《长江和珠江三角洲及港澳台统计年鉴 2012》的相关数据整理拟合而成。

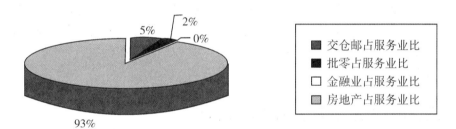

图 6　惠州服务业内部投资结构变动情况

资料来源：国家《长江和珠江三角洲及港澳台统计年鉴 2012》的相关数据整理拟合而成。

3. 代服务业对外开放程度不高

受国家政策、体制等方面的影响，全国服务业整体开放程度低于工业，惠州开放程度也不高。一方面，惠州存在高度管制的行业，金融、保险、证券等行业的准入门槛过高，投资主体单一；另一方面，国外资本进入惠州现代服务业的比例远远小于工业，并且投资的服务业主要集中在商贸流通、基础软件等服务业，从而严重制约了惠州服务业的国际化水平。

4. 代服务业企业技术创新能力不足

目前，惠州服务业企业无论从量上还是质上都存在明显的缺陷：服务市场范围窄，低端劳务型服务比重大，为技术、资本提供各种专、精服务的高端服务比重小。这主要源于惠州外向型经济，即"三来一补"和来料加工生产方式与贸易结构。也就是说，惠州只是生产链中低成本的生产加工厂，而为生产服务的配套服务的大量环节在国外，这严重约束了惠州生产服务业的发展。据 2012 年惠州国民经济和社会发展统计公报显示，惠州全年外贸出口495亿美元，其中，"三资企业"达243.9亿美元，占49.2%；进口203亿美元，其中，"三资企业"达185.5亿美元，占91.4%。

5. 代服务业高级专业服务人才缺乏

统计数据表明，除教育、医疗和公共管理业外，其他每个行业都有至少40%以上的就业人员是大专甚至是大专以下学历。可见，惠州高级专业服务人才缺乏，人才结构不合理，也制约了惠州服务业的升级发展。

6. 现代服务业非企业规模较小

现代服务业中，除金融业和房地产业外，其他行业中事业单位、民办非企业单位比例较高，特别是教育和卫生行业，民办非企业单位比例达到了20%。但是各行业中，企业的营业收入比例要远大于其他类型的单位。

7. 代服务业机制不灵活，非政府资本进入困难

服务业国有控股和集体控股单位虽然比例不高，除金融业和公共管理和社会组织外，其余行业均低于30%，但却远高于制造业，说明服务业相对于制造业，对个人和国外资金进入的壁垒较高。服务业内部，现代服务业的国有控股和集体控股单位比例都略高于其他行业，这从一个侧面说明对这些行业仍有一些习惯性的壁垒封锁。

四、惠州现代服务业的发展路径

1. 加快构建以服务经济为主体的现代产业体系

《中共广东省委广东省人民政府关于加快建设现代产业体系的决定》明确指出了广东省现代产业体系的主体框架，包括以现代服务业和先进制造业为核心的六大产业。现代产业体系的显著特征是"结构优化、技术先进、清洁安全、附加值高、吸纳就业能力强"。因此，加快发展现代服务业，不仅体现现代经济的重要特征，而且是产业结构调整的重中之重。事实表明，服务业尤其是现代服务业的能源及资源消耗明显低于制造业。

可见，促进惠州经济可持续发展，发展现代服务业，不仅能够优化惠州的产业结构，延伸惠州先进制造业的产业链，而且可以增加民众创业、就业机会，为民众开辟更多创造社会经济价值的平台，为政府改善民生分忧解难。

2. 发展重点是生活性服务业

生活性服务业主要包括餐饮业、住宿业、家政服务业、洗染业、美发美容业、沐浴业、人像摄影业、维修服务业和再生资源回收业等服务业。因此，生活性服务业既是服务经济的重要组成部分，又是国民经济的基础性支柱产业。更重要的是生活性服务业是连接物质、精神产品生产和消费之间的载体，是直接向居

民提供物质和精神生活消费产品及服务，其产品、服务用于解决购买者生活中（非生产中）的各种需求。因此，大力发展生活性服务业，不仅有利于转变经济发展方式，扩大消费需求，增加就业，优化经济结构，而且有利于富民惠民，改善民生，增进社会和谐。

3. 惠州生活性服务业发展重点在公共服务业

生活性服务业发展重点在公共服务业，而非市场性服务业。市场性服务业，对技术资源资金资本依赖程度高；公共服务业，对人力资本依赖程度高，它们重点集中在公共管理、公用设施、教育和医疗等部门。

首先，卫生与社会保障业涉及每个家庭、每个国民，国民的健康涉及生存、尊严和民族的未来，因此，必须将发展卫生与社会保障业置于最优先地位。其次，应大力发展高等教育，并将职业教育视为高等教育的重要一环。以改革的思路办好职业教育，为广大年轻人打开通向成功、成才的大门，以提升惠州劳动大军就业、创业能力、产业素质和惠州区域竞争力，提高惠州先进制造业的市场竞争力，促进经济提质、增效、升级。第三，积极改善公共服务，加强市政建设，如供水、供电、供气、公交、污水、排水、消防等；加强公用设施建设，如公园、博物馆、科技馆、戏院等；增加公共管理领域的劳动投入，以改善公众的安全感。

参 考 文 献

[1] 惠州统计局. 惠州统计年鉴2012 [M]. 北京：中国统计出版社.

惠州市制造业与服务业增长关系的实证研究

汤跃跃

随着生产分工的细化和技术创新的进步，现代服务业不仅成为世界经济发达国家和地区经济繁荣的"推进器"，而且是其优化产业结构的突破口和主要力量。据世界银行统计数据显示，目前世界服务业增加值占 GDP 比重平均达 69%，高收入国家达 72.5%，中等发达国家达 53%，低收入国家达 47.5%，最不发达的国家达 46.1%，全中国占比达 40.1%，而惠州服务业占经济总量的比重仅为 37.9%。可见，目前惠州服务业发展偏低。这与惠州现有的经济成长阶段不相适应，根据钱纳里、霍夫曼、克拉克等学者提出的关于工业化阶段的判断标准，即主要由人均地区生产总值、三次产业结构、就业结构、城市化率和工业化率等 5 个指标来衡量，目前惠州经济发展处于工业化发展的中高级阶段。世界经济发展的一般规律表明，工业化阶段中经济发展的主要动力是制造业，而进入后工业社会之后，服务业将取代制造业而成为经济结构主体。并且，发展现代服务业，既是提高产业国际竞争力和国民经济整体素质的重要手段，又是增加就业和再就业的主要途径，更重要的是有利于提高人民的福祉。因此，加快推进惠州现代服务业发展成极其紧迫而且是必然的选择。

一、服务业与制造业联动发展的机制理论

（一）基于社会分工的互动机制

古典经济学家认为，生产性服务的外部化是分工深化和专业化程度提升的表现，社会分工既是经济增长的原因又是结果，这个因果累积的过程体现出了报酬递增机制。在现代经济中，随着社会经济的高速发展，市场容量在不断扩大，交易成本在企业总成本中占有越来越大的比重，专业化与分工也在逐渐深化。巴格沃蒂（Bhag-wati, 1984）认为，分工越细，交易成本就越高，就越需要对产业分上进行重新组合，产业重新组织的一个表征就是厂商把其内部所提供的服务活动外部化即交易成本的降低在很大程度上要依赖于服务业尤其是生产性服务业的发展。Riddle（1986）认为，服务业是促进其他部门增长的过程性产业，是经济

的黏合剂，是有利于一切经济交易的产业，是刺激商品生产的推动力。他利用交互经济模型，展示了服务流在采掘业和制造业发展中的作用。舒特（Tschetter，1987）的研究表明：美国服务业的快速成长，是美国制造业为了提升国内外市场的竞争力，降低成本，将原本由内部提供的服务行为转换由外部专业厂商来提供，进而影响制造业与服务业的产业结构变化。格鲁伯和沃克（Grubel&Walker，1989）进一步指出，生产性服务业作为中间投入增加生产了的迂回性，可以使生产专业化、资本深化，又为进一步的社会劳动分上创造了条件，提高劳动与其他要素的生产率。

实际上，制造业的生产过程是一种由直接的车间劳动延伸到如市场调研、设计、采购、品质检测、市场营销和售后服务等扩展过程，其投入方式不仅仅是体力劳动，而是人力资本。因此，现代服务活动，作为中间投入要素，是现代生产过程的一部分，制造业对中间知识需求的扩大是服务业增长的主要动力。

（二）基于竞争力的互动机制

波特竞争力理论表明，随着市场竞争程度的不断加剧，企业竞争优势的获得对于加工制造环节的依赖程度逐渐减少，服务活动越发成为具有战略意义的环节。服务是产品价值的重要构成部分以及产品差异化的主要来源。

Coffey，Bailly和Illeris等从竞争策略的角度分析了生产性服务外部化问题。他们的核心观点是，面对不确定性，企业会通过外购或者分包方式分散风险、将资源集中在最有竞争优势的环节，从而增强企业的灵活性和效率，提高企业核心竞争力。通过签订合约外购服务行为"半结合"式的非完全市场化组合形式（如企业联盟、分包等），可以使原生产单位既具有一定效率又能在竞争方面保持灵活性，并且更能令注于自身的核心竞争力。

（三）基丁生态群落的互动机制

生物群落，是指一定时间内居住于一定空间范围内的生命种群的集合。生物群落的构成包括以下几个特点：①群落内的各种生物并不只是随机散布的一些孤立的东西，而是相互之间存在物质循环以及能量转移的复杂联系，因此群落具有特定的组成和营养结构。②在时间过程中，生物群落经常改变其外貌并具有一定的顺序状态，即具有发展和演变等动态特征。③群落的特征并不是其组成物种特征的简单总和。基于生态学的角度，经济生态系统中的特定的组织之一便是经济生态群落，经济生态群落是由工业群落、农业群落、服务业群落、制造业亚群落和生产性服务业亚群落等构成。各种群落之间非是孤立的，而是具有深层的内在联系。

在经济生态群落里，制造业亚群落是服务业亚群落的主要消费者之一。同时，服务业亚群落赐为制造业亚群落提供了水（如基础建设类）和营养（如活性开发类）。因此，制造业亚群落和服务业亚群落之间是相互依赖、相互融合的。换言之，一方面，服务业是伴随着制造业的专业分工的深化而产生，它的发展需要制造业来带动。另一方面，制造业自身的升级也需要大量的知识投入，服务业能通过知识投入来促进制造业竞争力提升。

二、模型的设定、变量的选择与数据的处理

向量自回归模型（Vector Auto-regression Model，VAR）模型是一种非结构化的动态联立方程模型，它可以同时揭示内生变量之间的即期关系和动态影响，因而，在经济关系的动态分析中得到广泛的应用。基于此，本文采用 VAR 模型研究惠州制造业与服务业发展联动的长期均衡和短期关系，以及在给定单位变化条件下各变量系统内相互影响的综合动态反应。考虑到统计数据的可得性及其代表性，选择相关变量和对相关数据进行处理如下。

由于第二产业的主体是制造业，所以用第二产业来代替制造业，用 MF 表示该变量，服务业是指所有经济活动中扣除第一、第二产业之后的剩余部分，即第三产业作为服务业的代表变量，用 SE 表示。所选变量数据均根据《惠州统计年鉴（1978 – 2012）》整理得来。为消除异方差，对以上变量做自然对数化处理，于是构建 VAR 模型为：

$y_t = c + \sum_{i=1}^{p} A_i y_{t-i} + \varepsilon_t$ 其中，$y_t = (\ln MF_t, \ln SE_t)$ 是内生变量向量，A_i 是带估计的参数矩阵，C 是常数项，p 是自回归滞后阶数，ε_t 是随机扰动项。

（一）制造业与服务业的单位根检验

由表 1 显示，模型中的两个变量都为不平稳的时间序列，经过二阶差分后为平稳 I（2）过程，因此，可利用 1978—2012 年制造业与服务业的经验数据来构建反映它们之间互动关系的 VAR 模型。

表 1　制造业与服务业单位根检验结果

变量	ADF 检验值	检验类型 (C, T, K)	1% 临界值	5% 临界值	10% 临界值	Prob. 值	结论
$\ln MF$	-1.108757	(c, 0, 1)	-3.661661	-2.960411	-2.619160	0.6996	不平稳
$\ln SE$	-0.778513	(c, 0, 1)	-3.661661	-2.960411	-2.619160	0.8112	不平稳
D(LNMF,2)	-7.682099	(c, 0, 0)	-3.670170	-2.963972	-2.621007	0.0000	平稳
D(LNSE,2)	-4.186744	(c, 0, 2)	-3.689194	-2.971853	-2.625121	0.0030	平稳

注：检验类型中的 C，T，K 分别表示检验模型中含有截距项、趋势项、滞后值；临界值均为 Mackinnon 协整检验临界值；△表示二阶差分。二阶差分后。

(二) 制造业与服务业的协整检验

由于 lnMF 和 lnSE 经过二阶差分为平稳数据,于是用 OLS 法对制造业增加值 (lnMF) 和服务业 (lnSE) 进行协整回归分析,其中 lnMF 为自变量,lnSE 为因变量,得到以下的协整方程:

$$\ln SE = 0.518142 + 0.807478 \ln MF$$
$$\qquad\quad (0.055298) \qquad (0.013220)$$
$$t = (9.369963)(61.08145)$$
$$R^2 = 0.992287 \quad \bar{R}^2 = 0.992021$$
$$F = 3730.943 \quad DW = 0.430603$$

从计量结果可见,惠州市服务业每增长1%,制造业增加值就相应增加0.81%,两者之间是高度相关的,且呈现相互依存、相互促进的关系。

(三) 格兰杰因果关系分析

图1显示,AR 特征多项式的根的倒数都位于单位圆内,这表明所估计的 VAR 模型是稳定的。因此,可利用格兰杰检验来考察制造业和服务业之间存在的长期均衡关系是否构成因果关系以及方向如何,选择滞后期为2的格兰杰检验,结果见表2。

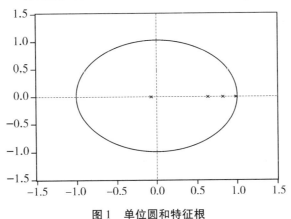

图1 单位圆和特征根

表2　VAR模型的格兰杰因果关系检验结果

Null Hypothesis：	F-Statistic	Probability
LNSE does not Granger Cause LNMF	2.22311	0.12845
LNMF does not Granger Cause LNSE	2.62312	0.09168

由表2可知，在5%的显著水平下，P值分别为0.12845和0.09168，都大于0.05，因此，接受了原假设。这说明：惠州市服务业和制造业之间的互补机制不显著。也就是说，惠州市的服务业对制造业的促进作用不显著，而制造业对服务业也没有着显著的拉动作用。

（四）脉冲响应分析

为了清晰地反映惠州服务业与制造业的动态关系，在VAR模型的基础上估计服务业和制造业的脉冲响应函数，并根据相关指标的比较把响应函数追踪期设定为30年。由图2显示：当本期给服务业一个冲击后，制造业立即做出了响应，在第5年达到最高点，并且这一冲击对制造业影响的持续时间较长，至少持续30年左右。由图3显示，当本期给制造业一个冲击后，服务业的响应相对较慢，在第15年达到最高点，并且对服务业产生持续长久的正效应。可见，惠州应充分发挥服务业与制造业的互动效应。

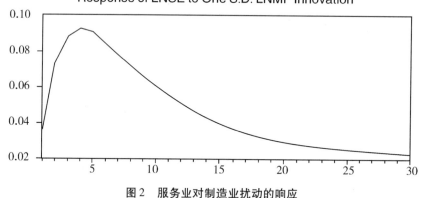

图2　服务业对制造业扰动的响应

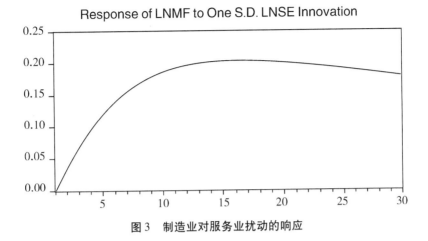

图3 制造业对服务业扰动的响应

二、结论及政策建议

(一) 研究结论

通过以上的分析,得出如下结论:

(1) 惠州服务业现状分析表明:惠州服务业随着整体经济快速发展取得了很大的进步。但是,惠州现代服务业的总体规模小、基础差、占经济总量的比重偏低;现代服务业无论是总量还是产业层次上都和经济发展阶段都有一定的差距;服务业内部结构不合理,内部结构升级缓慢,现代服务业发展滞后;受国家政策、体制等方面的影响,现代服务业整体开放程度低于制造业;服务市场范围窄,低端劳务型服务比重大;现代服务业企业技术创新能力不足等。这些都制约着惠州现代服务业跨越式发展。

(2) 惠州市制造业与服务业增长的实证分析表明:服务业与制造业高度相关,服务业每增长1%,能带动制造业增加值增加0.81%(协整分析);但是,目前惠州市的服务业与制造业相互之间的作用并不明显(格兰杰检验);如果充分利用服务业与制造的互动作用,不仅服务业的发展对制造业能产生持续长久的正效应,而且,制造业发展对现代服务业的影响至少持续30年左右(脉冲响应)。

(二) 政策建议

基于以上分析,本课题组对加快推进惠州现代服务业发展提出如下建议:

1. 以惠州"五大基地"为载体,加速发展生产型服务业

现代服务业是依托先进技术和现代管理方式发展起来的,具有知识密集、技

术密集、信息密集、人才密集等特征。随着工业企业内部产业融合和区域内产业融合的加强，对服务业的需求迅速增加。而生产性服务业是为企业（或组织）要素（包括人、财、物、信息、科技等）服务的产业，它进入了经济各个部门的企业和其他组织的生产过程，从上游到中游和下游，在设计、生产、营销、配送、支持产品等制造业链条上的不同环节，它们共同构成了一个完整的业务流程。生产性服务，无论是"内化"服务（即企业内部提供的服务），还是"独立"服务（从企业外部购买的服务），都已经形成了生产者所生产的产品差异和增值的主要源泉，这条完整的产业链已经成为市场资源强大的调配器。因此，惠州可以以"五大基地"（世界级石油产业基地、国家级电子信息产业基地、广东清洁能源生产基地、粤港澳地区旅游休闲度假基地）为载体，加速发展生产型服务业，从而优化服务行业内部结构，促进制造业优化升级。

2. 依托深莞惠一体化，发展惠州特色现代服务业

《珠三角改革发展规划纲要（2008—2020年）》，赋予珠江三角洲地区五大战略定位，即探索科学发展模式试验区、深化改革先行区、扩大开放的重要国际门户、世界先进制造业和现代服务业基地，以及全国重要的经济中心。广东目前正在加快形成广佛肇、深莞惠、珠中江三大经济圈，其中，深莞惠位居珠三角三大经济圈首位，是珠三角经济发展的发动机。深莞两市经济比较发达，面临着产业升级压力大、产业转移任务重等问题。惠州有交通、产业、资源、环境、成本等优势，是承接深莞产业转移的首选地。因此，惠州在重点承接包括电子信息业、珠宝业、新型材料行业、服装业等产业转移的同时，要发展惠州自己特色的现代服务业。所谓特色就是无法替代，特色的现代服务业是一个地区经济可持续发展的真正动力。目前，惠州可加快发展如下特色现代服务业：①惠州文化休闲产业，惠州是珠三角文化底蕴比较深厚的城市，自古就有"人文古邹鲁，山水小蓬瀛"的美誉，以及"浓抹杭州淡抹惠"的西湖等风景名胜。这种深厚文化功力是其他任何一个城市无法替代的，因此，惠州应将文化的这种软实力打磨出惠州特色休闲经济硬实力。②建立惠州特色的现代服务产业园。惠州地域较广，资源较丰富，因此，可以考虑建立多样化的特色服务产业园。如，城区发展文化创意产业园、惠东发展海滨度假村、罗浮山发展生态旅游产业园等。

3. 借力香港高端服务业，推进惠州服务业国际化发展

香港是全球服务业最发达的地区之一，其服务业占GDP比重超过90%，其中金融业、旅游业、贸易及物流业、工商支援业等4大高端服务业的产值，超过香港GDP的一半。目前，香港已成为惠州最大的外资来源地，在惠州正常运作的港资企业达3 000家。因此，惠州可以凭借毗邻香港的地理位置优越，借鉴香港发展经验和先进理念，加快服务业发展。特别是加快惠州金融业发展，完善惠州金融服务业功能，这为投资者提供便利的同时，也将吸引更多大企业到惠州投

资。此外，要积极引进香港生产性高端服务业为惠州先进制造业和高科技产业担当"服务工厂"角色，推进惠州服务业步入国际化发展轨道。

4. 提高消费率，扩大惠州消费性服务业

近年来，尽管金融危机对珠三角地区经济冲击较大，但是，惠州经济保持平稳较快增长，2013 年惠州 GDP 达到 2 678 亿元，增长 13.6%，财政收入 250.1 亿，增长 24.5%，经济总量、财政实力同步迈进全省第五位，增幅均居全省第 3 位，珠三角首位。①全年城市镇居民人均可支配收入 32 992 元，② 农民人均纯收入达 14 091 元。③消费规律表明，居民收入的提高必然伴随消费结构的转型升级，居民消费结构升级客观上要求消费服务业有一个大的发展。因此，惠州在调整结构中稳定和扩大内需，应积极推进文化、体育、医疗保健和社区服务等生活消费服务产业化，大力发展旅游业，拓宽居民消费领域，培育新的经济增长点。

5. 构建以资本市场为核心的服务体系，加快融入珠三角资本市场一体化进程

统计数据表明，目前惠州的金融业规模小，金融业占 GDP 的比重仅为 2.5%④，资本市场落后。事实表明，在所有具有高度发达的金融体系的发达经济中，资本市场不仅为市场参与者确定了金融资产要求的收益率，而且为投资者出售金融资产提供了一种流动性机制，减少了交易的搜寻和信息成本，从而有效地指导新资本的积累和配置。鉴于此，惠州可借鉴世界大都市发展经验，以金融服务为定位，建设以资本市场为核心的服务体系，降低交易成本，充分发挥资本市场在区域经济成长中的推动作用，加快融入珠三角资本市场一体化进程。

参 考 文 献

[1] Bhagwati. Splintering and Disembodiment of Service and Developing Countries, The World Economy [J]. 1984, 17.

[2] Riddle, Dl. Service — led Growth: The Role of the Service Sector in World Development [M]. New York: Praeger, 1986.

[3] John Tschetter. Producer services industries: why are they growing so rapidly? http:// www. bLs. Gov.

---

① 数据来源于中国新闻网. http://www.chinanews.com/sh/2014/01-22/5767769.shtml
② 数据来源于惠州统计信息网. http://www.hzsin.gov.cn
③ 数据来源于南都网. http://epaper.oeeee.com/J/html/2014-01/10/content-2007151.htm.
④ 根据惠州统计局《惠州统计年鉴 2012》的相关数据（P123）计算。

[4] Herbert G. Grubel, Michael A. Walker. Service Industry Growth: Cause and Effects. Fraser Institute 1989: 279.

[5] Coffer WJ, Bailly AS. Producer Services and Flexible Production: An Exploratory Analysis [J]. Growth & Change, 1991, (1).

[6] Illeris S. The Service Economy: A geographical approach [M]. Roskilde University Denmark, England: John Wiley & Sons Ltd., 1996.

[7] 钟若愚. 走向现代服务业 [M]. 上海三联书店, 2006.11.

[8] 曾世宏. 基于产业关联视角的中国服务业结构变迁——"自增强"假说及其检验 [D]. 南京大学, 2011.

[9] 汤跃跃, 张毓雄. 惠州经济转型的战略选择: 加快发展现代服务业 [J]. 惠州学院学报, 2010 (05): 35-39。

[10] P. W. Daniels. Service Industries in the World Economics, Black publishers Oxford, 1993.

[11] Herbert G. Grubel and Michael A. Walker: Service Industry Growth: Cause and Effects, Fraser Institute, 1989, 279.

[12] Hill, P. Tangibles. 1999, Intangibles and Services: A New Taxonomy for the Classification of Output, Canadian Journal of Economics, 32 (2).

惠州市新农村建设的现状、问题与对策

朱永德　贾卫丽

建设社会主义新农村,是发展新农村的重大历史机遇。2005年10月,中国共产党十六届五中全会通过《十一五规划纲要建议》,提出要按照"生产发展、生活宽裕、乡风文明、村容整洁、管理民主"的要求,扎实推进社会主义新农村建设。2006年,根据党中央和省委要求,惠州市制定了建设社会主义新农村总体思路:以邓小平理论和"三个代表"重要思想为指导,以科学发展观统揽农村工作全局,以中共五中全会的基本要求为总目标,以增加农民收入、提高农民素质和生活质量为根本任务,提出了"六新"(新村镇、新产业、新农民、新风貌、新生活、新机制)和"五改四建三治"("五改":改路、改水、改房、改厕、改灶;"四建":建公共垃圾场、建医疗卫生站、建科技文化站、建风景果树林;"三治":治脏、治乱、治散)等建设要求。通过几年的发展,农业和农村经济进入了一个新的发展阶段,惠州新农村建设也取得显著成效。2011年,全市常住人口463.36万人,人口密度408人/平方千米。2012年,全市生产总值(GDP)2 368亿元,其中,第一产业增加值127.6亿元;第二产业增加值1 375.4亿元;第三产业增加值865.1亿元。三次产业结构由2011年的5.6∶58.4∶36调整为5.4∶58.1∶36.5。2012年,惠州市地方公共财政预算收入200.9亿元,同比增长23.4%,增速比上年同期回落7.8个百分点;地方财政一般预算支出274.1亿元,增长20.6%,增速比上年同期回落1.9个百分点。全年市区居民消费价格总水平(CPI)比上年上涨2.8%,涨幅比上年同期回落2.1个百分点,农民人均年纯收入12 415元,增长13.5%,增幅连续6年达到两位数。

一、惠州新农村建设现状分析

(一) 积极调整农业结构,增加农民人均收入

惠州市按照"适应市场、因地制宜、突出特色、发挥优势"的原则,积极调整产业结构,推进产业化经营。在确保粮食生产安全的前提下,合理调整作物

布局和农业区域布局，2006年，成功打造出龙门年橘、甜玉米、梅菜、荔枝、石湾韭黄、马铃薯等6个品牌特色农产品。之后继续优化农作物品种和品质结构，2007年成功打造出八个特色农产品，除以上6种之外，又增加了特色蔬菜和花卉。而到2011年，又成功打造了甜玉米、马铃薯、梅菜、荔枝、龙门年橘、石湾韭黄、特色蔬菜、花卉、优质番薯、大顶苦瓜、淮山粉葛、优质紫红茄等12大特色农产品，形成了7个相对连片5万亩的特色农业产业带，成为全国最大的甜玉米、供港蔬菜和冬种马铃薯生产基地。又增加了淮山、甘薯、苦瓜、紫红茄等特色农产品。推行基地化、标准化、集约化生产和产业化经营，取得了较好的经济效益和社会效益，实现农民人均收入得到两位数增长（见表1、图1）。2012年，蔬菜总产较前年增长3.9%，肉类总产保持在24万吨以上。梅菜、马铃薯、淮山等12大特色农产品复种面积217.8万亩，增加9.1万亩，总产值68.9亿元，增加12.1亿元，带动农民人均增收3 704元。全市冬种农作物90.55万亩，增加0.75万亩，预计总产值16亿元，带动农民人均增收近千元。

表1 惠州市特色农产品播种面积与农民增收状况

年份	特色农产品种类	播种面积（万亩）	占全市播种面积的比重（%）	产值（亿元）	带动农民收入增加（元）	收入增长率（%）
2006	梅菜、甜玉米、马铃薯、荔枝、龙门年橘、石湾韭黄	126	29	20.83	—	
2007	梅菜、甜玉米、马铃薯、荔枝、龙门年橘、石湾韭黄、特色蔬菜、花卉	150	28.7	25.3	1 446	
2008	梅菜、甜玉米、马铃薯、荔枝、龙门年橘、石湾韭黄、特色蔬菜、花卉	170	39.14	31.32	1 790	
2009	梅菜、甜玉米、马铃薯、荔枝、龙门年橘、石湾韭黄、特色蔬菜、花卉	181.58	40	35.82	2 046	14.3

续表

年份	特色农产品种类	播种面积（万亩）	占全市播种面积的比重（%）	产值（亿元）	带动农民收入增加（元）	收入增长率（%）
2010	梅菜、甜玉米、马铃薯、荔枝、龙门年橘、石湾韭黄、特色蔬菜、花卉	195	61.1	49.27	2 810	37.3
2011	梅菜、甜玉米、马铃薯、荔枝、龙门年橘、石湾韭黄、特色蔬菜、花卉、淮山粉葛、优质番薯、大顶苦瓜、优质紫红茄	208.7	63.7	56.8	3 245	15.5
2012	梅菜、甜玉米、马铃薯、荔枝、龙门年橘、石湾韭黄、特色蔬菜、花卉、淮山粉葛、优质番薯、大顶苦瓜、优质紫红茄	217.8	66.5	68.89	3 704	14.1

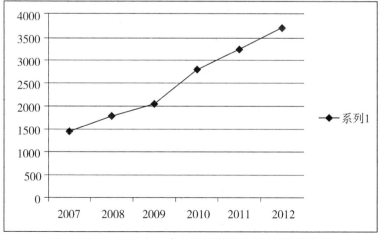

图1　2007—2012年间惠州特色农业对农民增收的贡献

从表1和图1可以看出，惠州特色农业对农民收入贡献率逐年上升，由2007年的增加1 446元逐步上升为2012年的3 704元。这说明惠州特色农业对惠州新农村建设具有一定的贡献。随着惠州特色农业品种的不断增加和规模的不断扩大，其对惠州农业经济的发展和新农村建设的提升将发挥更大作用。

（二）加大农业扶持和投入力度，城乡收入差距不断缩小

自2005年中共中央提出新农村建设以来，惠州市政府重视发展惠州农业经济，增加农民收入，缩小城乡收入差距。

（1）充分发挥耕地面积大、农业人口多的特点，加大对农业设施和农业科技的投入，大力发展现代农业。

一是加大对农业设施的投入力度。自新农村建设以来，各级财政不断加大对农业的投入力度，改造中低产农田，兴修农田水利（见表2）。目前全市累计改造中低产田61万亩，建成现代农业（种植业类）示范基地119个，其中连片1万亩以上的11个，0.5至1万亩的30个，带动示范区54万农民年新增农业产值6.2亿元，年新增收入540元/人。

二是加大农业科技投入，发展特色农业。仅2012年，争取到中央投入资金826万元，争取到省级良种良法示范基地建设专项资金500万元支持市农科所科研开发和良种良法的示范推广，市委、市政府通过《关于推进农业科技创新加快现代农业强市建设的意见》，计划2013—2015年，设立农业科技发展专项资金每年300万元。新建省级"农业院士工作站"1个，引进、试验、示范、推广农作物新品种新技术600多项。开展农业送科技下乡900多场次，参加咨询群众28万多人次，发放宣传资料36万份；开展农民科技培训近3万人次。

表2 各级政府财政对农田水利的投入状况

年 份	农田水利投入资金（万元）	增长率（%）
2007	1 519.89	—
2008	5 528	264
2009	9 385	69.8
2010	10 520	88.8
2011	12 000	14.1
2012	11 600	—

（2）培育和扶持农业龙头企业和农民专业合作社，推进农业产业化经营，促进农业从小规模经营向集约化经营转变，从传统发展方式向现代发展方式转

变,有效地带动农民脱贫致富。目前,全市共有各级农业龙头企业210家(其中国家级4家、省级22家、市级89家),其中年销售收入超亿元的龙头企业16家。农民专业合作社365家,社员9 700人。全市22.5万户农户(占全市农户的43%)在全市210家龙头企业的带动下走上了产业化之路,仅2011年就实现户均增收3 720元。8.9万户农户在合作社的带动下走向致富之路,2011年户均增收3 260元。

(3)按照"转得出、进得去、留得住、干得好、快成才"的要求,大力开展农村劳动力转移与企业用工对接,强化农村劳动力技能培训。2011年,全市农民劳务收入总额达126亿元,约占农民总收入的57.6%。随着农民收入的不断增长,城乡居民人均收入差距不断缩小。据统计,从2005到2010年间,城乡收入百分比由3.17降为2.17,降幅为1个百分点。尽管2011年和2012年有小幅上升,但依然低于2.5。(如表3所示)

表3 惠州城乡居民收入状况

年份	农村居民人均纯收入		城镇居民人均可支配收入		城乡收入比(%)	城乡收入差距(元)
	收入(元)	增长率(%)	收入(元)	增长率(%)		
2000	3 630	2.8	9 824	4.1	2.71	6 194
2001	3 750	3.3	10 014	1.9	2.67	6 264
2002	3 903	4.1	10 691	6.8	2.74	6 788
2003	4 054	3.9	12 673	18.5	3.13	8 619
2004	4 370	7.7	13 822	9.1	3.16	9 452
2005	4 698	7.5	14 884	7.7	3.17	10 186
2006	5 090	8.3	15 991	7.4	3.14	10 901
2007	5 695	11.9	17 310	8.2	3.04	11 615
2008	6 626	16.3	16 581	4.2	2.50	9 955
2009	7 583	14.4	17 914	8.0	2.36	10 331
2010	9 077	19.7	19 741	10.1	2.17	10 664
2011	10 938	20.5	26 609	34.7	2.43	15 671
2012	12 415	13.5	29 965	12.6	2.41	17 550

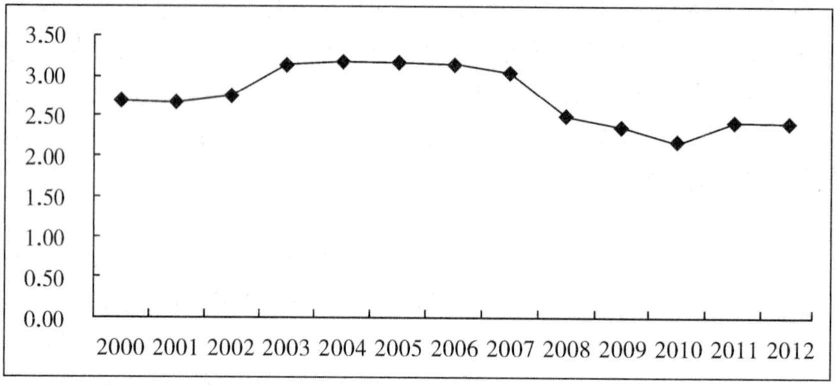

图2　城乡居民收入比变动趋势图

从图2可以看出，2007年以前，城乡居民收入差距呈现上升趋势，自中共中央提出推进新农村建设以来直到2012年，该两收入差距比开始逐年下降，由2005年的3.17降低到2010年的2.17，表明城乡居民收入差距在不断缩小，也同时反映出在党中央指导下，惠州新农村建设工作取得了显著成效。

（三）农村基础设施建设与环境改善

近年来，惠州市农村基础设施建设取得较大进展，环境得到较大改善。一是农村基础设施建设取得较大进展。惠州市推进城乡基础设施一体化，把农村基础设施建设与城镇基础设施建设有机结合起来，推动城镇基础设施建设向农村延伸，目前已完成3 360千米通行政村公路和2 650千米通自然村村道硬底化改造，90%以上行政村实现"七通八有"。截至2012年，新改善农田灌溉面积21 386亩；新建文化小广场74个；村村建有垃圾池；兴修农田水利设施210多座。二是农村环境得到较大改善，新农村建设取得较大成效。全市正着力打造20个"五好"示范村，市委市政府出台了《关于打造名镇名村示范场推进农村宜居建设的实施意见》，目前村企双方经济合作项目272个，实际投资23.8亿元，企业支持公益项目1 591个，县镇村三级和企业共投入8.5亿元。市财政连续5年每年安排2 000万元作为名镇名村建设专项资金。与此同时，全市各地农村迅速开展了环境卫生整治行动，发挥农民的主体作用，组织广大村民积极开展环境卫生突击行动，清理乱搭乱建，消除卫生死角，整治乱丢垃圾和人畜混居现象，努力改变农村"脏乱差"的卫生面貌。组织开展了绿化家园行动，在村道两旁、公共场所、门前院内种花植树，加快风景林建设，建设绿色村庄。在开展卫生整治行动的同时，各地积极探索建立农村卫生管理长效机制，成立专门的卫生保洁队伍，或聘请人员定期清扫；建设标准化养殖小区，将散养畜禽迁入小区，实现雨污分流、人畜分离；在主干道和公共场所设垃圾箱，在各自然村设垃圾收集点，实施"村收、镇运、县处理"的卫生管理体制。截至目前,惠州市各地农村环境发生明显改善。

(四) 农民素质提升和文化建设取得一定成效

农民的素质与农民就业、农民增收息息相关,是整个"三农"问题的核心和基础。惠州市农村教育事业蓬勃发展,教育基础设施建设得到显著改善,教学质量不断提高,教育与学习的良性环境已经形成。截至目前,全市已全面实施免费义务教育,完成农村学校危房改造,义务教育规范化学校覆盖率达100%。高中阶段教育毛入学率达92.1%,高考本科上线率达40%,在广大农村中,文盲或半文盲的农民已经愈来愈少,初中及以上文化程度的劳动力越来越多,人们主动接受学习教育、主动送子女接受学习教育使农村劳动力素质得到全面提高。为了提升农民种植养殖能力,惠州市龙门县还组织举行了"新型农民"教育培训班,对全县18至60岁的农村党员干部、种养能手及其他农民群众进行教育培训,使他们成为有文化、懂技术、会经营的新型农民。

近年来,惠州市农村文化事业建设也取得较大进展。截至目前,建成镇(办)综合文化站73个、行政村(社区)文化室1 250个,实现"农家书屋"全覆盖,公共文化场馆免费开放。广播电视"村村通"、公益电影放映、文化信息共享等一批文化惠民工程扎实推进。与此同时,积极开展"讲文明树新风"活动,社会治安状况良好,社会风气健康向上,没有出现"黄、赌、毒"现象。2008年,荣获全国文明城市称号,2011年,再次以全国地级市总分第一名的成绩蝉联"全国文明城市"。

(五) 村务公开,管理民主

惠州市积极探索充满活力的村民自治机制,在全市推行以"民主提事、民主决事、民主管事、民主监事"为主要内容的"四民工作法":民主提事,集智于民;民主决事,行权于民;民主管事,自治于民;民主监事,取信于民。全面推进村级民主管理具体化、程序化、制度化。

二、惠州市新农村建设的主要做法和经验

(一) 因地制宜,发展特色产业

惠州市结合特色农业产地分布和传统优势的特点,引导产业集中连片规模化发展,2006年拥有了梅菜、甜玉米、马铃薯、荔枝、龙门年橘、石湾韭黄六大特色农产品,2007年发展到8大特色农产品为主导的特色农业产业基地:以惠

城汝湖、惠阳马安、惠东梁化、博罗福田和杨村等为代表的63.27万亩甜玉米基地；以惠东铁涌、平海和稔山为中心的14.77万亩马铃薯基地；以惠城矮陂、横沥和惠东梁化为主的6.95万亩梅菜基地；以惠阳镇隆、惠东多祝和博罗龙溪为主的45.54万亩荔枝基地；以龙门龙华、沙迳、麻榨等为主的18.84万亩龙门年橘基地；以博罗石湾为主的1.25万亩韭黄基地，以及遍布各县区的129万亩（含复种）特色蔬菜基地。通过不断优化产业布局，推动特色产业不断发展。惠州市委、市政府高度重视发展特色农业产业，通过出台扶持政策、加大资金投入，促进了特色农业产区种植良种化、农田水利化、作业机械化，到2011年已经发展到12大特色农业产业。同时，大力实施农业品牌带动战略，打造出一批知名农业品牌。目前全市共有省、市名牌（优）农产品68个，其中省名牌12个，市名优品牌56个。"惠州梅菜"获得国家质检总局原产地标记注册证，"龙门年橘"获得地理标志产品。此外，通过举办两届惠州农博会和马铃薯、韭黄、菜心、荔枝、梅菜等农产品品牌文化节及活动，提高了我市特色农产品的知名度和美誉度。

（二）注重教育和卫生事业发展

教育是关系千家万户孩子未来的一项民心工程，市主要领导多次提出：办好教育是最大的民生；创建教育强市，是"惠民之州"题中应有之义。近年来，围绕教育"创强"这一目标，市委、市政府把办好教育作为建设"惠民之州"的最大民生工程，大力实施科教兴市战略，全面落实教育惠民理念，惠州教育事业包括农村教育事业取得了长足发展。一是为了均衡配置公共教育资金，全面提高教育教学质量，2006年4月，惠州市就率先在全省实施城乡教育联动发展计划，农村学校和城市学校"联姻"，由名校输出先进办学理念、优质教育资源和成功管理经验，嫁接到薄弱学校，帮助薄弱学校快速成长。二是城市学校教师走进农村校园，农村教师到城里"进修"，全面提升农村教师教学水平。三是为了吸引更多的优秀教师留在农村，2006年，惠州在全省率先实施了"两持平一鼓励"政策，即县域内教师待遇与公务员待遇基本持平，农村教师待遇与城市教师待遇基本持平，鼓励优秀教师到农村任教。四是对地理位置相邻的学校，实施"一校多区"的实质性兼并，实施强校对弱校兼并管理。此外，教育部门成立专门机构，加强学前管理，抓好幼儿教师的业务指导和培训。发挥规范、优质幼儿园的示范带头作用，做到以公带私、以园带园、以优带园，促进学前教育健康发展。

全市从社会经济实际出发，统筹城乡和区域卫生事业协调发展，优化卫生资源配置，着力加强公共卫生、农村卫生、妇幼卫生、城市社区卫生体系建设；成功处置甲型H1N1流感和人禽流感等突发传染病疫情，出色地完成了冰冻雨雪灾害、抗洪救灾和三聚氰胺问题奶粉等重大自然灾害和突发公共卫生事件的处置工作,以及十三届省运会等重大活动的医疗卫生保障任务;全面开展深化医药卫生体制改革,稳步推进医药卫生五项重点改革工作,全面完成了"十一五"卫生事业发展的目标和任务,为"十二五"卫生事业可持续发展奠定了坚实的基础。

(三)广泛开展各种精神文明活动

自从2007年以来,惠州市拨出1 000多万元作为创建全国文明城市的宣传教育活动专项经费,策划开展了100多项"讲文明、促和谐"创建全国文明城市公民道德实践系列活动。"感动惠州"年度人物等系列评选活动,制定惠州《居民文明守则》、《文明十字用语》、《日常交往礼貌用语20例》、《市民文明公约》,编写《公务礼仪手册》,"崇尚文明、告别陋习"签名活动,惠州精神大讨论活动,"迎奥运、文明出行"活动,"小手牵大手、共创文明城"主题活动等。仅2012年就连续出台《惠州市关于开展道德领域突出问题专项教育和治理活动实施方案》、《惠州市开展关爱他人、关爱社会、关爱自然志愿服务活动工作方案》、《惠州市"道德讲堂"建设实施意见》三个文件,不断提升市民思想道德修养、社会文明程度和文明城市建设水平。

三、惠州市新农村建设需要进一步解决的问题

(一)城乡差距依然较大,二元化发展显著

(1)农村城镇化发展滞后。目前全市有50个建制镇、1个瑶族自治乡,但城镇人口比重偏低。2011年,惠州城镇人口占常住人口的比重为59.4%,低于全省平均水平(66%)和珠江三角洲平均水平;460.11万人的户籍人口中,农业人口仍占38%。

表4 城乡人口占常住人口的比重

类别	人口数(万人)	所占比例(%)
常住人口	460.11	100
城镇人口	284.5	61.84%
农村人口	175.6	38.16%

(2)城乡发展不协调,收入差距依然较大。2011年,惠州城市人均可支配收入为26 609元,比去年上涨34.7%。农村人均纯收入为10 938元,比去年增

加20.5%。尽管两者都有着不同程度的增加，但两者间的收入差距也在明显扩大。2005年扩大为3.17:1；2007到2010年间有所下降，2010年，惠州城乡居民的收入比为2.71:1，但差距依然比较大，2012年绝对差距达到17 550元，成为历史最高水平。（见表3和图3所示）

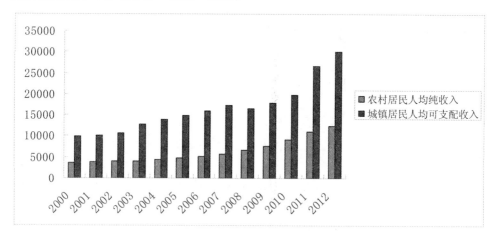

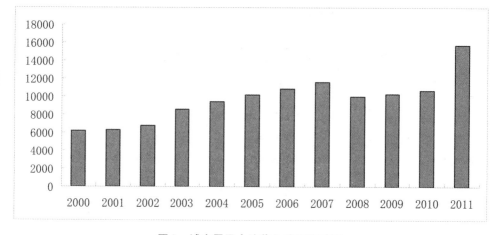

图3　城乡居民人均收入差距绝对值

通过表3和图3可以看出，城乡居民人均收入的绝对差距依然较大。

（二）村庄建设缺乏指导，整体人居环境差

推进农村城镇化是21世纪我国经济发展的一个根本性问题，也是调整城乡结构的需要。自1998年以来城市建设发生了变化，人居环境得到了很大的改善，各种配套设施建设基本完善；市区规划区外和城乡结合部的周边建设也有较大的变化，但由于惠城区受经济条件的限制，在规划区外仍然大量存在"室内现代化，室外脏、乱、差"的普遍现象。且市区规划外的面积约占整个惠城区面积的40%，市中心区人口过度密集，而居民居住环境和城乡建设却未能紧跟城市人口向城镇化迈进，这是造成城乡人居环境差距越拉越大的主要原因。同时，惠州市一贯采用"先卖地、后规划"，没有实施"统一规划、统一征地、统一开发、统一实施、统一物业管理"的综合开发、配套建设和"先地下、后地上"的原则，严重缺乏户外体育活动和休闲的活动空间，以及缺少供市民户外活动的园地或小游园，是城镇生态环境建设发展缓慢的具体表现。更令人担忧的是，多数的建成区（如上排、科肚、麦地等片）连规划预留绿化用地都没有。

（三）村民文化素质较低

根据惠城区第二次农业普查资料显示，农村从事农业的劳动力整体素质偏低，主要体现在以下几方面：①从事农业的常住劳动力文化程度偏低，大部分为初中和小学文化程度，高中及以上文化程度的仅占4.9%，未上学的仍然占2.3%。②年龄结构不合理。惠城区常住劳动力有71 727人，但实际上，青壮年劳动力仅有27 161人，占全部常住劳动力的37.9%，加上其中该年龄段外出打工的比例很高，实际在家的青壮年劳动力所占比重并不理想。在家务农的大多数是老年及妇女儿童。③科技文化素质较差，农业技术人员比重仍然不高。2006年末，惠城区共有农业技术人员818人，只占农村常住劳动力的0.4%，比例比1996年的1.12%还要更低，在农业生产经营单位中从业的技术人员有575人。按职称分，高、中、初级农业技术人员分别为35人、181人和602人。其中：农业生产经营单位中高、中、初级分别为34人、176人、365人。农业技术人员比重仍然不高。④农民的思想解放程度不够。目前，我区广大农民的思想观念仍然停留在"靠天吃饭"的层面上，这种思想上的落后直接导致了农业技术的落后。

（四）社会保障体系需进一步完善

惠州农村社会保障工作一直比较薄弱，社会保障体系发展滞后，各级财政可用资金多集中于城镇社会保障体系建设，致使城镇居民和新农村合作医疗保险与城镇居民基本医疗保险相比，城镇医疗保险已经全面覆盖，农村医疗保险却因缴费能力不足而覆盖率低。养老保险水平低、覆盖面窄。据调查，农民期望的养老保险为平均消费的70%，惠州农村人均月消费水平为600元左右，农村基本养老金水平不低于400元，而实际上农村养老保险水平只有50~350元。与此同时，农村养老保障资金一般只投资于专业银行和购买国债，投资渠道单一，增值困难。因此，进一步完善农村社会保障体系成为惠州经济发展的重要任务。

四、惠州市新农村建设的对策建议与展望

(一) 推动城乡统筹发展，缩小城乡差距

通过城乡之间的劳动力、技术、资金及各种资源等生产要素的合理配置与整合，强城、扩镇，做强城市和中心镇。提高城镇带动能力，通过工业化促进农业产业化、农村工业化；通过"一推一拉"，促进农村剩余劳动力转移，提高城镇化水平。主要政策和措施包括：①加大政策扶持力度，理顺政府职能。全面落实中心镇扶持政策，进一步健全中心镇财政体制，在中心镇范围内收取的规费和土地出让金，地方留成部分向中心镇倾斜，同时改革中心镇行政管理体制，最大限度赋予中心镇经济社会管理权限，强化中心镇政府公共服务职能。②以基础设施建设为重心，促进城市公共服务向农村推进和覆盖。③开展村企共建示范村工程。引导村企双方在农业产业发展、资源开发、土地利用等方面进行合作，加快农村经济发展。同时通过建成主题鲜明、各具特色的新农村示范点，带动全市新农村建设深入开展。

(二) 建立合理的村庄体系布局，对各项设施进行统筹配置

根据2009年6月制定的《惠州市村庄规划编制技术导则》，按照城乡规划一体化、产业布局一体化、基础设施建设一体化、公共服务一体化的要求，在镇域范围内进行镇域村庄体系规划，统筹安排镇域重大基础设施与公共服务设施，促进城乡基本公共服务均等化、农村出行公交化、工业园区化、居住社区化。主要政策和措施包括：①合理规划农村用地，尤其是宅基地的使用，严格实行"一户一宅基地"的规定。在住房建设上，政府应加强引导，推行联排式、公寓式住宅建设模式，节约集约用地。②统筹配置镇域村庄交通、供水、排水、供电、通讯、燃气、环卫等重大基础设施与主要公共服务设施的布局。重点是村级公路建设，达到"村村通公路"的目标，以便于农产品运输的畅通和农业经济的发展。

(三) 积极支持文化教育事业，提升农民整体素质

在新农村建设问题上，必须把开发农村人力资源作为一个根本问题，切实落实全市农村免费义务教育，为保障农村义务教育质量，可采取以下措施：①根据农村中小学公用经费支出的合理需要，提高农村义务教育阶段中小学公用经费基本标准；②建立农村义务教育阶段中小学校舍维修改造长效机制，校舍维修改造所需资金，由地方政府承担；③对农村中小学教师工资经费给予支持，确保农村

中小学教师工资按照国家标准及时足额发放;④对贫困家庭学生免费提供教科书并补助寄宿生生活费。与此同时,增加新进入劳动力市场的劳动力平均受教育年限。要按照城乡劳动者平等就业的标准,培养新型产业农民和务工农民,加强以农村实用技术、务工职业技能培训为主要内容的培训,有针对性地举办相关技术培训。为了保证农民培训工作,可以考虑将农民工培训经费纳入公共财政预算,增加政府对农民工教育培训的投入。

(四)完善农村社会保障体系

(1)加大舆论宣传力度,普及全民保障意识,让所有人都明白建立和完善农民工社会保障制度是社会发展的必然趋势。事实上,社会保障关系到每一个人的切身利益,但据调查,很大一部分农民对社保的具体内容不够了解,参保意识差。

(2)统筹城乡社会保障制度,完善农村社会保障体系,减少与城镇居民间的差距。社会保障体系包含多个险种,实施过程可以按时间的先后顺序,分轻重缓急,从农村最需要的保障入手,有步骤地推进农村社会保障制度的实施。当前最迫切的就是重大疾病保险和养老保险及必要的社会救助制度。

(3)推进"创业带动就业"工作,继续拓宽优惠的招商引资渠道,让更多的农业剩余劳动力和土地被征的农民正常就业,满足他们的基本生活保障。

(4)拓宽农村养老保险资金的投资渠道,让农民真正从中受益。

惠州文化事业发展研究

徐 宁

一、惠州市文化事业发展概况

（一）基础文化设施网络逐步健全，标志性文化设施建设实现重大突破

近年来，惠州市以建设城市"十分钟文化圈"和农村"十里文化圈"为目标，大力推进文化基础设施建设。累计投入100多亿元建成江北体育中心、慈云图书馆、东江民俗文化馆、惠州市文化艺术中心、惠州市科技馆、惠城区西湖大剧院、龙门县博物馆、惠阳区叶挺纪念馆新馆、惠东县"两馆一中心"和博罗县文化中心，一批标志性和基础性的、展示现代化文明城市形象的高档公共文化设施建成。目前，全市各县区拥有博物馆5个；公共图书馆5个，其中，国家一级图书馆1个，国家三级图书馆1个，公共图书馆入级率为40%；文化馆6个，其中，国家二级文化馆1个。全市乡镇（街道）现有文化站68个，有43个被评为省级达标以上文化站，其中有特级文化站4个，一级文化站1个，二级文化站10个，文化站入级率为63.2%。各类文化广场46处，1157行政村（社区）已建成的农村文化室和农家书屋730个，以群众艺术馆、文化馆为龙头，文化广场、文化站为骨干，覆盖市、县、镇、村的四级公共文化服务设施网络基本形成。

（二）致力打造群众性文化活动品牌，群众文化活动呈现繁荣景象

精心组织重大节庆文艺活动和导向性、示范性群众文化活动。定期举办全市少儿艺术花会和全市少儿器乐大赛，精心策划、组织、承办了惠州生态悠闲旅游节开幕式文艺演出、元宵节文艺大巡游活动、国际数码节文艺晚会、市第二届运动会开幕式大型文艺表演、"颂歌献给党"大型歌会、国庆60周年系列文艺活动等文艺演出。擦亮"快乐时光"广场文化活动品牌，带动全市广场文化活动

的广泛开展。县区、部分乡镇也致力打造富有当地特色的文化活动品牌，如惠城区"唱响鹅城"、博罗县群众文化艺术节、惠东县平海镇文化古城民间文艺巡游活动等。2010年，惠州成功举办了第十三届省运会、第六届残运会，打造了一场富有惠州特色的精彩的开幕式，为惠州市民、广东省乃至全国人民带来了一场异彩纷呈的视听盛典和艺术盛宴。

（三）地方文化精品丰富多彩，优秀作品不断涌现

开展"惠州市民族民间特色之乡"评比活动，惠城区小金口镇被命名为"麒麟舞之乡"、惠东县平海镇被命名为"楹联之乡"、惠东县吉隆镇被命名为"舞龙之乡"、惠东县平海镇西北村被命名为"舞鲤鱼之乡"。发掘、创新龙门农民画、蓝田瑶族舞蹈和惠东渔歌等优秀民族民间艺术，形成两三个在省内外有一定影响的现代民间艺术基地，龙门县被文化部命名为"中国民间文化艺术之乡"。扩大对外文化交流，全国"三大农民画"之一的龙门农民画走进奥运会；国家非物质文化遗产——惠东渔歌唱进世博会；"三大名拳"——龙形拳、李家拳、白眉拳弟子遍及世界80多个国家和地区；"三大民间"舞蹈——麒麟舞、舞火狗、舞草龙独具风采。在广东省"五个一工程"评奖中，惠州市连续4届获奖数量名列地级市第一名，涌现出电影《戴佛珠的藏娃》、《东江特遣队》，话剧《警魂》，粤剧《东坡与朝云》，音乐剧《丑小鸭》，儿童歌舞剧《狼来了》，电视文艺片《悠悠渔歌情》等一大批优秀作品。通过每两年举办一届哲学社会科学优秀成果评奖，培育了《惠州文化建设丛书》、《苏轼思想研究》、《惠州精神概论》、《惠东渔歌》等富有惠州本土特色的理论学术精品。建立起优秀文艺作品创作生产的良性机制，形成各艺术门类相互补充、相互促进的格局。

（四）创新文化惠民服务，促进公共文化服务均衡化

一是实施公共文化服务覆盖工程。认真实施广播电视"村村通"工程，完成了全市行政村和20户以上自然村通广播电视任务以及广播电视无线覆盖工程的建设任务，基本解决了农民"看电视难"的问题。二是推进文化信息网络资源共享工程。目前全市建成了1个市级支中心、4个县级支中心、38个基层服务点。2009年，惠州市启动数字图书馆建设，实施"文化上网工程"，把"今日惠州网"打造成惠州主流门户网站，推动平面媒体、广电媒体与互联网、移动通信的互动融合，用网络技术提高公共文化服务覆盖面。三是实施公共文化流动服务工程。大力推进文化下乡进社区，开展送戏、送电影、送图书、送展览、送培训等文化形式下基层活动。四是实施公共文化服务优惠工程。惠州市全面开展面向全体市民和针对弱势群体的文化消费、文化享受的基本权益保障工作，全市文化系统的博物馆、纪念馆从2008年7月起免费向市民开放。惠州慈云图书馆、

惠州市少儿图书馆（惠城区图书馆）和惠阳区设立盲人有声读物阅览室。推行公共图书馆免费借阅机制，惠州慈云图书馆从2008年4月起实行免费为读者办理借阅手续，定期举办讲座，坚持每周免费为读者放映电影1场。全市文化行政部门对经济困难家庭、进城务工人员和残疾人等弱势群体实行音像制品管理费减免政策。市广播电视台对无子女无生活来源的孤寡老人、低保家庭用户实行有线数字电视基本收视维护费减免政策。宾馆、车站等人员流动较大的场所，摆放了《惠州日报》等党报党刊供群众阅读。

（五）拓展文化遗产挖掘保护，丰富提升文明城市内涵

惠州市目前有各级文物保护单位198处，包括省级文物保护单位9处，全国重点文物保护单位1处。其中，叶挺故居不仅是全国重点文物保护单位，而且是全国100个红色经典旅游景区之一，是惠州市爱国主义和党史教育基地；多祝皇思扬古围村被列为"广东省古村落"，高潭区苏维埃政府旧址，中共东江特别委员会、东江革命委员会、红二师师部旧址被省政府公布为省级文物保护单位。在民间民俗文化挖掘方面，惠州市先后公布了三批市级非物质文化遗产名录，挖掘保护了11项非物质文化遗产。其中，民间音乐《惠东渔歌》入选国家第二批非物质文化遗产名录，民间舞蹈《舞火狗》入选广东省第一批非物质文化遗产名录，罗浮山百草有制作技艺、龙形拳、小金麒麟舞、九龙峰祖庙庙会（谭公醮会）入选第三批省级非物质文化遗产名录，"李家拳"列入第二批市级非物质文化遗产名录，罗浮山葛洪内丹养生、九龙峰祖庙庙会（谭公醮会）和周田二圣宫祈福活动列入第三批市级非物质文化遗产名录。这一系列举措使具有历史、文化、科学价值的非物质文化遗产得以保护、传承和发展。

（六）坚持繁荣与管理并重，文化市场健康有序

惠州市文化市场建设坚持"一手抓繁荣、一手抓管理"的方针，把工作重点从治理整顿转移到集中治理与长效管理机制建设相结合的轨道上来，文化市场面貌明显改观。文化市场已基本实现了对非公有资本的全方位、全过程开放。文化行政部门简化审批程序，规范管理手段，提高了管理效率，增强了服务能力，促进了结构调整，为文化市场的繁荣发展扫清了体制性障碍。探索以先进的科技手段管理市场，研制、开发网吧监控系统技术和歌舞娱乐场所实时视频监控系统，打造日常巡查与技术监管相结合的管理平台。坚持集中治理与长效机制建设相结合，开展集中整治行动，重点打击演出、娱乐、音像、网吧、书报刊、印刷等经营单位存在的各种违法、违规行为，文化市场经营秩序得到有效规范，依法经营、规范经营得到越来越多的文化经营单位的认同和遵守。加强执法队伍建设和部门间的沟通和协作，指导成立印刷业协会和网吧行业协会，引导行业协会自

律，进一步完善了社会监督机制。

（七）文化体制改革稳步推进，文化生产力进一步解放

惠州市从2006年开始对惠州慈云图书馆、市博物馆、市群众艺术馆进行内部运行机构改革，实行了各馆领导班子成员聘任制、中层干部竞争上岗制、全员聘用制。2007年开始，以"政府扶持、转换机制、面向市场、增强活力"为目标，对市歌舞剧团进行深化改革，实行团长负责制、推行全员聘用制、完善分配制度、建立考核制度。同年还成立了惠州广播电视传媒集团、惠州报业传媒集团，并对两大传媒集团进行授权经营。成立了市国有文化资产监督管理办公室，对全市国有文化资产的运营进行有效的监督和管理。2009年启动了市文艺创作室内部运行机制的改革工作，实行"一室两制"，首期设立了8个文艺专家工作室，各工作室实行"以奖带补"、"以作品带人"的工作模式。同时聘任一批了解惠州本土文化，有丰富的创作成果、在艺术界具有影响力和权威性、有一定的艺术见解，能协助文艺创作室把握全局、出谋划策的文艺人才组成相对固定的顾问团队。"十一五"期间，惠州市加快转变政府职能，继续深化行政审批制度改革，加大文化产业招商引资的力度，不断提高行政水平和服务质量，为文化产业的发展创造了良好的政策环境和发展空间。社会资本特别是境外及外地资本投资惠州文化产业踊跃，初步形成了以公有制为主导、多种所有制共同发展的文化产业格局。在印刷、文化用品制造、演出娱乐、出版物分销和广告业等行业，民营资本投资活跃，所占比重较大。

（八）文化人才建设受到重视

在人才队伍建设方面，首先，惠州市大力培育优秀文化人才。通过实施广东省宣传思想文化战线优秀人才"十百千工程"，大力培养图书、档案、文博、传媒、策划、经管类高端文化人才，壮大领军人才队伍。其次，惠州市积极引进高端紧缺文化人才。通过出台《惠州市引进文化领域高层次人才办法》，建立优秀文化人才引进的"绿色通道"，为文化人才的引进提供科研、项目、住房等方面便利。第三，建立健全文化人才激励机制。通过设立惠州市文化发展基金、政府"文化杰出贡献奖"，每年对社会科学成果以及获得国家级、省级文艺成果奖的单位和个人进行奖励。建立文艺骨干津贴制度，推行专家聘用制，鼓励文化人才的文化创作。

二、发展过程中存在的困难与不足

在经济建设突飞猛进的进程中，我市的文化建设还存在着一些不容忽视的困

难和问题。突出表现在如下几方面：

（一）城乡文化发展差距较大

目前，我市文化建设存在区域不平衡、城乡差距大的问题。市中心城区与县域之间、沿海地区与内陆山区之间、中心镇与一般镇之间，文化发展差距较大。公共文化设施和文化经营单位主要集中在城市、县城，新农村文化建设的成效还不明显，农民看戏难、看电影难、看电视难、看书难、开展文化娱乐活动难的问题还存在，制约了农民文化消费能力的提高。

（二）公共文化服务体系不够完善

我市公共文化服务体系还不够完善，保障人民群众基本文化权益与公共文化产品和公共文化服务有效供给不足的矛盾还比较突出。主要表现在公共文化服务设施建设欠账较大。至今仍有 2 个县、区没有公共图书馆，有 3 个县、区没有地方性综合博物馆。不少行政村没有公共文化活动场所，在全市已建成的 68 个乡镇文化站中，只有 43 个达标，达标率为 63.2%。公共文化服务机构缺乏经费保障机制。事业经费、活动经费、专项经费不足，多数县级图书馆缺乏必要的购书经费，镇、村基层公共文化服务机构经费不足的问题尤为突出。

（三）艺术创作生产不够理想

按照文化大发展、大繁荣的要求，我市的艺术创作还不够理想，尤其是艺术创作投入不足，组织创作的措施力度不够大，缺乏高质量的剧本，群众喜闻乐见的节目还不多；国办艺术表演团体内部机制转换进展不快，没有形成有利于出精品佳作、出优秀人才的良性机制。

（四）文化产业发展规模较小

我市传统文化产业规模小，龙头企业少，集约化、规模化程度低，没有形成产业链，全市没有省级以上的文化产业示范基地。文化产业未发挥出对优化经济结构、促进发展方式转变的应有作用。在重大文化产业项目的决策、主要文化产业集团的重组整合、主要文化产品生产、文化服务方式的确立，以及对独具地方特色的文化资源的挖掘、保护、开发和利用等方面，还缺乏深入细致的文化市场调查和相应的科学论证。在产业核心层和外围层已组建的文化产业集团，所有制结构尚显单一，还有待根据资源整合的原则和市场的要求去进一步深化改革、完善机制；不少文化产品的生产与经营处于粗放状态，在产业"核心层"和"外围层"尚未形成在省内外有影响的拳头文化产品和有影响力的文化品牌。

（五）文化专业人才匮乏

文化专业人才匮乏的问题比较突出，公共文化服务方面缺乏高水平的研究人员特别是专业领军人物，基层文化服务单位缺乏骨干；发展文化产业缺乏掌握现代传媒技术、懂经营善管理的复合型人才和创意人才；艺术创作方面优秀人才的缺乏几乎是全方位的，特别是缺乏高水平的编剧、导演和创作人员；文化市场管理执法人员素质参差不齐，缺乏法律、外语专业人才。

三、文化事业发展优势

（一）政策优势

党中央、国务院高度重视文化建设，党的十七大提出了大力发展文化产业，提高我国软实力的文化发展战略。上海、深圳、杭州等地纷纷制定文化产业发展战略，在文化产业方面抢先"试水"，取得了不俗的成绩。近年来，市委、市政府提出了"文化兴市"战略，把发展文化产业摆在重要的位置，列入经济社会发展的总体部署，制定并颁布了《惠州市加快推进文化建设五年行动纲要（2007—2011年）》，明确提出要培育壮大文化产业，打造全市经济新增长点，大大激发了文化发展活力，全市文化产业持续发展，文化市场进一步繁荣，为文化产业更上一层楼奠定了坚实的基础。当前，惠州文化产业发展正面临新的战略机遇。

《纲要》提出，珠江三角洲地区到2020年，要形成积极向上、特色鲜明、结构优化、科技含量高的文化产业体系，文化产业增加值占地区生产总值的8%的战略目标，从国家战略高度对我们发展文化产业进行了规划和部署。市委、市政府制定了贯彻落实《纲要》的实施方案，积极与《纲要》的目标任务对接，为加快惠州文化产业发展提供了新的机遇。

（二）区位优势

迎接21世纪惠州的跨越式发展，保持惠州城市发展的独特魅力是建设文化惠州的现实依据。本世纪以来，惠州行政区划的调整和中海壳牌南海石化项目的建设，使惠州的经济社会发展进入了一个重要的战略机遇期。经国务院批准，2003年6月，惠州市实施行政区划调整，惠城区、惠阳区和大亚湾共同组成新的市区，面积达到2 329平方千米，人口达到142万，惠州从此由沿江城市成为沿海城市，成为二类大城市。总投资43亿美元的中海壳牌南海石化项目于2003年10月动工建设，于2005年正式投产。2004年，国家又正式批准1 200万吨炼油项目落户大亚湾。惠州将逐步形成以电子、石油为支柱的经济格局。这不仅带动惠州的投资和基础设施项目建设的加速,也奠定了惠州建设"现代石化数码产业名城"的发展定位,使惠州在我国中等城市间的竞争中占有一定的优势。

(三)市场前景优势

任何一次经济危机都能给有关文化产业带来新的发展机遇。随着全球性金融危机对我国的影响加深,传统加工制造业和出口贸易受到冲击,投资者迫切需要寻找新的投资领域和盈利行业,文化产业逆势而上的特点引起了他们极大的兴趣和青睐,这无疑对文化产业的发展注入了新的力量。而且由于经济下滑,人们的精神文化需求急剧增加,也为文化产业进一步快速发展提供了广阔的市场空间。

随着"知识经济"的发展,文化的作用越来越引起普遍重视。社会资本越来越热衷于投资文化产业,传统制造业等行业越来越希望通过与文化的融合来提升自身产品的价值,借此提高企业的知名度,为惠州文化产业发展提供了更多领域和机遇。

(四)历史文化优势

惠州是一个有着逾千年历史的文化名城,历史文化资源无论在数量上还是在品质上,都不输于省内外同等城市。据统计,从唐朝到清末一千多年间,有480多位历史名人客寓或履临惠州,留下了96处遗址和2100多件珍贵文物。北宋苏东坡谪居惠州三年,撰写了大量诗文,筹办了众多善事,使惠州闻名遐迩。特别是近代以来,在惠州这块红色的土地上,相继涌现出一大批像廖仲恺、邓仲元、邓演达、叶挺和叶亚来(马来西亚传奇人物、开发吉隆坡的先驱)这样的历史名人。辛亥革命时期,孙中山也在惠州开展过革命活动;第一次国共合作期间,周恩来曾在惠州指挥过国民革命军东征战役;抗日战争时期,惠州成为共产党领导的东江纵队的诞生地。这些革命先烈在惠州留下了许多动人的传说和众多的革命遗迹。目前,惠州对这些丰富的历史资源的开发力度还远远不够,主要体现为"产业化程度明显偏低,文化产业在国民经济发展中的比重也很小"。据统计,2003年,惠州市国内生产总值为591亿元,三次产业构成为14:57:28.4。很明显,第三产业的比重偏低,而在第三产业中,以旅游业为主体的文化产业的收入比重也不高。再从产业的贡献度和拉动力来看,第二产业对惠州经济增长的拉动力与贡献率达到了78.8%,而第三产业对经济增长的贡献率仅为20.8%。可见,惠州文化产业的发展与惠州所拥有的自然条件和历史文化资源的实际开发不相称,潜力非常大。

（五）文化氛围优势

改革开放以来，惠州致力改善投资环境，使之日臻完善。早在1992年，惠州就进入"中国投资硬环境40优"的行列；1995年，被评为全国地级以上城市外商主观感觉适宜投资的前10名，成为吸引外商投资的新热点。2003年，由中国社会科学院授予开放竞争力全国第二；2007年，授予惠州文化竞争力内地第一的荣誉称号。近年来，惠州以"创建促和谐，和谐促发展"的城市经营管理理念，举全市之力开展各种创建活动。获得"中国优秀旅游城市"、"国家园林城市"等"四块金牌"以及"全国双拥模范城市"、"中国人居环境范例奖"等称号。与此同时，文明城市创建活动深入开展并取得成效，先后荣获"广东省文明城市"、"全国文明城市"称号。这些荣誉不仅使惠州城市形象大大提升、竞争实力进一步增强，也使惠州成为珠三角地区发展较快、最具活力和潜力的城市之一。

良好机遇和众多优势，有利于惠州坚定信心，把握机遇，开拓进取，在新一轮产业结构调整和地区竞争中抢占制高点，充分发挥文化资源在经济发展中的后发优势，变文化资源优势为经济优势、产业优势，加快发展文化产业，壮大惠州的文化产业实力和竞争力。

四、文化事业发展目标

（一）树立核心价值，建设美德惠州

始终把建设社会主义核心价值观作为惠州文化建设的主线，围绕思想建设，积极利用现有的传统媒体、报业集团和广电传媒，充分利用网络资源积极倡导社会主义核心价值观的宣传。可开辟惠民文化论坛，让惠州人民积极参与献策献言。

社会主义核心价值观建设要从小孩抓起，在中小学校开展"我与祖国共奋进"、"孝亲敬老"、"感谢父母，感谢老师"的感恩主题教育活动。定期在中小学校举办"不忘历史，珍惜未来"的爱国主义电影巡回演出。让中小学生在深刻体验革命先烈抛头颅、洒热血的悲壮中体验新中国的来之不易，从而更加珍惜现有的生活，刻苦学习，认真读书。

社会主义核心价值观在社会上的宣传教育：开展"十大杰出青年"、"百佳外来工"、"十佳好母亲"、"十佳孝子"、"十佳健康快乐老人"评选活动，加强社会公德、职业道德、家庭美德和个人品德建设。

（二）培育惠州人文精神，提高全民文化素质

大力弘扬"崇文厚德、包容四海、敬业乐群"的惠州精神和"新客家、老客家、来到惠州就是一家；本地人、外地人、在惠州工作就是惠州人"的新惠州精神。大力宣传"感动惠州"人物、"惠州文化形象大使"、"十大文化人物"等体现新时代惠州人文精神的人物。

大力推动全民"爱读书、读好书、善读书"的热潮；每年举办一次"南国书香节"全民读书月活动，推进"书香机关"、"书香企业"、"书香家庭"创建活动；举办素质教育论坛和公众论坛，开展社科普及周活动，深入基层加强理论宣讲教育，不断提升市民人文素质。

各级各类学校要加强对学生文化艺术素质教育，开设专门课程和学习当地民间民俗文化，开展文艺活动，加强文化艺术熏陶；各级各部门要积极开展群众喜闻乐见的业余读书、摄影、书画、合唱、舞蹈及各类民间文化活动。

加强珍爱生命教育和心理健康教育，健全心理健康教育、咨询、服务网络，大力发展心理志愿者服务队伍。通过在学校、企业、社区等建立心理咨询服务机构，积极进行心理疏导、关注、关怀和心理辅导。进一步进行关注女童、农村留守儿童、残疾人和老人的活动。

（三）提升文明城市成果，创建绿色环保低碳惠州

努力打造"文明惠州"品牌，2014年力争蝉联"全国文明城市标兵"。积极参与珠三角文明城市群创建活动，大力推进文明县城、文明村镇创建工作，建设一批特色文化乡镇（街道）、村（社区）。

实施"清、和、美"工程，严格落实环保责任制，结合淡水河流域治理和全市重大环保工程建设，建设一批环境优美乡镇、生态文明村、绿色社区、绿色企业、绿色学校、开展"生态文明"、"低碳生活"等主题教育实践活动，促进人与自然的和谐。

（四）加快公共文化服务体系的建设，推进文化惠民

市区要建设完善美术馆、惠州博物馆、惠州文化馆、惠州慈云图书馆、惠州文化艺术中心等一批地标性文化惠民设施，进一步丰富和完善市少儿图书馆（惠城区图书馆）、惠城区文化馆和惠阳区文化馆、西湖大剧院，使得这些公共文化服务体系真正在活跃当地文化生活、丰富人民的精神文化建设中发挥重要作用。将叶挺纪念馆新馆建设成为红色革命教育基地。

乡镇要建有综合文化站、文化广场，行政村（居委会）要建有综合文化室和农家书屋、文化信息共享工程服务网点、固定的电影放映点。

加强企业文化建设，培育优秀企业文化，增强企业文化意识和人文关怀精神，鼓励和支持工业园区、企业建设职工书屋、俱乐部、"职工之家"等员工文化设施，推动图书馆、文化馆、博物馆等公益性文化事业单位以及市歌舞剧团等专业艺术团体与企业、厂矿共建企业文化服务机构和服务点，丰富企业员工及外来务工人员的业余文化生活。

惠州市发展休闲生态旅游的对策研究

曹 仓 齐韦存 郭 萍

一、问题的提出

2008年12月31日,国务院正式批准实施《珠江三角洲地区改革发展规划纲要（2008—2020年）》(以下简称《纲要》)。这是党中央、国务院在新形势下,审时度势、着眼全局,在我国改革开放30周年的重要历史节点上、在广东尤其是珠三角改革发展的关键时期,批准实施的非常重要的规划文件。《纲要》是面向全面小康和现代化进程,深入推进科学发展的重大举措,是积极应对当前国内外经济形势深刻变化、保持经济平稳较快增长的重要战略,也是当前及今后一个时期推动我省特别是珠三角地区进一步改革发展的行动纲领。

广东省委、省政府,惠州市委、市政府立即掀起认真学习全面贯彻落实《纲要》的高潮,惠州市提出了加快"五大基地建设"的战略部署。随着珠三角城际快速轨道交通的建设,在2020年形成覆盖珠三角9城市和港澳的"一小时经济圈",实现同城化城市间的"半小时生活圈"。

这一切,为惠州的旅游业带来了发展的良机,惠州如何抓住发展的机遇,科学整合惠州旅游资源和相关发展要素,促进旅游资源优势转化为经济发展优势,把旅游业培育成为惠州第三产业的新兴支柱产业,推动第三产业的发展,进一步促进惠州经济繁荣和社会全面进步,如何从系统的角度规划和整合惠州市的旅游资源,运用科学的城市规划思路,注重可持续发展的长远眼光,有序、有计划地整合策划惠州市城市旅游品牌,把惠州市打造成立足珠三角,放眼全国的生态—休闲旅游的度假天堂。

有没有资源,那可能是天赋,但如何利用资源,那是我们的智慧。

二、基本背景分析

我们要把惠州打造成"生态—休闲惠州·度假天堂"的旅游品牌,必须从城市品牌的研究入手、进行系统的策划、宣传。让世界人民了解惠州、认识惠州、热爱惠州、旅游度假来到惠州。惠州市本身就是一道亮丽的风景，我们只有整合惠州的天然资源，运用现代传媒的手段宣传美丽的惠州城市旅游品牌。使之成为立足珠三角，辐射港澳，面向国内外的特色旅游城市品牌。

现代的旅游业的蓬勃发展，人们对旅游产品也越来越注重内涵品味和丰富多彩的形式，对原有的粗浅的，低层次的简单的游山玩水上升到真正的人与大自然的融合、回归、放松和休闲。这就需要从深度和广度上去整合现有的丰富的天然资源，全方位，立体化地管理和规划旅游资源，依靠惠州特有的旅游资源的优势，为打造"生态－休闲　惠州·度假天堂"的城市旅游品牌奠定基础。

惠州只有通过特色化城市定位：生态－休闲旅游的城市品牌，改变过去的粗放式的开发和无序经营管理，运用科学的可持续发展的眼光打造城市旅游品牌精品，扩大在珠三角地区和全国的影响。

围绕着市委、市政府提出的打造"生态休闲、文化休闲、会展商贸"三大体系；打造"海滨五星级酒店群、顶级森林度假胜地、顶级温泉之都、顶级商务休闲基地、国家级旅游区域"五大顶级品牌；打造"森林度假休闲游、温泉养生健康游、滨海生态休闲游、历史文化寻根游、绿色农业观光游、运动健身休闲游、客家饮食文化游、城市观光会展游、工业环保特色游、拓展漂流探险游"十大精品线路的"3510"工程。

而这一切的实现，需要我们进行深入细致地分析和研究，以便有可能提出一个符合实际的、科学可行的、具有前瞻性的方案。为美丽惠州旅游业的发展，献上计、出良策。

三、优势劣势分析

惠州拥有得天独厚的天然旅游资源，惠州，山川秀丽，人杰地灵，惠州自然风光绮丽，拥有众多风景名胜，集山、江、湖、海、泉、瀑、林、洞、岛屿、高尔夫为一体，融自然景观与人文景观于一身。拥有"岭南第一山"——罗浮山，"北回归线上的绿洲"——南昆山，"东方夏威夷"——巽寮湾，"苎萝西子"——惠州西湖。

惠州是广东省的历史文化名城，在古代即有"岭南名郡"、"粤东门户"之称。但惠州也有一些不足，全市的旅游资源整合并不充分。而这一点至关重要，为制胜的焦点，必须深入分析，认真对待。我们既要分析自己的优势和特点，也要分析自己的弱点和不足，只有这样，才能提出科学理性的解决方案。

麦肯锡咨询公司的SWOT分析，是一个众所周知的工具，包括分析组织的优势（Strength）、劣势（Weakness）、机会（Opportunity）和威胁（Threats）。因此，SWOT分析实际上是将内外部条件各方面内容进行综合和概括，进而分析组织的优劣势、面临的机会和威胁的一种方法。通过 SWOT 分析，可以帮助组织把资源和行动聚集在自己的强项和有最多机会的地方，如表1所示。

表1 惠州旅游资源的 SWOT 分析

SWOT 分析	外　部	内　部
优势 （Strength）	惠州具有旅游开发潜力的景点有900多处，其中被列入国家级、省级风景名胜及自然保护区有6处，还有全国唯一的海龟自然保护区。 清代著名诗人江逢辰曾有"一自坡公谪南海，天下不敢小惠州"的佳句。早在一千年前，北宋大文豪苏东坡在惠州任职期间也曾说："罗浮山下四时春，不辞长作岭南人"。 从唐到近代的1 000多年间，有480多位中国名人客寓或履临惠州，其中苏东坡曾寓居惠州3年，孙中山、周恩来曾在此进行过革命活动，廖仲恺、邓演达、叶挺、曾生等一批民主志士和革命家皆出自惠州。	在惠州经济高速发展的支持下，惠州的城市建设和社会文化建设已经取得了巨大的成就，市容市貌焕然一新，道路交通发达整洁，山清水秀，绿树成荫，鲜花盛开。 惠州市委、市政府和全市人民都有把惠州的旅游业做大做强，作出品牌的愿望。 市委、市政府十分重视城市及社会文化建设，已经带领全市人民为惠州市争得四项荣誉，尤其是全国旅游城市和全国文明城市这两项荣誉，有力地支持着惠州旅游业的发展。 对苏东坡以及历代名人的寓惠文化，已经进行了大量的研究和发掘，并举办过多届此类文化研讨会。 惠州的城市文明程度大为提升，文明礼貌、环境保护、交通安全的宣传已深入人心。
劣势 （Weakness）	各地均在加紧打自己的旅游牌，对自己的旅游景点进行建设、升级、申保、申遗。 谪居惠州的历史名人苏东坡，由于祖国多地都有遗迹，各地的宣传炒作，比惠州有过之而无不及。 中国名人客寓或履临惠州，但并不是其最主要的居住地和工作地，也不是其主要的成果地，典型性、代表性不强。	景点之间的联络均超过了半小时以内车程的理想时间，均在1小时以上，串点旅游，游客难以接受这么长的转换时间。 每一个景点的规模都不够大，旅游吸引物较少且吸引力不强，不足以让游客把某一个景点作为一趟专程旅游目的地。 惠州的城市规划与建设、环境卫生、市民素质和公共设施管理水平仍需提高。 对旅游本质性的理解还不够，还需要领导和群众达成共识。

续表

SWOT 分析	外　部	内　部
机会 (Opportunity)	国内各地较早发展旅游品牌的经验可以为我们所借鉴。他们在发展过程中已经出现过的问题和教训，我们可以避免。我们可以走出去看懂、走出去拿来。 　　世界各地的旅游业发展方兴未艾，成功的经验很多，可供我们学习借鉴，如迪拜等。 　　专家对旅游和旅游业的研究成果已不少，可供我们学习、实践。	各地虽然都十分重视旅游业的发展，但很少有像惠州这样既有历史文化名人，又有名山名水，江河湖海样样俱全的，因此，惠州具有旅游发展的整体优势。 　　经过多年的发展建设，惠州具备了对打造旅游品牌进行较大资金投入的条件。 　　《珠江三角洲地区改革发展规划纲要（2008—2020年）》的实施，为惠州提供了机遇。
威胁 (Threat)	创新性和独特性，将是未来旅游发展必须解决，又最难解决的问题。模仿是没有前途的，也是没有竞争力的。他人已经搞过的旅游项目，我们不能再照搬照抄了，迪斯尼乐园除外。 　　惠州长期以来把西湖和苏东坡作为推广的重点，前期发掘会对后期发掘造成先入为主的影响，不利于创造、创新。	惠州的领导、群众有没有大力度持续发展休闲-生态旅游品牌的决心，还有待证实。 　　整体规划和项目策划水平不够高，旅游资源的整合不科学、不合理。 　　大项目需要大资金，不好把握；小小打小闹没有意义。 　　旅游文化资源的主旋律如何确定，能否提炼成功。

四、综合分析及其结论

　　惠州最为有名的旅游景点当属惠州西湖，而惠州西湖基本上被杭州西湖所遮蔽、屏蔽掉了。百度搜索"西湖图片"，有1万多张，然而，几乎没有一张是惠州西湖的照片，也就是说，在国人乃至世人的眼里，天下西湖就一家，即杭州西湖。

　　而惠州的"四东文化"也遇到相同的问题，其中最为有名的当属苏东坡，而东坡先生的足迹遍布祖国大地，各地都在开发这一资源，且他们做得比我们还早、还好。"四东文化"中的另外三个"东"：东樵、东江、东纵，由于宣传推广不够，它们的影响还不够大。只有我们自己较为清楚这些概念，外地人知道的并不多。

客家文化的发掘与研究也遇到同样的问题，不仅是惠州，整个客家地区都在挖掘这一资源。看来资源的唯一性，成为最重要的问题。

清代大诗人江逢辰曾有佳句"一自坡公谪南海，天下不敢小惠州"。1400多年来，惠州一直是东江流域政治、经济、文化中心，因兼容客家、广府、潮汕之文化而底蕴深厚，得西湖、东江、飞鹅岭之灵气而钟灵毓秀。自秦将赵佗植入中原文明后，聚人文之萃，育时代英豪：苏东坡、杨万里等文人墨客旅居于此，留下千古诗篇。孙中山、周恩来、廖仲恺等革命先辈留下了战斗足迹。培育了"老客家、新客家，来到惠州就是一家；本地人、外地人，在惠工作就是惠州人"的新客家文化。可以说，惠州是一座山水相连、风韵独具的生态之城，是一座历史悠久、古韵无穷的人文之城，是一座优势突出、商机无限的活力之城，是一座人与自然和谐、人与人包容的魅力之城，是一座山川秀丽、风景如画的国家级优秀旅游之城。

2001年到2011年，是惠州旅游快速增长和高速发展的黄金十年，惠州旅游业在这黄金十年中，取得了辉煌的业绩。无论是从旅行社、酒店、景区的数量上，还是从服务品质和规模上都有了质的飞跃。惠州旅游从十年前排名十几位一跃而成为广东前六名的旅游强市。

惠州市深入实施"3510"旅游工程，强力推进南昆山、罗浮山生态旅游项目和环大亚湾五星级标准的酒店群建设，全市新增国家五星级酒店4家、四星级酒店12家、国家4A级景区7处，3A级景区2处，创建了两个广东省旅游强县（龙门、博罗）。2010年，全市接待游客总人数达2 501.03万人次，住宿人数达1 073.56万人次，旅游总收入达140.82亿元。旅游总收入五年增长2.82倍，住宿人数增长2.35倍。年均增长分别从"十五"期间的14%、13%上升到"十一五"期间的23.04%、18.48%。

在黄金十年中，惠州市先后被评为"广东省旅游综合改革示范城市"、"广东省国民旅游休闲示范市"。龙门、博罗两县荣获"广东省旅游强县"，龙门还荣获了"广东省国民旅游休闲计划示范县"、"中国最佳休闲度假旅游名县"、"中国最佳温泉养生旅游名县"、"中国温泉之乡"等荣誉称号，南昆山温泉旅游大观园、惠州海滨温泉旅游度假区、龙门尚天然温泉度假村、龙门铁泉度假村等荣获"广东省温泉旅游示范基地"称号。

惠州市自然条件非常优越，通过科学地规划、系统地整合各种旅游资源，使得惠州旅游业走上科学发展，可持续发展的良性道路。

五、"十二五"期间，惠州市旅游业要达到的目标及其思路

惠州的旅游发展应立足珠三角，面向粤港澳，成为一个重要的区域性休闲度

假旅游目的地，并在国内和国际上享有一定的知名度。惠州的旅游产业应在现有基础上，逐步形成一个中心（中心城市综合旅游服务区），"两带"即百里生态旅游带和东江文化景观旅游带，三大旅游功能区（北部生态旅游区、中部文化旅游区、南部滨海休闲度假旅游区），五大产业组团（南昆山生态旅游组团、罗浮山文化旅游组团、惠州西湖文化旅游组团、秋长文化旅游组团、稔平半岛滨海旅游组团）。通过百里生态旅游带的建设，把惠州各主要旅游组团连接成为一个整体，发挥出规模优势，实现不同类型旅游区之间的优势互补，促进惠州旅游产业的发展。

（1）要提升产业地位。按照《惠州旅游发展总体规划（2008—2020）》，惠州旅游产业的空间布局规划应当是以旅游资源为基础，通过客流的联系，形成"一心两带三区"的旅游产业基本格局。

（2）要转变发展方式。转变发展方式就是要提高旅游资源开发质量和效益，提升旅游企业经营管理水平，树立生态低碳的旅游消费理念。要着力从一般性的产品竞争转向更高层次的产业体系竞争，提高旅游产业的总体竞争能力。要着力从简单粗放的旅游产品开发阶段转向效益化发展阶段；要着力从注重设施建设等硬件因素转向加强服务与环境建设，改善旅游业发展的环境因素。

（3）要创新体制机制。首先是加强市场主体培育，支持旅游新业态、新商业模式的发展。鼓励各地进行旅游体制改革，支持建设一批试点地区，探讨旅游综合改革、专项改革和旅游资源一体化管理等新路子。其次是突出重点，加大招商引资选资和开发力度。努力推进我市旅游重点项目建设。指导各县（区）旅游部门对全市尚未开发的旅游资源进行普查，登记造册，积极跟踪服务。创新招商思路，开展专业招商、网上招商、项目招商，高标准选资，以大项目推动旅游经济大发展。

开发适应旅游需求的新产品、新业态，构建现代旅游产品体系。

六、发展惠州旅游业的策略

1. 形成"一心两带三区五组团"的格局建设

其中"一心"是惠州市中心区。以西湖、红花湖、高榜山、东江游等为基础，以象头山、叶挺故居、惠阳古树森林公园及周边的客家围屋、乡村景观为核心，打造中心城市综合旅游区和"乡土·生态"主题环城游憩带。

"两带"即百里生态旅游带和东江文化景观旅游带。百里生态旅游带定位为惠州市精品自驾车旅游线路。以S244省道、粤赣高速、广惠高速及其东延线为主要轴线，北起南昆山、罗浮山，南至东环大亚湾海域，囊括惠州所有生态旅游特色资源。东江文化景观旅游带近期以东江为纽带，整合惠城区东江沿岸的景观、游憩资源，结合两岸景观改造、生态恢复以及灯光工程等辅助性工程，树立东江游整体休闲氛围。在此基础上，整合东江流域的民俗文化，以节庆、主题文化餐厅、豪华娱乐邮轮等形式为载体，使东江游成为展示惠州城市旅游形象的名片。

"三区"即北部山地综合旅游区、惠东沿江森林生态休闲区和环大亚湾滨海休闲度假区。北部山地综合旅游区以森林度假为依托，重点建设罗浮山旅游宗教文化度假区、南昆山森林度假综合旅游区、象头山和莲花山森林生态休闲旅游区，并将温泉大观园、农民画乡及香溪堡旅游区纳入大南昆旅游区的范围，带动乡村旅游、社区生态旅游、农民画乡体验旅游等多种休闲度假旅游的发展。惠东沿江森林生态休闲区资源优势突出体现在江河、山水的有机结合，具备开展森林生态休闲度假及观光旅游的良好资源条件。同时山水中点缀着具有数百年历史的客家围屋，具有较丰富的文化内涵。环大亚湾滨海休闲度假区。以巽寮湾为核心，整合环大亚湾的海滨度假地和海滨资源，以高档滨海休闲度假为主，抓好五星级酒店群建设和天后宫美食一条街的招商引资工作，做好巽寮金海湾整体形象包装的同时，整合好双月湾、海龟湾、平海古城、海滨温泉等优势旅游资源，不断丰富旅游产品。

2. 推动城市游，打造绿道游精品线路

根据市住房和城乡规划建设局制定的《珠三角区域绿道网（惠州段）总体规划（2010—2012）》，3条经过惠州的省立绿道，在惠州境内规划建设长度为277.4千米，将惠州的"名山"、"大河"、"丽湖"、"大海"连于一体，充分展示了惠州的山水秀美和人文荟萃。

设计"惠州城市游、绿道游"精品线路。将高榜山、红花湖景区和绿道、挂榜阁、东坡园、丰渚园、朝京门、合江楼、科技馆、艺术中心、会展中心、惠州奥体中心、华贸天地等一大批现代历史人文景观和体育场馆通过惠州历史人文、现代建筑和山水景观三条轴线，设计出两条旅游精品线路，线路一为：红花湖绿道徒步健身—惠州市奥林匹克体育中心—华贸天地—惠州西湖—丰渚园；线路二为：红花湖绿道徒步健身—邓演达纪念园—叶挺纪念园。城市游、绿道游使惠州城市旅游产品更加丰富。

3. 推出"生态休闲"旅游精品线路

充实各类观瞻性、参与性、体验性和经营性内容，组织各具特色、形式多样的文化展示和旅游活动，重点策划、包装休闲度假旅游、自驾车旅游、科技和工农业旅游、生态养生之旅、东江夜游、史迹旅游和会展观光旅游等特色旅游线路。

4. 打造"生态休闲、文化休闲、会展商贸"三大体系，实施"3510"工程

围绕着市委、市政府提出的打造"生态休闲、文化休闲、会展商贸"三大

体系；打造"海滨五星级酒店群、顶级森林度假胜地、顶级温泉之都、顶级商务休闲基地、国家级旅游区域"五大顶级品牌；打造"森林度假休闲游、温泉养生健康游、滨海生态休闲游、历史文化寻根游、绿色农业观光游、运动健身休闲游、客家饮食文化游、城市观光会展游、工业环保特色游、拓展漂流探险游"十大精品线路的"3510"工程。

5. 打造休闲商务之都，辐射周边的精品旅游

以城市品牌策划为重点，以亮点策划宣传为依托，以精品路线打造为基础，以文化内涵的挖掘为内容，通过生态休闲体验、以惠州市为休闲商务之都，辐射周边的精品旅游。

6. 建设主题性生态–休闲消费

在生态–休闲主题指导下，可以建设主题性生态–休闲消费：在步行街原有的商业街的基础上，配套投资惠州农产品一条街的建设和规划。

7. 建设农家菜消费市场，倡导绿色旅游

在倡导绿色旅游的氛围中，可以规划建设惠州市农家菜消费市场，如在现有规模的基础上，可以完善和科学规划汝湖镇农家菜一条街的建设。带领游客品尝惠州市汝湖镇的农家菜庄，通过建立汝湖镇政府牵头建立汝湖农家菜餐饮协会，通过制定相应的制度规则规范和品牌化建设汝湖农家菜品牌一条街。在打造汝湖农家菜一条街的过程中，可增加配套休闲项目的建设：如绿色生态农家菜的采摘和选购活动、汝湖镇草莓的采摘活动，绿色生态水果的观光和采摘活动，也可增加垂钓项目。

8. 建设体验休闲旅游项目

为增加体验休闲活动，惠州市政府可以在马安镇或汝湖镇开辟绿色生态农家菜或果园租赁农场，通过开辟一片片的租赁果蔬区，增加城市生活无法体验到的自种自足的田园乐趣，可为家庭或个人办理专业租赁果蔬地服务项目，家庭和个人可在休假日提水浇肥种植自己的果蔬菜地，工作日可以委托园地管理员管理，既增加了生活的乐趣，也为城市家庭的子女缺少农作物的种植知识提供教育基地。

9. 增加野外拓展训练营基地项目

可结合惠州特有的天然资源增加野外拓展训练营基地，如开辟罗浮山、象头山等基地，成为企业团队训练的基地。

10. 客家饮食、瑶族民俗文化的整合

可系统地规划惠州的客家饮食文化一条街，利用美味佳肴丰富客家山歌、瑶族民俗文化风情表演项目的餐饮文化，等旅游项目也可利用一定的文化表演丰富夜游美丽的东江。

七、十大项目策划

1. 中华美食一条街

从天悦大酒店开始,到永安客家王酒楼,整个麦地南路改造成美食一条街。在街的两头建立"惠州中华美食一条街"牌坊标志。并向新锦鸿酒楼方向延伸,但不超过演达路。对进入美食一条街的经营收入和业主向饮食业出租,实行双免税。而对发展其他行业予以限制,选择其他地点让已经经营的其他行业的经营者搬离。

麦地南路美食一条街已成雏形,是一个投资少、见效快的项目。关键是定位要高,要加强引导、管理和整合。以全国各地正宗菜肴的标准,美食的菜式、菜系包罗所有中国菜,向全国招标,美味度与出产地相同,要超过深圳的民族文化村的美食街。这样可以在很大程度上解决惠州人和旅游者吃的问题。

可以这么说,在惠州业已存在的各地特色饮食,真正正宗美味的很少。你在惠州吃过的桂林米粉,跟桂林的有天壤之别;你在惠州吃过的兰州牛肉面,跟兰州的大相径庭;你在惠州吃过重庆酸辣粉、四川担担面,跟重庆、四川的绝不相同。湘菜由于近水楼台的缘故,当地风味基本保留,加上做得好,价廉物美,所以较多。

2. 绿色交通风景线

在惠州存在着搭乘出租车难的问题,尤其是晚上六七点钟,几乎打不到出租车。这跟全国优秀旅游城市的身份很不相称。必须加大投入,积极改善。建议将全市的出租车和公共汽车,全部喷为绿色漆,最好也全部使用绿色能源——电瓶或天然气。并开通绿色敞篷电瓶车旅游专线,外地游客半价或免票。要把整个惠州像生态园一样经营,使旅客在惠州市就像在一个大的生态园中。在这个偌大的生态园,既有免费的"午餐",也有不免费的"午餐",关键是总体上把握受益,即总的经济效益和社会效益。

3. 中国惠州服装模特大赛

举办中国惠州服装模特大赛,每年一届,长期举办。惠州有2 000多家服装企业,旭日集团的"真维斯全国模特大赛"已举办8届,在全国已有一定影响,惠州学院的服装系模特班在广东省小有名气,这些都为举办中国惠州服装模特大赛提供了条件,剩下的只是资源如何整合的问题。建议由政府牵头组织,学院参与组织,企业冠名赞助,做到有水准、够专业、影响大。

据了解,2009年8—10月,惠州学院段潇洁同学获得2009新丝路世界比基尼小姐大赛总冠军;2009南方新丝路模特大赛亚军;第十七届新丝路中国模特大赛总决赛十佳模特奖、森林仙子奖、最佳身材奖的荣誉。陈清清同学获得

2009 南方新丝路模特大赛季军。在第十一届敦煌国际模特艺术节模特大赛中，张馨月同学获得最佳气质奖，佘婕同学则获得十佳的好成绩。通过这些获得的奖项，让我们进一步感到举办中国惠州服装模特大赛的可行性和紧迫性。

4. 中国罗浮山国际武术节

在金庸的小说中，罗浮山就是出武林高手的地方。广东人民有尚武的传统，历史上有很多的武术名家、大家，像叶问、李小龙、黄飞鸿等等，我们可以发掘这些历史名人与惠州的联系。惠州的民间武术一直都在发展、传承，我们外出，经常看到惠州各地民间习武、比武活动。可以组织、提升、包装、宣传、推广。尤其是源于惠州的李义创造的李家拳、林耀桂创造的龙形拳、张礼泉创造的白眉拳，更值得我们发扬光大。李家拳成为富有特色的地方拳种，是广东洪、刘、蔡、李、莫五大名拳之一。

（1）李家拳

惠州李家拳的创始人是惠州河南岸火地村李义（又名李存义），清乾隆十三年（1748年）生。李家拳，清乾隆四十八年（1782年）发源于惠州鹅埔角火地村（现属惠城区河南岸），是广东五大名拳之一。流传于惠东、河源、淡水、宝安、博罗、东莞、花县、佛山、新会和香港、新加坡等地。该拳集南派功夫之扎实硬朗，融合北派功夫之快捷利落，独具一格。1988年，惠州市李家拳武术馆正式成立，由李家拳创始人李义的第六代传人严景山拳师任馆长。

（2）龙形拳

林耀桂（1878—1969），乃博罗县仍图埔头村人，广东龙形拳宗师，曾以"先学海丰成茂叶，后从华首得真传"来评价自己的武术修为。其武艺精湛，曾自谓"粤港两地，未逢敌手"，被誉为"东江老虎"。同时，龙形拳也在他的发扬下名扬海内外几十个国家。林耀桂出生于武学世家，其父亲林庆元、伯父林合都是东江著名拳师。林耀桂6岁就师从父亲、伯父开始学练武术，后拜海丰禅师（黄连娇）、大玉禅师为师，精进武艺。由于勤奋加天赋异禀，林耀桂武术修为进步得特别快，"16岁时即以是术授世"。17岁时，与设擂台在博罗公庄墟的拳师林镜泉比武获胜后开始名声大噪。

1929年，林耀桂打败来自俄国的重量级世界拳王，风头一时无两。同年，林耀桂经引荐，在广东"南天王"陈济棠（国民党一级上将，主张反蒋抗日）军中任武术教练，还兼任警卫旅、护士营、公安局、保安队、两广国术馆等教头。同时，各行各业也聘请他去任教。林耀桂桃李满门，龙形拳也随之兴隆至极。

林耀桂创立的龙形拳，从惠州走到广州，又从广州走到香港，最后在世界各地开枝散叶、枝繁叶茂。据了解，现在美国、加拿大、澳洲等几十个国家和地区都有龙形拳弟子。

（3）白眉拳

首传者是惠阳人张礼泉。他传给徒弟秦程九、廖绵带等人。张礼泉曾在广州设"大同会武馆"授拳。民国十八年（1929年）曾任两广国术馆教师。二十世纪二三十年代，与林荫堂、林耀桂、黄啸侠、赖成已被誉为"南方五虎将"。较有名的门徒有曾惠博、夏汉雄等。该拳流传于惠阳。

白眉拳盛传于粤西一带，惠阳地区、肇庆、云浮、高要、新兴、广宁、佛山、广州、深圳以及香港、澳门等地，更流传到美国、加拿大以及东南亚各个地方。

可见，惠州完全具备了创办国际武术节的条件和基础，已经有了历史的积累，关键是现在我们如何挖掘、整合、运作的问题。

5. 中国之窗：著名景观缩影

深圳的"世界之窗"建设了全世界的景观，我们则建设"中国之窗"，做中国的景观。建设内容包括长城、泰山、华山、嵩山、长江、黄河（用电子高科技模拟）、高原风情、塞外风光、林海雪原等人造景色。地点就选在金果湾一带，关键是实施的效果如何。旅游吸引物达到24～30个。这个项目的策划，也要有一定的保密性，防止别人模仿。

6. 农业生态怪圈

农业生态怪圈，可在博罗和惠东两地，选一地实施之。此项策划必须极具保密性，以神秘性来吸引游客。以农业生态怪圈作为主要旅游吸引物，周围配备观光旅游设施和农家菜等，使旅游吸引物达到12个以上。

博罗和惠东两地，是发展生态旅游的理想之地，只是没有一个诱因，这个诱因就是其独特的旅游生态资源，除了生态和旅游基础设施的建设外，就是要让它们一夜出名，给旅游者一个理由，那就是农业生态怪圈的创意和炒作。具体的方法有待实地考察、策划，同时也要保密。

7. 世界名画雕塑公园

把很多世界名画进行雕塑、建筑、演绎，《维特鲁威人》、《建筑十章》、《最后的晚餐》、《蒙娜丽莎》、《海伦娜·弗尔曼肖像》、《向日葵》、《自由引导人民》、《地域之门》、《受难者》等可以用来雕塑。同时，对世界上已有的著名雕塑进行复制，如《自由女神像》、《思想者》等。旅游吸引物达到12～24个。雕塑公园成功的关键是雕塑的水平和雕塑、建筑、绿化的关系处理，以及文化品位的凸现。要通过科技创新，让他们成为能够经风雨、见世面的彩塑，效果将更为理想。

8. 儿童乐园

惠州需要一个儿童乐园。小孩子没地方玩，大人也伤脑筋。惠州的东坡乐园也曾红极一时，但没有多久就不景气了，最后"收摊走人"，这些教训可供我们借鉴。作为旅游城市的考虑，儿童乐园的建设，一定要大型化、科技化；要有知识性、参与性，一天玩不完，玩了还想玩。

9. 全民美化，全民旅游知识培训

按照惠州"处处都是景区，人人都是风景，事事关乎文明"的宗旨，美化城市，美化农村，美化自己。这样，我们可以创造无数个旅游吸引物。除了倡导全民美化绿化外，还要倡导人们的穿着更时尚，语言和行为更文明。要进行全民旅游知识培训，让所有的人们了解惠州的历史和未来，了解惠州山水文化，了解惠州民风和民俗。尤其是在遇到游客的时候，要保持良好的风度和足够的友善。

惠州必须有一支足以满足外地游客需要的高水平的导游队伍，有人把旅游经济称为"导游经济"，足见导游队伍的重要性。从目前的情况看，惠州的导游队伍很不理想，整体素质不高，讲解的内容不丰富，黄色段子太多，跟惠州市《全国文明城市》的称号不相符。

10. 惠州整体形象宣传推广

（1）突出宣传惠州整体形象，因为宣传惠州的西湖、罗浮山、汤泉、南昆山等景区，都不足以代表惠州，只有以它们整体为支撑，来宣传惠州，才会具有整体效果。

（2）突出宣传新项目，本次策划所新鲜出炉的项目要突出宣传、重点宣传。

（3）惠州要上全国旅游城市天气预报、旅游城市播放学。作为一个全国优秀旅游城市，上全国旅游城市天气预报那是理所应当的，应尽快沟通落实好。

（4）持续不断的大型文化活动和社区文化活动相结合，每次活动都要加强宣传报道，大型活动上大型媒体，小型活动上小型媒体。

参 考 文 献

[1] 国家发展和改革委员会. 珠江三角洲地区改革发展规划纲要（2008—2020年）[M]. 2008, 12.
[2] "十一五"时期惠州旅游经济发展情况报告 [R]. 惠州市统计信息网, 2011, 8.
[3] 杨忠东. "十一五"时期惠州旅游经济发展分析 [J]. 中国高新技术企业, 2011, (6).
[4] 叶敏. 惠州市旅游业发展的SWOT分析及其对策研究 [J]. 时代金融, 2013, (12).
[5] 拓宽旅游业可持续发展路径 [N]. 惠州日报, 2011, 4.
[6] 刘思敏. 移动生活：旅游创造"移动文明" [J]. 第一旅游网, 2012, 11.

充分利用惠州自然资源，打造旅游休闲天堂

胡瑞卿　韩　亮　潘雅萍　曾丽云

自然资源是经济发展的重要因素，是区域经济发展的显性优势，影响着经济发展的结构、方向、途径等。惠州市同我国其他地区一样，不仅要面临来自国际社会要求节能减排的压力，也要面对自身实现可持续发展的压力，今后的经济社会发展必将面临更高标准的资源环境及生态环境约束，土地、环保等指标的控制将更加严格。"充分利用惠州市特有的自然资源，打造旅游休闲天堂"，是一件永垂青史并千古受益的大事业。自然资源是一座巨大的无烟工厂，最能满足低碳环保的标准。生态旅游是一个永恒的朝阳产业。

惠州市具有独特的、丰富多彩的旅游资源。惠州市是粤东的一座历史名城，海域面积达4 520平方千米，有着独特的地理位置和优美的自然环境。旅游资源非常丰富，具有旅游开发潜力的景点有900多处，属景点高密度分布区，并具有资源多样性的特点，集江、湖、海、泉、瀑、山、林、涧、岛为一体，融自然景观与人文景观于一身。其中国家级、省级风景名胜及自然保护区有6处。拥有"岭南第一山"——罗浮山，是道教、佛教圣地；"北回归线上的绿洲"——南昆山，给人以回归大自然之感；"东方夏威夷"——巽寮湾，天然优良的海滨度假村；穿城而过的东江、西枝江；"苎萝西子"——惠州市西湖，风景秀丽；天然的金山湖湿地、潼湖湿地；全国唯一的海龟自然保护区；水质还可直饮的红花湖、白鹭湖等等。但在这块"天赐宝地"上，惠州市缺少高屋建瓴的、气势宏伟的旅游整体规划及其贯彻实施手段。长期以来，旅游产业经济惠州市并未在这块宝地上获得较高的旅游产业收益和回报，区域特色资源优势发挥不佳。多年来总量走不出这样的怪圈：人们赞美惠州优美的自然资源与风光，遗憾惠州的旅游规划品位不高及实施不到位。游客往往在惠州只逗留半天、一天就走了，惠州市旅游业收益远远未达到应有的效果。

我们一直关注惠州市旅游业发展，在此谨提几条建议，以为惠州发展尽微薄之力。

一、合理开发海洋资源，打造气势恢宏的海滨游

（一）整合惠州市海洋资源，打造"中国迈阿密"式的高端海滨度假区

2012年11月，"环大亚湾经济带"更名为"环大亚湾经济区"，近日再次更名为"环大亚湾新区"，这意味着惠州市环大亚湾新区在战略定位上已有所调整。大亚湾有美丽的海滩和海岛，自然地理环境决定了它有"唯一性、排他性和权威性"，可以继续在"海上"做文章。环大亚湾新区可以成为惠州市的一个海上门户、中国的一个海上高新区，这在中国是极具号召力的。

环大亚湾新区，包括惠阳和大亚湾经济技术开发区全境，拥有海域面积4 520平方千米，海岸线281千米，大小岛屿70余个，完全可以打造成"中国迈阿密"——一个集旅游、度假、休闲、购物、养老、商务、会议、运动、工业、交通运输中心等于一体的滨海新城。

惠州市靠近香港、深圳、广州、东莞等中国富有的城市，如果打好"滨海牌"，"上岛下海"消费增长将有巨大空间。

（二）建设核心度假岛屿，构建"以一点辐射周围"的优势区域

惠州市要建设成为一个"远者来，近者悦"的旅游城市，必须要找准突破口，找到惠州市的"核心优势"——一个城市独一无二的地方，并且打造出几张认同度很高的旅游名片。广东省的海岸线绵长，岛屿众多，这些岛屿的自然景观特色迥异，拥有很好的旅游观赏价值，但到目前为止却没有一个海岛拥有足够完善的配套设施，吸引足够多的游客。在我国日前公布的首批176个可开发无人居住的海岛名单中，包括大亚湾的大辣甲岛、纯洲岛、锅盖洲岛、宝塔洲岛、虼仔洲岛等5个海岛。惠州市的海洋资源开发，完全可以以大辣甲岛为核心，投入重金建设高标准的别墅，开发其沙滩浴场和珍稀的海洋动植物资源，建成海洋馆、潜水基地，海底隧道和游艇码头，高尔夫球场等旅游设施。以其周围的小辣甲岛和牛头洲岛等为辅，建设便利型交通用岛、附属岛等，再辐射到大亚湾沿岸，将其定位为高端海滨生活城，以高档的休闲酒店、海景住宅别墅为主，配套建设大型奢侈品购物中心和休闲娱乐中心，最终将大亚湾新区打造成为举世闻名的"海湾休闲度假天堂"。只要配套设施完善了，大亚湾温暖宜人的气候，美丽的南海海景，还有让人心情舒畅的海滩，都是吸引那些游客蜂拥而至的理由。

（三）加大招商引资力度，吸引大型投资集团开发海滨旅游地

2010年以来，广东的海滨开始孕育新一轮的发展热潮。其中仅惠东县就有

万科、中信、金融街、碧桂园等数十家开发商入驻大亚湾滨海区，投资总额超过3 000亿元，总规模超过5 000万平方米（数据来自"今日惠州网"新闻）。惠州市应加强政府引导，加大对基础设施的投入，增加对旅游业的支持力度，完善投资环境，吸引更多的投资者。并且要做好整体战略规划，以建设"海湾休闲度假天堂"为目标，打响"度假天堂"品牌。

（四）实行分区规划治理，严格划分工业区和旅游区

在大亚湾大力发展海滨旅游资源，避不开的一定是石化产业问题，尤其是石化产业的污染问题。为了保持旅游职能和防止环境污染，必须实行严格的区划方案，做好防治工作，使大亚湾的高新技术开发区和海滨度假旅游区齐头并进。在保护好生态环境的基础上，把石化产业固定在特定的区域内发展，并将海上的几十个岛屿与高新区接活，大力开发海上娱乐项目，使两大区域相辅相成，互相支持。

二、有效整合和开发江、湖资源，打造悠悠缠绵的"江湖"游

（一）打造休闲之都，定位为珠三角的休闲后花园

惠州市最大的特点就是湖泊山水与居住城区完美结合与和谐统一，"半城山色半城湖"的得天独厚的优势，使其具有不可多得的休闲度假环境。

近年来，惠州市多次被评为"最具幸福感城市"，在打响了惠州市名气的同时，也为惠州市的发展提供了一个新的方向，即建设成一个"人们向往并且乐意在这里居住、生活、度假、休闲的城市"。

惠州市毗邻香港、深圳、广州、东莞等经济发达的城市，经济快速发展带来的弊端是生存环境被破坏，生活节奏过快。而惠州市生态环境优美，生活节奏较慢，适合成为人们紧张工作后放松休闲的后花园。

（二）大力整合江湖资源，打造"江湖"集群旅游景区

《惠州市城市总体规划纲要（2006—2020）》曾提出，要建立起旅游业产业集群，建成拥有良好生态环境和文化魅力的旅游城市、文明城市和宜居城市。

要打造密集型的旅游业产业集群，首先要做的是把分散的景点串联起来，建立有大型特色旅游园区，主题观光园区构成的景区产业集群。闻名天下的杭州西湖之所以游人如织，很大程度上在于其"西湖八景"、"新西湖八景"、"三评西湖八景"等知名景点密集地集中在西湖周边所产生的巨大的吸引力。反观惠州

市西湖，景点过于分散，难以产生集聚效应。古诗云："天下西湖三十六，唯有杭州并惠州。""西湖各有妙，此（惠湖）以曲折胜。"都体现出惠州市西湖相比于杭州西湖，既有相似之处，也有其独特的个性。在景区设置与集群方面，完全有条件比杭州西湖打造得更好。如，可打造以惠州市西湖为核心，以东江、西枝江和红花湖、金山湖、白鹭湖、潼湖等湖泊及江、湖各岛屿为网、点、带覆盖全惠城区的、世界独一无二的悠悠缠绵的"江湖"多日游；在城区中心打造"一心（西湖中心区）二轴（东江、西枝江）三湖（南湖、菱湖、红花湖）五公园"的"一日游"；在"网、点、带"上布局度假、休闲、观赏、购物、饮食、商务、会议、运动、绿道、公园、养老及历史文化等设施和场所；在"网、点、带"上布局市树、市花、市鸟等具有惠州市城市特征的饰物；在"网、点、带"上体现出"崇文厚德、包容四海、敬业乐群"、"新客家，老客家，来到惠州是一家"、"本地人，外地人，在惠州生活就是惠州人"等多元和谐的惠州精神和文化。

（三）改造江湖周边公园，形成各具特色的主题园区

建造主题观光园区，以改造湖滨公园、滨江公园、白天鹅公园为主，依托惠州市本身的西湖和山地的绿地资源，将各大公园用地进行划分，重新规划形成各具特色的新的主题公园。例如以花卉来划分，可分为梅、兰、竹、樱花、桃花、桂花、木棉花七大花卉公园，分布在西湖和东江之间弥补空白区。如形成"春天来惠州看花，夏天来惠州听竹，秋天来惠州闻桂，冬天来惠州赏梅"等特色，既是一张新名片，也能成为市民休闲娱乐的新去处。

（四）开发岭南特色歌舞剧，打造客家与东江文化

一提到岭南，不由得想起粤剧、粤语、粤菜；一提到惠州市，不由得想到客家、苏东坡、东江。惠州市作为一个历史悠久的文化名城，具有深厚的文化历史沉淀，却没有一个好的表达形式将惠州市千百年来历史深厚积淀的文化镜像表现出来。打造一出以"印象惠州"或者"梦回惠州"命名的大型歌舞剧，融合惠州市的东坡文化、客家风情、客家山歌、岭南粤剧、东江文化等多种元素，既能向世人展示惠州市深厚的历史底蕴，也能成为吸引游人来惠的新招牌。

（五）发展夜游线路，打造华灯璀璨的"江湖"夜

加强对东江两岸灯光设施和地标性建筑的建设，把惠州市东江两岸最绚丽的夜景路段组合起来，配合四座大桥的灯光，再加上东江最宽广的河段，打造成华灯璀璨的夜游航线。

同时，对西湖夜景进行改造，加入展现惠州市传统文化和神话故事的花灯，

利用园林树木和光线的配合，打造花灯绚烂的夜游路线。

三、有效开发和保护南昆山资源，打造"南国第一避暑天堂"

（一）美丽南昆山，定位为"南国第一避暑天堂"

南昆山国家森林公园坐落在广东省惠州市龙门县西部的永汉镇区域内，北回归线穿山而过，固有"北回归线上的绿洲"之称。其气候资源独特，本应成为周边区域客源避暑度假的第一选择。可是，长久以来我们看到，西有更接近广州的白水寨，北有闻名天下的丹霞山，东还有海滨胜地——巽寮湾，南昆山的旅游地位着实尴尬。

因此，开发南昆山的第一目标，是利用自身独特的自然资源优势，打开名气，登上"南国第一避暑天堂"的宝座。这需要从两个方面去努力，第一是完善自身的基础设施建设，提高接待容量；第二是要提高营销目标，由现阶段的告知向宣传和建立顾客忠诚度发展。

（二）全方位发展，打造老少皆宜的度假胜地

南昆山旅游区的旅游开发起步不久，旅游产品的内容还不够丰富。应利用现有的旅游资源，重新进行整合规划，针对不同群体推出不同的旅游线路，并将传统的观光型旅游转化为度假型旅游。

如针对老年人推出以"养生"为主题的温泉游，针对小孩子和年轻人推出"惊险"的漂流游，针对中年人推出以"休闲"为主的森林观光游和氧吧游。同时加强对各旅游点内容的深化，使之更具有可游性，更适合"度假型旅游"的需要。

（三）有节制开发，保持对顾客的长久吸引力

南昆山景区共有具有观赏性的景点70余个，目前已开发可接待游客的不足30个。因此，南昆山更要重视旅游景点的开发速度的控制，可以选择每年开放一至两个新景点，这样既可以保持对新老顾客的吸引力，增加回头客，也可以延长南昆山的旅游生命周期。

在开发的同时应注意对南昆山原有的生态系统的保护，尽量保留南昆山的原有特色，减少人为痕迹，使人身处其中，无论在那里，都能感受到处于大自然的怀抱。

(四）完善旅游配套，增加旅游景点的可达性

近年来，南昆山景区完善了各景点间的道路建设，却缺乏公共交通系统。目前，南昆山的旅游人群主要为自驾游游客和跟团游客，而由于公共交通不便，使得喜欢自由行的游客很难在南昆山自由行。

南昆山可以将步行路程半小时内的景点归为一个片区，将整个景区划分为若干个片区。各个片区之间通行小巴，方便自由行游客。南昆山也可以成立自己的官方旅行社，按照不同的旅游线路分别设定一日游、两日游、三日游等。游客抵达南昆山以后可以报名参加官方旅游团。官方旅行团除了对各景点和风土人情进行讲解之外，也可以向游客讲述南昆山的历史和传说故事，增加南昆山旅游的文化性。

四、合理整合和利用罗浮山资源，打造闻名天下的道教文化游

（一）设计以突出"道教文化旅游"为主题的路线

"罗浮山道教旅游"应当是一个很重要的主题，但从目前惠州市大部分旅行社推出的罗浮山旅游路线来看，大多没有突出主题，都是走马观花式的"风景游"。很多游客甚至上了一趟罗浮山，连真正的道士或道姑都没有看到；即便看到罗浮山道教文物也无法了解其价值。导游大部分也是蜻蜓点水式的讲解，无法满足游客对罗浮山道教深入了解的需求。所以，从某种意义上讲，开发罗浮山道教旅游资源，必须创新旅游线路，加重道教文化的含量，提高罗浮山的文化附加值。

（二）根据罗浮山道教文化的特点，不断丰富罗浮山道教文化旅游商品

当前，罗浮山的旅游商品主要有罗浮山百草油、罗浮山甜茶、矿泉水、酥醪菜干、博罗凉果和酥糖、罗浮万寿藤杖、罗浮山泉豆腐花，而突出道教文化的旅游商品却不多。可以开发出更多富有罗浮山道教文化内涵的文化艺术品、旅游纪念品、游艺收藏品、器用工艺品等商品。总之，罗浮山道教文化旅游商品的开发应体现道教的特色，应该上层次、上档次，以旅游产品的开发和推广，推动罗浮山道教文化的传播。

（三）充分发挥罗浮山道教文化的影响，积极开展道教朝觐游、道教养生保健游

大力开展罗浮山道教朝觐旅游，除可以稳定现有的客源市场外，还可以利用

宣传促销等手段，吸引更多的朝拜者。近年来，保健旅游逐渐成为旅游的热点，在长期的探索过程中，道家形成了一套较为有效的强身健体的修炼方法，对于提高生命质量具有重要的意义。罗浮山道教开发应该充分利用罗浮山特有的适合养生修炼的环境和条件，充分发挥自身优势，将现代人对身体健康的渴求，道教的内观、守静、吐纳、导引、辟谷、服饵等修行方法和罗浮山天然独有、不受尘世影响的修炼仙境结合起来，结合各种保健旅游项目，满足广大游客的养生保健需求。

（四）研究开发融合宗教庆典仪式、传统民俗活动和宫观庆典节日，开展丰富多彩的罗浮山道教文化活动

大多数游客并非道教的信徒，他们到罗浮山旅游的目的除欣赏罗浮山绮丽的自然风光、宫观建筑外，还欣赏动态的礼祀活动，感受香烟缭绕、乐声不绝于耳的神秘气氛。因此，开展丰富多彩的罗浮山道教文化活动，尤其是罗浮山庙会活动，必能吸引更多的游客，增强罗浮山道教文化的影响力。

（五）加强罗浮山道教文化旅游的宣传，打造道教文化旅游名牌

对罗浮山道教文化旅游资源的宣传不应该局限于报纸、电视、网络、广播等大众媒体，更应体现在道教商品的开发、道教活动的开展上。围绕罗浮山道教文化旅游资源，做好现有旅游产品的深度开发和优化升级，增强对旅游市场需求变化的反应速度和适应能力，由过去简单的资源要素竞争发展到旅游品牌竞争，提升旅游产品的市场竞争力。可采取的措施有：①积极开展旅游促销活动：可在电视台气象预报节目上做形象广告，可主动邀请中央电视台4套的《远方的家》栏目中到罗浮山采访；②进一步提高旅游服务质量和水平，罗浮山旅游主管部门可充分利用惠州市的教育资源，为旅游企业培养骨干人才，对现有旅游从业人员定期开展岗位培训，促进人员素质的提升，从而提高服务和管理水平。

五、有效整合和开发河、瀑资源，打造戏水逍遥的漂流游

（一）以漂流体验为主体，大力打造特色主题和漂流游

惠州拥有丰富的河、瀑漂流资源，除著名的南昆山温泉和川龙峡漂流外，还有雷公峡、响水河等漂流。每个地方的河、瀑各有特色。因此，我们可以采取差异化战略，充分利用现有资源，根据每个地区不同的河、瀑特点进行漂流文化设计，制定不同主题的温泉游，如南昆山川龙峡处于一个天然的峡谷之中，怪石林立，风光旖旎，可主要定位为探险漂；响水河漂流河段河床窄、落差大、水浅流

急、险象环生，考验人的勇气和胆量，可主要定位为勇士漂；雷公峡漂流河道途经20多个自然景观，景色非常迷人，可主要定位为观光漂。构建不同主题的漂流可以突出其特色，吸引更多游客。

（二）完善漂流区配套服务，为多方人群提供贴心服务

对漂流景区进行开发建设，将文化、休闲、生态、娱乐等配套设施逐步完善，在河边建立棋牌、烧烤场地，售票中心上方建立听涛阁茶楼，广场有系列娱乐活动上演，如歌舞表演、声乐演奏等，中心服务站提供留言、拍摄照片等服务，以这些配套服务来丰富漂流旅游活动内容，形成多层次、多角度的旅游产品组合，并发展为主题鲜明、特色显著的漂流旅游产品链，为来景区的不同游客提供各种贴心服务。

（三）充分利用周边资源，建设为多功能综合的漂流度假胜地

通过加强漂流区与当地其他旅游资源的整合，可将单一的漂流区转化成集观光和体验于一体的旅游区，既可以满足不同消费群体的需求，而且提高景区的经济效益。譬如将周边地区纳入到整个漂流规划旅游开发的整体构架中来，在强化环境保护意识和可持续发展战略的前提下，引导地方群众积极参与到大漂流旅游区的特色餐饮接待、乡土工艺品销售、民俗体验表演等相关服务中来，借此推动单一漂流景区向多功能、多元化发展，建立综合漂流度假胜地。

（四）开发与保护并举，实现漂游业的可持续发展

漂流项目的开发应与环境保护相结合，坚持可持续发展战略，以保护河、瀑资源与景区生态环境为前提，进行合理开发，实现资源永续利用和旅游业可持续发展，达到旅游区经济效益、社会效益、环境效益的全面统一。同时，加强对漂流景区的环境管理，尽可能防止填堵水系、污染水体的现象发生，以保持漂流河道景区的最佳状态，为游客提供更舒心的环境服务。

六、以绿道网络为纽带链接全市旅游网点，形成强大的旅游网络

（一）依托天然的河流廊道，完善两江四岸的线性城市公园建设，链接周边景点，建设游憩型绿道

东江和西枝江横贯惠州市域并在市区中心交汇，两江沿岸有丰富的文物、古迹等旅游资源亟待加强保护和开发利用。建设绿道网络应充分满足生态绿化和亲水观江的需要，完善沿岸线性城市公园的基础设施建设，充分体现其集环保、运

动、休闲、旅游为一体的功能，优化惠州市总体的规划，形成"一轴、两带、三段、四通廊、十九公园"的结构。将两江沿岸建设成为一条以历史文化、体育、休闲、旅游、生态景观为主线的开放、舒适的滨江景观带。

（二）延伸珠三角省立绿道2、3、5号线惠州段绿道建设，链接更多旅游网点，强化其文化、娱乐和观光功能，展现惠州市特色

鉴于国外绿道建设的有益启示，广东省委、省政府审时度势、高瞻远瞩地提出了建设宜居城乡的重大战略部署——珠江三角洲绿道网建设。珠三角省立绿道有3条经过惠州市，分别是2号东岸山海休闲绿道、3号珠三角文化休闲绿道、5号深莞惠生态休闲绿道。

其中，2号绿道惠州市段位于惠州市南部滨海地区，串联了从大亚湾到巽寮湾的20多个生态资源和景观节点，是一条极具滨海风光旅游特色的滨海绿道。延伸该绿道，串联起澳头、荃湾、南门海旅游区、海龟自然保护区、平海古城等更多惠州市景观独特的旅游景点，可将2号绿道的滨海特色展现得更加淋漓尽致。3号绿道主线，自博罗县园洲镇从西至东，串联惠州市中部东江景观带，其终点为惠林汤泉度假区，将该线与东江沿岸的绿道相连，能够链接起沿江两岸更多的旅游景点。5号绿道，自罗浮山国家级风景区开始，经博罗县长宁镇、福田镇、园洲镇与东莞绿道连接。延伸5号绿道至龙门县的南昆山，再到龙门云海原始森林度假村，将惠州市山林有机地联系起来，可充分彰显独特的"山之灵"的特色。

（三）以"山、水"为主题，辐射周边的景点，形成特色休闲旅游片区，并用绿道网络将山水资源"串成带、织成衣"

惠州市作为同时拥有"名山"、"大河"、"丽湖"和"大海"的城市，应以绿道建设为契机，发挥自己的生态和旅游优势，完善有特色的休闲旅游景区的建设，并用绿道将其有机串联，让绿道真正有益于城乡居民，体现惠州市特色。

为响应惠州市的"山水城计划"，打好惠州市"半城山色半城湖"的品牌，可以"山、水"为主题，打造生态旅游品牌，重点建设围绕"山、水"展开的特色旅游景区。同时，将自然生态资源与历史文化资源相串联，将生态休闲廊道与城乡道路相连通，将山水资源"串成带、织成衣"，打造极具地域特色的绿道网络，塑造出岭南地区最优美、最独特的生态花园城市。

总的来说，惠州市应紧紧抓住绿道网络的生态和休闲特质，完善两江四岸的建设，延伸经过惠州市的3条省立绿道，发展独具特色的旅游片区，以绿道网络为纽带，有机串联起生态资源和特色景区，总体形成"两江、三线、多片区"的强大旅游网络，突出体现惠州市绿道"海之韵"、"江之美"、"湖之秀"和

"山之灵"的主题特色，充分展现惠州市的山水秀美和人文荟萃，更好地打造旅游休闲天堂，践行悠游惠州的生活休闲理念。

惠州市经济发展与环境保护关系研究

张 玲

一、惠州市环境保护与经济发展现状分析

(一) 惠州市经济发展取得的主要成绩

近年来,惠州借助政策和区位优势,抓住历史机遇,大力发展外向型经济,大大地促进了各种要素资源向本地的高度聚集,以及经济活动向外部地区的广泛延伸。2012年底,惠州GDP已突破2 368亿元,另外,规模以上工业增加值、固定资产投资、房地产开发投资、社会消费品零售总额、外贸进口总额、外贸出口总额、实际利用外商直接投资金额、地方公共财政预算收入、国税收入、地税收入、金融机构本外币贷款余额(比年初增长)等11项主要经济指标的增幅高于全省平均水平,这11项指标以及工业投资等12项指标增幅居珠三角前三位。其中,外贸进口总额、外贸出口总额增幅居全省各市第1位,地方公共财政预算收入、国税收入增幅居全省各市第2位,社会消费品零售总额增幅居全省各市第3位。

惠州经济发展的特点可以归纳为"四快、三稳"。"四快":一是工业生产较快增长。全年规模以上工业增加值增长18.6%,高于全省平均水平10.2个百分点,居全省第7位、珠三角第2位;总量规模不断扩大,居全省第6位,比上年提升1位。二是固定资产投资较快增长。全年完成固定资产投资1 208.7亿元,总量规模居全省第4位,比上年提升1个位次;全年增长18%,其中,工业投资、房地产开发投资均保持平稳较快增长。三是对外贸易保持快速增长。全市外贸进出口495亿美元,增长27.5%,增速居全省首位。四是财政收入较快增长。2012年,地方公共财政预算收入首次突破200亿元,增长23.4%,增幅居全省第2位、珠三角首位。"三稳"是指消费市场、金融市场平稳运行、居民收入水平稳步提高。GDP与城镇居民收入齐增12.6%,2012年GDP增长12.6%,实现地区生产总值2 368亿元,同比增长12.6%。第一产业增加值127.6亿元,同比增长4.3%;第二产业增加值1 375.4亿元,增长15.5%;第三产业增加值

865.1亿元，增长9%。在工业生产方面，全年规模以上工业增加值1 159.6亿元，同比增长18.6%。

（二）惠州市环境保护取得的主要成绩

近年来，惠州市在经济持续高速发展，产业结构适度重型化和城镇化快速发展的同时，相继推出了"经济总量大、单位能耗低、环境形势好转"等几项措施，环境发展呈现出"又好又快"发展的良性势头。

1. 实行"分区控制"，推动经济产业结构调整

在产业结构调整和产业转移上，严格依据珠三角和全省的环境保护规划，综合考虑区域环境容量与生态环保要求，实行分类指导，分区控制。贯彻珠江三角洲地区实行环境优先，山区坚持保护与发展并重，粤东、粤西地区坚持发展中保护的战略。按照严格控制区、有限开发区和"红线调控、优化区域空间布局；绿线提升、引导经济持续发展；蓝线建设，保障环境安全"的要求，进行生态分级控制管理。同时，将广东省通过省部合作制定的珠江三角洲城市群规划、九大产业发展规划等科学、权威的规划，作为建设项目环境管理严格准入、优化布局的法律、政策依据。

与此同时，还严把环境准入关，加强对新建项目的审批和监管，切实防范污染转移。建设项目环保管理坚持高标准规划、高起点建设、高效能管理，做到"建设服从规划，规划体现环保"。积极推进重点污染源全面达标，定时检测全市重点污染源，公开重点污染源排污情况。市委、市政府多次发文要求，对电镀、制浆造纸、纺织印染、制革、化工、建材、冶炼、发酵和危险废物、一般工业固体废物综合利用或处理处置等重污染行业实行统一规划、统一定点，重污染行业必须进入基地建设，促进了污染防治社会化、产业化、专业化，有力地推动了重污染行业产业布局优化和调整。

2. 大力削减污染负荷，扩充经济发展环境容量

为全面落实科学发展观，充分发挥价格杠杆作用，建立有利于惠州环境保护的价费机制和水环境污染损害补偿机制，有效控制水污染物排放总量，改善环境质量，促进经济、社会、环境全面协调和可持续发展，2008年，惠州市制定了《惠州市水污染物总量控制指标有偿使用管理建议方案》。

截至2012年底，全市建成城镇生活污水处理厂40座，2012年建成21座污水处理厂，新增污水处理能力36万吨/日。截至2012年底，全市城镇生活污水处理率为90%以上，2013年计划建成污水处理厂21座，新增污水处理能力18.4万吨/日。

不断加大大气环境整治力度，燃煤、燃油火电厂脱硫进程加快。2003年4月，广东省政府转发了省计委制定的《广东省燃煤燃油火电厂脱硫工程实施方

案》，一批火电厂烟气脱硫工程相继开工建设。惠州市通过对超标排放的焚烧炉、锅炉、大灶等污染源进行限期整改，加大了消烟除尘治理力度，加快饮食服务业"油改气"工作进度，提高了清洁能源使用率。

近年来，惠州市不断加大垃圾处理和环保宣传的工作力度，垃圾处理各项设施进一步完善，市民环境卫生意识日渐提高。目前市区生活垃圾无害化处理率已达到100%。为加快城市垃圾无害化处理场及危险废物处理场建设，投资4亿多元、日处理能力800吨的惠州市区垃圾焚烧发电厂以及投资1700多万元的灰渣填埋场，已相继投入使用，市区垃圾在这里得到有效处理。此外，建在惠东梁化的省危险废物处理示范中心已投入试运行；惠城区和惠阳区垃圾综合处理厂已达到无害化处理要求。与此同时，正规划建设惠东、龙门县城及镇级垃圾无害化处理工程，逐步构建起全市生活垃圾无害化处理体系，确保全市城镇生活垃圾处理基本实现"资源化、减量化、无害化"目标。

1985—2011年的26年间，惠州人均GDP翻了两番多。虽然主要污染物的排放总量在继续增加，但所有污染物的排放增长速度总体上低于人均GDP的增长速度。部分污染物，例如总二氧化硫（SO_2）和总COD（化学需氧量）排放量，近年来有所下降。如2012年SO_2和COD的排放量均呈现下降趋势，基本实现了2011年的减排目标，这是一项来之不易的成果。

（三）经济发展与环境保护的总体评价

总体上来说，改革开放30多年来，惠州市经济保持了持续快速的增长，经济总量大幅提升，发展质量显著改善，单位产值的污染物排放呈下降趋势，经济发展与环境保护的矛盾初步缓解，呈现出又好又快发展的良好势头，经济发展对生态环境建设的支撑力日益增强。但从更深层次的角度看，惠州的环境与发展的矛盾依然突出。同中国许多地区一样，经济快速发展的重要支撑在于有效利用了靠廉价土地、资源和区位优势所吸引的外资以及本地市场不断发育壮大所吸引的外地庞大廉价劳动力资源。在现有的国际产业分工体系中，整体上仍位于制造业的低端，资源消耗型、劳动密集型甚至污染密集型产业构成了现今区域制造业的大部分。污染排放的总量压力依然很大，从近年来惠州市主要工业行业出口的贸易额变化及惠州市主要出口工业行业污染排放的变化情况，我们可以看到出口贸易高速发展的同时，大部分出口行业的工业废水排放量、废气排放量和固体废物排放总量还是在不断增加。按照价值链分工理论，在"高—低—高"的价值创造过程中，前端的研发和后端的营销基本留在国外，我们还仍没有摆脱制造和加工的角色。不难想象，这样的产业结构模式将潜伏着一个非常可怕的危机——"消费供世界，生产在本地，污染留自己"。

今日世界的开放程度已远远高于几十年前，现今的国际贸易更加顺畅，这固然有助于我们依靠"出口导向"来发展经济。但在产品贸易的绿色壁垒、危险废弃物转移、污染性技术和生产转移等诸多环境问题方面,由于经济落后,受制于人。由初级产品出口和"大进大出"针对国际市场的出口导向性工业化发展模式所决定,加速了资源消耗和生态恶化。

面对如此环境资源压力,使我们不得不深刻反思传统的贸易增长方式是否获得了经济效益和社会效益的同步提高?惠州市将如何在实施开放型经济战略下保护环境,取得经济增长与环境保护双赢的局面。

二、惠州市经济发展对环境保护的影响

(一)惠州外向型经济发展的现状与取得的成就

广东通过率先实施"出口导向"和"外向带动"战略,外向型经济迅速增长,对外贸易持续快速发展、贸易规模不断扩大。惠州外向型经济也取得了很大的成绩。

1. 惠州外向型经济发展的现状

对外贸易方面,2012年惠州市累计外贸进出口值505.7亿美元,增长30.3%,同比增速居全省各大城市首位。其中,出口303.6亿美元,增长31.3%;进口202.1亿美元,增长28.8%;累计贸易顺差101.5亿美元,扩大36.5%。外贸进出口产品结构以工业制成品为主,其中高新技术产品占有相当的比重。外贸出口市场构成方面,主要为港澳、美国、欧盟、韩国等传统市场。外贸出口贸易方式以一般贸易、来料加工、进料加工为主;利用外资方面,2012年惠州实际利用外资17.28亿美元。惠州外商直接投资主要集中在制造业、租赁和商务服务业和交通运输仓储邮政等行业。

2. 惠州外向型经济发展的主要成就

一是外贸增长突出、经济高速增长。30多年来,惠州经济在外贸推动下,年均增长速度超过13%,连续保持省内靠前的位置。

二是财富效应明显,人民生活水平提高。2012年,惠州市金融机构存款余额、社会消费品零售总额、居民存款余额、人均存款余额、人均可支配收入、人均可支配消费额等指标,均处于全省前列。

三是突出解决了就业问题,外地民工对惠州发展贡献大。惠州吸引了外地超过100万农村劳动力前来务工。在惠州的外来务工者财富"溢出"效应,对增加落后地区财政收入及提高中西部省区人均收入水平具有积极的作用。

四是制造业生产力大幅提高,形成电子信息、家用电器等若干全球性制造基地。惠州工业、尤其是制造业发展迅猛,生产能力大幅提高。在仲恺开发区,形

成有较大规模的电子信息与家电制造业基地。

(二) 惠州外贸发展对生态环境的影响分析

1. 不可再生资源消耗率加速

"三高一低"的数量扩张型发展方式,决定了外贸企业往往片面地强调短期利益而忽略长期利益,一味追求规模和速度,很少考虑环境保护和资源消耗的问题。出口扩张的结果是占用了大量土地等不可再生资源,消耗了大量能源,进而使资源消耗与环境保护的冲突加剧。

惠州经济总体上处于工业化中后期阶段,工业占据经济增长的主导地位,对外贸易在惠州经济总量中占据了重要份额,其出口产品主要是工业产品;但在工业化还未达到相当发达的程度时,工业经济的快速发展必然以消耗大量的资源作为代价。而惠州能源资源匮乏,生产能力有限,对外贸易尤其是出口贸易的持续快速增长,加剧了本地不可再生资源的消耗速度。

2. 环境恶化程度进一步加剧

"出口顺差,环境逆差"的贸易格局,加剧了生态环境的恶化。根据近年的统计数据,惠州对外贸易的资源高消耗、高排放导致的高污染已超过了环境的承载能力。"十五"期间,惠州空气综合污染指数呈上升趋势。主要污染物中,二氧化硫全省年平均浓度在 0.020~0.031 毫克/米^3 之间,年均递增 7.8%;二氧化氮在 0.027~0.031 毫克/米^3 之间,年均递增 0.9%;可吸入颗粒物在 0.061~0.080 毫克/米^3 之间,呈不显著下降趋势;但酸雨频率呈显著上升趋势,年均上升 2.5 个百分点。

3. 能源供需结构不平衡进一步加剧

综观各国经济发展的历史,在工业化还未达到相当发达的程度时,经济的快速发展必然以消耗大量的资源作为代价,能源消费弹性系数也会随之提高。如上所述目前惠州经济总体上处于工业化中后期阶段,"九五"至"十五"时期,惠州的能源消费弹性系数呈快速走高趋势,表明惠州经济发展对能源需求越来越大,其外向型经济的发展对能源的依赖程度十分强烈。随着惠州对外贸易尤其是出口贸易的持续高速增长,能源供需不平衡的矛盾将更加突出。

总之,20 世纪 90 年代以来,外商直接投资在为惠州带来资金和技术、促进经济增长的同时,也由于其趋利性和我们相对宽松的环境管制政策,将一大批生产工艺(技术)落后,资源耗费大,环境污染重的技术、设备和工程项目转移到我市。透过相关经济指标和环保数据,我们不难发现,外商直接投资与环境污染的直接联系,加剧了我市资源的短缺和环境的恶化。

惠州市环境保护与经济可持续发展

刘 珩

一、环境保护对经济可持续发展的影响分析

（一）环境污染与经济活动的联系日益紧密

与任何经济理论和概念的形成和发展一样，"可持续发展"概念形成了不同的流派，这些流派或对相关问题有所侧重，或强调可持续发展中的不同属性，比如自然属性、经济属性、科技属性等等。巴比尔（Edward B. Barbier）在其所著《经济、自然资源、不足和发展》一书中把"可持续发展"定义为"在保持自然资源的质量和其所提供服务的前提下，使经济发展的净利益增加到最大限度。"1987年，世界环境与发展委员会对"可持续发展"给出了定义："可持续发展是指既满足当代人的需要，又不损害后代人满足需要的能力的发展。"从这些定义可以看出，经济可持续发展需要全球每个国家共同努力合作才能达到。

随着现代经济活动的增强，环境污染与经济活动的联系日益紧密。

改革开放30年，中国经济一直维持着快速发展的势头，环境问题也始终伴随着经济社会发展的全过程。与国外不同的是，随着工业化、现代化、城市化进程的加快，大气污染、水质污染、固体废弃物污染等发达国家上百年工业化进程中分阶段出现的各种环境问题在我国集中显现，并危及我国经济、社会、政治、健康和生态的安全，并已经影响到我国工业化、现代化和城市化进程。

近年来，环境污染事件频发。在国外，2010年4月，美国墨西哥湾原油泄漏事件导致墨西哥湾油污面积已达9 971平方千米（相当于9个香港大小），英国石油公司BP仅为应对漏油事故就耗费了9.3亿美元，然而，专家预测油污的清理工作会耗时近10年，墨西哥湾在长达10年的时间里将成为一片废海，造成的经济损失将以数千亿美元计。另外，英国石油公司BP同意设立200亿美元基金，赔偿因墨西哥湾漏油事件而生计受损的民众。在国内，2011年6月10日爆发的渤海蓬莱19-3油田溢油事故也对渤海海洋生态环境造成严重的污染损害；2012年4月，国家海洋局宣布康菲公司和中国海洋石油总公司将总计支付16.83

亿元人民币，赔偿溢油事故对海洋生态造成的损失，以及承担保护渤海环境的社会责任；2012年12月31日，山西长治市天脊煤化工集团股份有限公司发生的苯胺泄漏事故导致下游河北邯郸市民出现抢水储水风潮；2013年1月，北京出现的长时间雾霾天气迫使市政府大面积关闭工厂以缓解空气污染，经查，主要原因是汽车燃油品质的问题导致的尾气排放污染。对企业来说，2013年3月19日，CCTV13在每周质量报告栏目报道："在随机送检的北京奔驰C级车、E级车，华晨宝马3系车、5系车以及一汽奥迪的A6、Q5阻尼片样品中，检测发现都含有70号沥青，具有强烈致癌作用，属于一级致癌物。"相关检测表明，奔驰、宝马、奥迪等6款国产车为了降低仅200元的成本，车内使用的阻尼片材料均为50元到70元的一类致癌物沥青而非环保材料。

这些例子说明环境污染对普通市民的生活工作和企业经济活动造成了直接或间接的巨大影响和损失，这提醒政府和市民要关注环境污染和环境保护。同时，环境立法范围日趋扩大和严格。

（二）国内环境保护法规的制定完善对企业运营的影响

在现有法律的基础上，2013年国家针对环境保护陆续出台新的法规或修改了部分法规。2013年2月，《重点区域大气污染防治"十二五"规划》已经出台，重点控制区包括京津冀、长三角、珠三角地区，辽宁中部、山东、武汉及其周边、长株潭、成渝、海峡西岸、山西中北部、陕西关中、甘宁、新疆乌鲁木齐城市群等47个地区。在这些区域，从2013年3月1日起，新受理的火电、钢铁环评项目将执行大气污染物特别排放限值；47个地区的主城区范围内现有项目中的火电行业燃煤机组从2014年7月1日起执行烟尘特别排放限值；钢铁行业烧结（球团）设备机头从2015年1月1日起执行颗粒物特别排放限值；石化行业、燃煤工业锅炉项目待相应的排放标准修订完善并明确特别排放限值后，按照标准设定的现有项目过渡期满后分别执行挥发性有机物、烟尘特别排放限值。另外，《水泥工业大气污染物排放标准》（包含特别排放限值）已经完成第一次征求意见。据环保部人士介绍，其他行业的标准正在制定之中，出台时间尚未确定。

相应的，国家在环境保护和治理污染方面投入也越来越大。根据环保部2013年12月5日印发的《重点区域大气污染防治"十二五"规划》，"十二五"期间，重点区域大气污染防治工作将包含二氧化硫治理、油气回收、黄标车淘汰、扬尘综合整治、能力建设等8类重点工程项目，投资需求约3 500亿元。以正在制定中的《水泥工业大气污染物排放标准》为例，中国环境科学研究院和合肥水泥设计研究院的调查显示，现有生产线达标改造成本约170亿元。为达到《水泥工业"十二五"发展规划》预测的"十二五"末水泥需求量22亿吨/年，全国新建生产线环保投资约 70 亿元。若按年产 20 亿吨水泥计算，全国环保设施运行成本将达到 240～300 亿元。

为了执行这些法规，不仅需要国家对相关行业进行投资扶持，也需要企业在资源上进行投入来实现依法经营。

（三）国外环境保护对我国企业的影响

西方国家在工业化、现代化、城市化进程中逐步形成了环境保护概念，掌握了环境保护产业化技术，并不断进行立法保护本国环境。相应的，西方国家的企业为遵守这些环境立法，一方面逐渐将污染行业（产业）转移到发展中国家，自身行业（产业）迈向金融资本运作、供应链上游（设计研发）和终端消费，所需的货物商品交易绝大部分通过国际贸易完成（这个过程催生了国际贸易准则出现）；另一方面，以国家法律为由建立各种绿色壁垒（绿色关税、ISO14000 环境管理体系、绿色环境标志、绿色卫生检疫制度、绿色包装制度、绿色市场准入制和绿色补贴制度等），通过向发展中国家转让环境保护产业化技术收取专利费。

2002 年，我国 71% 的出口企业，39% 的出口产品遭遇到国外技术壁垒的限制，造成损失约 170 亿美元。其中食品土畜产品受到的损失最为严重，有近 90% 的企业受限，造成损失约 90 亿美元；轻工和机电类产品较加入世贸组织前受到的影响更为严重，损失分别约 40 亿美元和 20 亿美元。绿色壁垒对我国出口市场份额、贸易机会、企业和商品信誉等方面都产生了不利影响，导致国外消费者对我国部分产品尤其是农产品食品信心下降，对我国出口造成长期的负面影响。

从企业的出口成本和出口效益来看，由于绿色壁垒多数是以环境标准和标志的形式出现，要想实现环境标准必须投入大量的资金等进行技术改造，改善环境质量；同时还将增加有关检验和测试等费用，使企业出口产品成本大幅度上升，价格优势大大削弱，从而减弱了国际市场竞争力，企业的出口效益日渐下降。

但从另一个角度看，绿色壁垒促使了一些新产品的发展，给我国许多产品的出口，尤其是环境标志产品和有机食品的出口创造了新的市场机遇。例如，专家预测有机食品将成为 21 世纪国际食品市场的重要角色，相关的有机产品，如有机纺织品、肥料、工艺品、家具、化妆品、农药、有机包装等也将以较快的速度增长。

进一步的，发达国家技术标准的提升，也对我国的产业发展产生巨大的影响。欧盟议会和欧盟理事会于 2004 年 8 月 13 日正式启动《关于报废电子电器设备指令》和《关于在电子电器设备中禁止使用某些有害物质指令》两项关于电子垃圾的法规，对电器产品的材料、零部件和设计工艺提出了更高的环保要求。

这两个指令涉及的产品包括10个大类近20万种，不仅仅影响电子信息产品整机制造商，而且还涉及原材料、化工、包装等上下游企业，从一定程度上来说，影响到整个电子信息产业及相关行业的发展。由于这两项指令限制的是欧盟以外的国家和地区的产品，而对于OEM产品不做要求，这在相当长的一段时间内保护了欧盟自己的产业，特别是跨国公司的利益，但同时又会压制我国有关企业，使之停留在OEM层面，这对于处于成长期的我国家电产业来说存在较大的负面影响。但从长远来说，又将促使我国家电企业加大力度研究新工艺，研发替代品，规范企业管理，为企业开辟新的发展方向。

2008年金融危机以来，外国为鼓励本国出口降低本国进口，无论是企业层面还是政府层面，纷纷以环保法律为由强化绿色壁垒，对他国进口产品加强检验检疫。面对这种情况，企业更需要当地政府，甚至本国政府与出口国政府进行交涉，才能维护企业的合法权益。

在经济全球化时代，企业产品的服务对象不仅在国内，还可能在海外，因此企业要遵循的环保标准不能仅仅局限于我国现有环保标准，还需要满足服务对象所在国的环保法律，例如惠州TCL公司，由于其遍布全球的营销生产范围和部件产品流动，各地分公司的业务就需要遵循当地的环保法律。这些国家法律法规对各行各业的企业环保标准和治理进行了明确规定。对企业来说，必然要修订产品服务的标准体系、调整管理组织架构和更改市场推广策略，增加相应的支出成本，以实现2013年3月17日李克强总理在记者招待会上说的"要打造中国经济的升级版，就包括在发展中要让人民呼吸洁净的空气，饮用安全的水，食用放心食品。"

二、实现环境保护与经济可持续发展中的政府领导模式

2013年3月17日，李克强总理在记者招待会上谈及国家机构改革和职能转变时说"市场能办的，多放给市场。社会可以做好的，就交给社会。政府管住、管好它应该管的事。"这说明，政府要做好领导和监督，企业要做好市场运营，需要两者明确功能，共同实现环境保护与经济可持续发展。

必须明确的是，当今社会，无论是企业、政府、消费者还是社会环境中的其他参与者，都应当非常清楚环境保护是经济可持续发展要解决的重要一环。面临的关键之一是：社会环境中的所有参与者该在谁领导下，如何进行环境保护，领导模式是什么？

（一）政府领导和企业环保的关系

1989年《中华人民共和国环境保护法》中关于环境的定义："环境，是指影响人类社会生存和发展的各种天然的和经过人工改造的自然因素总体，包括大

气、水、海洋、土地、矿藏、森林、草原、野生动物、自然古迹、人文遗迹、自然保护区、风景名胜区、城市和乡村等。"2013年《中华人民共和国环境保护法修正案》(草案) 第四条规定"环境保护工作应当依靠科技进步、发展循环经济、倡导生态文明、强化环境法治、完善监管机制、建立长效机制。"第十二条中"国家环境保护规划应当坚持保护优先、预防为主、综合治理、突出重点、全面推进的原则,内容应当包括自然生态保护和环境污染防治的目标、主要任务、保障措施等。"结合我国国情,说明环境保护是一个社会性系统问题,需要在政府统筹领导下,通过各个企业的执行来实现环境保护,见图1。

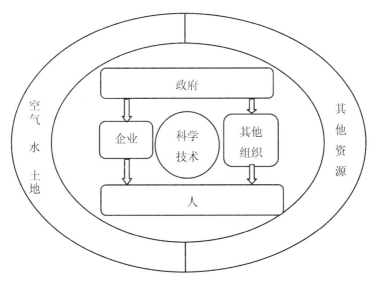

图1 环境保护的相关要素关系

图1说明：在现代社会,企业和其他组织在政府管控下,通过自然人在自然环境(空气、水、土地)里,依托一定的科学技术,利用其他自然资源从事生产、消费等社会活动。

同时也必须要看到,基于我国的国情,由于各个省份、各地区的发展水平不一样,甚至相差很大,为保障支持地区经济发展,当地政府需要从实际情况出发对有关企业的环保治理进行适当的扶持以达到相关法律法规要求,例如,环保设备的采购、使用、数据共享等等。也就是说,这些都需要当地政府和有关企业在环保方面建立不仅仅是传统意义上的监督者与被监督者的关系,还应该以合作伙伴之间的关系来进行密切合作。

(二) 环境保护中的领导模式

《惠州市"十二五"环境保护和生态建设规划》中的基本指导原则第4项

"政府主导、市场运作"在执行时要"强化环境保护政府意志,落实政府责任,加强部门合作,明确规划控制,做到目标、任务与投入、政策相匹配。综合运用法律、经济、技术、行政等综合手段,充分利用市场机制,鼓励公众参与,形成政府、社会、企业相互合作、共同行动的环境保护新格局。"其中明确了"明确规划控制,做到目标与投入、政策相匹配",政府有关部门在具体操作时还需要从行业供应链、市场竞争能力是否维持甚至加强的角度来通盘考虑,也就是如何"利用市场机制,鼓励公众参与,形成政府、社会、企业相互合作、共同行动的环境保护新格局"。

1. 单个企业的环保困局

以企业库存为例。实践和研究指出,当企业更改库存后,由于企业之间客观上存在着一定程度的不信任,企业之间不能保证有效地实现信息的共享,因此将对上下游的需求产生"需求放大效应"(即"牛鞭效应",见图2),从而对流通全过程的库存水平造成巨大的波动,进而影响到市场上的产品供求关系,造成价格上下波动。更甚者,当产品供求关系出现严重失衡时,供应链上的企业甚至出现破产或者产品挤压,进而造成整个供应链处于瘫痪状态。

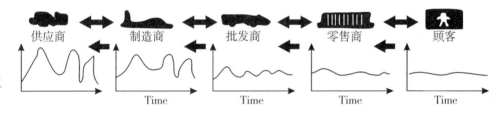

图2 供应链的"牛鞭效应"

单个企业在环境指标要求下,如果以往基于自身的成本-利益最大化的运营模式,在突然增加了环保成本后,必然更改其最优的库存和产品产量,对供应链其他企业生产产生影响,进而影响市民生活需求(尽管市民接受环保理念)。现实中有可能出现的情况就是,在政府有关部门的环保要求下,企业为了维持其以往的运营模式,宁可安装环保设备但绝不用环保设备,或者只是被要求环保检查时才开动环保设备来应付检查,这样就出现了企业"徒有其表"或"环保造假"的现象,而政府有关部门的环保公信力也受到公众的强烈质疑。

企业运营中存在的"牛鞭效应"说明,如果政府对企业实施环保要求,那么涉及的企业就不仅仅是单个企业,还要考虑整个供应链的其他企业。

2. 供应链上多个企业的环保困局

供应链管理实践和理论指出,任何一个供应链,都或多或少存在供应链的"领导者"和"跟随者",即"强势方"和"弱势方"。以2010年iPhone手机的供应链利润分配比例为例,2010年市场上每卖出一台iPhone,美国苹果公司独占58.5%的利润，塑胶、金属等原物料供应国为21.9%，韩国为4.7%，中国内地为1.8%，欧洲为1.1%，台湾和日本各为0.5%。

市场竞争中，供应链中的领导者通过企业之间的契约（合同中除了明确批发价格，还有回购价格、补贴等价格方式，例如销售季节结束后，制造商承诺对零售商未销售的产品进行回购）来协调整个供应链的生产有序进行，确保整个供应链的市场竞争力。仍以美国苹果公司为例，2010年在苹果公司的强势主导下，美国零售市场中经销苹果手机的电信公司几乎对每台iPhone补贴300～350美元。

基于单个企业的环保困局，当供应链上多个企业都存在环保要求时，整个供应链面临的就是多个企业产生的"牛鞭效应"叠加。极端情况下，相对于单个企业，多个企业的环保困局甚至会影响到其他行业供应链的正常运转，所造成的社会影响更大。

企业面临的环保困局说明，在环境保护中"明确规划控制"时，还需要确保企业和整个供应链的正常生产和运作。

（三）环境保护中的领导-合作模式

供应链上多个企业的环保困局、供应链中的"领导者"和"跟随者"的客观存在与"强化政府环境保护意志，落实政府责任，加强部门合作，明确规划控制"的出现，明确了企业在环境保护上，面临至少两个以上的"领导"出现，那么如果两个领导产生冲突，企业该如何选择？

在美国等西方国家，大型跨国垄断企业主导市场运转，不仅主导着总部所在国的政府决策和法律制定，甚至影响外国政府决策和法律制定。大型跨国垄断企业在面对全球环保诉求时，表现出明显的两面性。以美国公司为例，一方面要求在美国生产时需遵守美国严格的环保法律法规，另一方面，在外国生产时却漠视所在国的环保法律法规。

基于我国的实际国情，政府领导下实施的战略为："充分利用市场机制，鼓励公众参与，形成政府、社会、企业相互合作、共同行动的环境保护新格局"，其中，政府要充分发挥"法律、经济、技术、行政等综合手段"。这时，政府有关部门面临3种领导模式选择。

模式1：双领导企业模式，政府与供应链核心企业在领导地位上并列，对供应链上的每个企业进行领导，见图3。

在模式1中，供应链上除核心企业以外的企业，受到政府的直接领导和核心企业的"隐形"领导，由于两个领导确定的目标有时并不完全一致，企业会随时基于自身成本-收益最大化原则来制定企业目标，特别是产品生产销售为多周期时，企业目标（与政府或核心企业制定的目标相比）表现出摇摆性，即有时向政府制定目标靠拢，有时向核心企业制定的目标靠拢，那么在一个环保目标的统计周期里，企业的环保指标不可避免地表现出波动性。

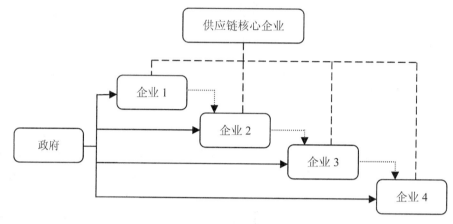

图3　双领导企业模式

注：图3中的虚线箭头┈▶表示供应链中的物流方向，长虚线－－▶表示核心企业对其他企业的协调，实线表示直接领导。

模式2：政府直接领导企业模式，即政府有关部门直接对供应链上的每个企业进行领导，见图4。

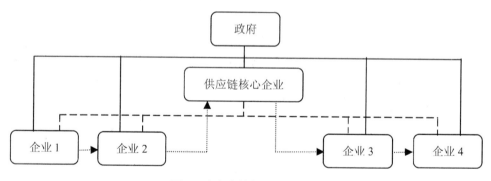

图4　政府直接领导企业模式

注：图4中的虚线箭头┈▶表示供应链中的物流方向，长虚线－－▶表示核心企业对其他企业的协调，实线表示直接领导。

模式2克服了模式1中政府的直接领导和核心企业的"隐形"领导目标并不完全一致的弊端。与模式1相比，政府直接领导企业模式在一个环保目标的统计周期里，企业的环保指标是稳定的。但在模式2中，政府有关部门不仅要针对每个企业提出环保要求，还要协调企业之间的生产关系来维持供应链的正常运转，即政府有关部门人员要耗费大量成本（时间、资金、物力等）在"政府－企业"和"企业－企业"之间进行协调，特别是与供应链核心企业的协调上。

模式3：政府直接领导核心企业模式，即政府有关部门直接领导供应链的核心企业，再由核心企业对供应链上的其他企业进行领导，见图5。

模式3与模式2相比，政府有关部门只需把目标、任务和控制措施明确告知供应链核心企业，向供应链核心企业询求整个供应链在环境保护方面在法律、经济、技术、行政上的诉求，这样既能够充分尊重供应链核心企业的领导者地位，充分发挥供应链核心企业对其他企业的协调作用，使供应链核心企业能最大限度地维持甚至强化整个供应链的市场竞争力，又能最大限度减少政府有关部门人员在协调"政府－企业"和"企业－企业"之间所耗费大量成本（时间、资金、物力等等），以及供应链上的"企业－企业"之间耗费成本，最终形成"政府－供应链企业－消费者"在环境保护上的多赢局面。并且，模式3与模式1相比，政府直接领导企业模式在一个环保目标的统计周期里，企业的环保指标也是稳定的。

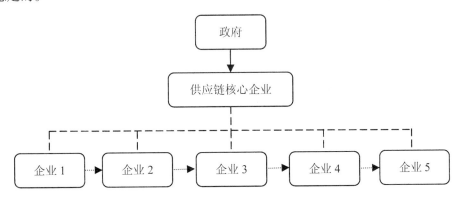

图5 政府直接领导核心企业模式

注：图5中的虚线箭头┈▶表示供应链中的物流方向，长虚线━▶表示核心企业对其他企业的协调，实线表示直接领导。

参 考 文 献

[1] 中华人民共和国环境保护法，1989.
[2] 中华人民共和国环境保护法修正案（草案），2013.
[3] 关于执行大气污染物特别排放限值的公告，环境保护部公告，2013年第14号.
[4] ISO14000环境管理体系标准.

［5］罗宾斯ＳＰ，库尔特 M. 管理学［M］. 9 版，孙健敏，黄卫伟，王凤彬等译. 北京：中国人民大学出版社，2008.
［6］惠州市"十二五"环境保护和生态建设规划，2012.
［7］贾平. 供应链管理［M］. 北京：清华大学出版社，2011.
［8］周宏春，季曦. 改革开放三十年中国环境保护政策演变. 南京大学学报（哲学. 人文科学. 社会科学），2009，5：31－40.

广东省个人住房信贷审计研究

袁祥勇

一、广东省个人住房信贷审计的现状

2008年金融危机前，广东省个人住房贷款余额维持了年均增长113%的"神速"。金融危机过后，受国家宽松货币政策和销售资金回笼加快影响，2009年广东省房地产开发企业本年到位资金充裕，但是信贷审计相关工作发展滞后，贷款审核把关不严，个人按揭贷款大幅增长，至2010年第三季度更是高达114%。

目前商业银行自身及相关审计机关对个人住房贷款的审计大多还是当前进行的合规性审计，主要目的是"差错防漏"，主要采用详细审计或依赖于审计者个人经验判断的抽样审计方法，而缺乏标准化、规范化的制度办法，这就使得个人住房信贷审计随意性大，造成审计周期长、审计成本高、审计效率低下，从而造成广东省近几年来个人住房信贷迅猛增长。

审计监督力度松懈，个人住房信贷疯狂增长。2009年，广东商品房销售市场火爆畅旺，广东房地产开发企业资金来源的其他资金来源中的个人按揭贷款大幅增长，直至2010年上半年在严厉的信贷政策调控下才有所回落，但是形势依然严峻（见表1），个人按揭贷款在房产开发企业资金中所占的比重越来越大。

表1 广东房地产开发企业资金到位情况表

指标	增幅（%）		比重（%）	
	2009年1-6月	2010年1-6月	2009年1-6月	2010年1-6月
本年到位资金	16.1	23.5	100.0	100.0
国内贷款	7.8	43.8	21.8	25.3
利用外资	-11.1	-4.7	1.4	1.1
自筹资金	-16.1	29.3	26.3	27.5
其他资金来源	52.9	12.5	50.5	46.0
其中：定金及预收款	63.6	-5.5	28.1	21.5
个人按揭贷款	91.3	24.9	17.1	17.3

数据来源：广东省统计信息网。

截至2010年6月末,广东房地产贷款较年初增加1 873亿元,在上半年新增4 536亿本币贷款总额中占比超过40%,房贷增速15.7%。个人住房贷款增长明显快于同期全部金融机构贷款增长速度,在全部金融机构贷款余额中的比重越来越大。这与房地产行业发展前景的暧昧不明明显相左,各大商业银行要做好个人信贷审计工作,防范金融风险。

近段时间房地产调控政策效果逐步显现,在严厉的信贷政策调控下,逐渐加强个人住房信贷审计的监督力度,2010上半年广东省销售增幅逐月走低,销售面积更是年内首次出现负增长(见图2)。图中显示,上半年商品房销售面积2 851.49万平方米,同比下降3.2%,增幅同比大幅回落49.6个百分点;商品房销售额2 059.93亿元,增长13.7%,增幅同比大幅回落39.8个百分点。

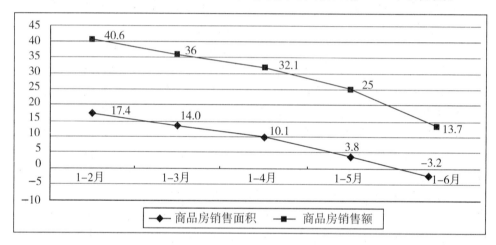

图2　2010上半年广东商品房销售情况图

数据来源:广东省统计信息网。

据了解,广州和深圳两个中心城市受调控政策影响最为明显,市场监管在一定程度上得以强化,个人住房信贷审计执行力提高,从而销售大幅下滑,而东西两翼地区受影响较小,尤其是西翼地区仍保持快速增长。上半年,广州市商品房销售面积下降8.7%,商品房销售额增长23.6%;深圳市商品房销售面积大幅下降52.2%,销售总量已退至广州、佛山、中山、惠州、东莞之后,商品房销售额也下降29.9%;扣除广州和深圳外的珠三角地区商品房销售面积增长6.3%,东翼、西翼和山区商品房销售面积分别增长12.1%、54.0%和1.7%。

从目前的情况来看,当前广东省个人住房信贷审计在国家宏观严厉的政策指引下,正由单纯的合规性审计转向风险导向审计、经济责任审计、制度和流程缺陷审计、经营管理审计和经济效益审计。但是,我们也必须看到商业银行并没有动力减缓个人住房信贷规模快速扩张的趋势,反之仍然在采取不同的方式加快这种大信贷规模过度扩张的速度，放松信贷审计的力度，降低信贷门槛，信贷风险依然加大。因此，当前房地产金融形势下必须不断加强审计机关对个人住房信贷审计，以识别、控制与化解个人住房贷款中可能引致的风险为目的，创新开展风险导向审计，维系房地产金融市场的健康运行。

二、个人住房消费信贷审计存在的问题

个人住房消费信贷审计是长期、艰巨的，对维系房地产市场的健康稳定发展、防范金融风险的作用举足轻重。从目前广东个人住房信贷审计的现状来看，个人住房消费信贷审计存在的问题较多，主要表现为以下几点：

（一）政策传导不得力

近年来为了防范房地产信贷风险，促进房地产业健康发展，以稳定房价的系列宏观调控政策频频出台。根据国家2010年4月17日与9月29日颁布的房产新政，广东省人民政府结合本省具体房产金融市场的发展状况，提出要严格执行差别化住房信贷政策。

然而，相关信贷监管政策在各大商业银行传导不得力，制度执行不严，落实不到位，个人购房贷款却在楼市尴尬期依然保持"冲锋队"般的增速。

从近年同期看，2010年前三季度商品房、商品住宅销售面积均略低于去年同期水平，为历史次高；而销售额、销售均价则达到近年同期新高（见图3）。个人住房贷款随房价持续大幅增长，截至2010年6月末，广东省个人购房贷款余额为9 050亿，比年初增加1 139亿，增量为各类贷款之首。其中，新建房增加667亿，再交易房增加471亿。

从月份情况看，自1－2月起商品房销售面积同比增速逐月回落，尤其是4月中旬房地产调控政策"新国十条"出台后，同比增速更是加速下滑；直至8月止跌回升，9月呈现强势反弹（见图4）。

政策的传导不力，制度执行不严，落实不到位，极易形成信贷风险，是信贷审计工作中的重点和难点。个人住房按揭贷款涉及对象广泛、工作量大、期限长，商业银行需花费较大人力、物力对借款人的还款情况和抵押权证进行管理。个人住房按揭期间，对房地产开发商的经营状况和政府房地产管理部门新的政策、法规没有及时了解，影响了对信贷的审计、风险的防范和应急处理。

（二）信贷风险处置难

商业银行普遍认为个人住房贷款是最具成长性而风险性最低的业务之一，把住房信贷看作新的利润增长点，在经营业务上容易产生急功近利的倾向。有的商

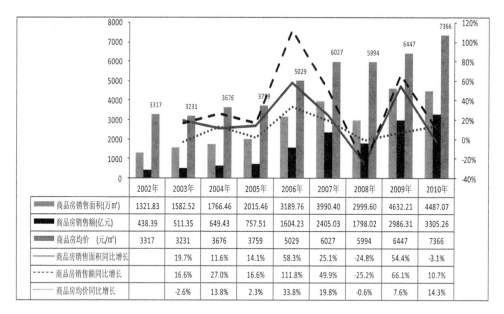

图3 广东近年前三季度商品房销售情况

数据来源：2010年前三季度广东房地产市场分析报告。

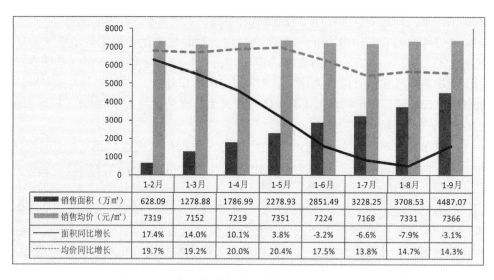

图4 2010年以来广东商品房销售面积、均价走势

数据来源：2010年前三季度广东房地产市场分析报告。

业银行降低客户资质等级评定的门槛，将审查手续简化、审查速度加快等。现阶段个人住房信贷审计的作用远未发挥，信贷风险处置难。

目前，广东省各大商业银行对个人信贷审计工作缺乏规范化管理，法制化、制度化建设未取得重大进展。许多商业银行依据审计法规,结合实际情况,制定了有关个人信贷审计工作的规章制度,但由于个人住房信贷的数据信息量较大,银行不可能花费大量的时间进行全面的数据审核,相对审计工作规范化的要求相差甚远,有效的个人住房审计机制没有建立起来。

从待售面积来看(见表2、图5),没有严格的信贷审计监督,房价快速上涨,房地产投机炒作盛行,个人住房信用贷款随之高速增长,风险也日益增大。除了民间资本的炒房,许多家庭也在投资炒房。

表2 广东商品房待售面积数据表

项 目	2009年末	2010年3月末	2010年6月末	2010年9月末
待售面积	2043.73	2078.67	2082.62	2054.40
待售1年以内	530.20	576.45	609.45	620.50
待售1-3年	1147.12	1183.49	1149.68	1109.39
待售3年以上	363.41	318.73	323.49	324.51

数据来源:2010年前三季度广东房地产市场分析报告。

从上表可知,至2010年9月末全省商品房待售面积2 054.70万平方米,比6月末减少28.22万平方米,比2009年末则增加10.67万平方米。

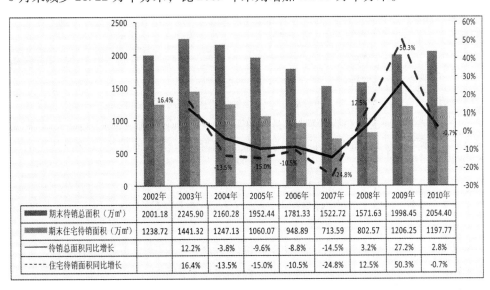

图5 广东商品房待售面积分析图

数据来源:2010年前三季度广东房地产市场分析报告。

图中显示,从待售年限看,2010年来待售1年以内的商品房面积持续增长,至9月期末达到620.50万平方米，比2009年期末增加了约90万平方米；待售1-3年部分逐季减少，至9月期末已低于2009年期末水平；待售3年以上部分基本稳定。

据保守估计，目前楼市需求中，超过6成以上是投资型购买。由此导致住宅空置严重，一线城市的增量住宅空置率达到50%。在这日趋严峻的情况下，银行信贷审计工作不得力，加剧了房地产市场资产泡沫的形成。

（三）资信审查难

广东房地产市场的发展在全国一向走在前列，居民收入水平高，贷款消费意识较强，住房信贷业务发展一直处于全国领先水平。但是，目前我国相关信用制度规定还不够完善，面临着公民信用记录缺失、信用法规不完善、社会氛围不够等缺陷，资信审查难。

个人住房贷款涉及的范围较广，个人信用信息不足使得个人住房消费贷款面临较高的信用风险，引发借方违约的原因十分复杂，是目前信贷审计工作的难点之一。

首先，随着市场经济的发展、劳动用工制度的改革、职工工作频繁变动、企业经营状况不断改变等，都会影响借款人收入的稳定，影响还款计划的顺利执行。同时，由于商业银行无法对借款人的财务状况进行持续有限的监督，商业银行对楼市的预测也相当困难，商业银行较难对借款人资信的真实状况做出准确判断。

其次，借款人在通过按揭方式购置房屋并发生一段按揭期后，市场环境发生变化，以致借款人在权衡利弊后，放弃原来的按揭购房行为，利用尚需偿还商业银行的借款，再重新购置其他房屋，造成商业银行贷款不能收回。

最后，借款人还款状况差，尤其是借款人在申请住房贷款时就存在诈骗动机，导致到期不归还贷款，而且手段隐蔽，银行相关信贷审计难以发现其资信中的虚假性。

三、个人住房信贷审计存在问题的原因分析

目前，广东个人住房信贷审计存在的问题众多，信贷政策传导不得力，个人住房信贷业务的风险评估、审查、审批操作流程有失规范，资信审查难等，严重威胁着信贷资产安全和平稳健康发展。然而，这些问题的原因是多方面的，以下主要从三个方面着力分析。

（一）缺乏审计监督机制

对个人信贷审计的政策传导不得力的主要原因是缺乏针对个人住房贷款特殊性的审计监督机制。目前，由于缺乏完善的审计监督机制，广东省内银行监管者利用外部审计的程度还非常有限，没有达到充分利用银行外部审计来提高监管有效性的程度。

一方面，相关法律法规对年报中监管信息的审计要求没有明确规定。《商业银行信息披露暂行办法》对于各类监管部门要求披露的信息则没有要求对其进行审计。而这些信息主要在会计报表附注中进行披露，随着监管部门所要求披露的信息在财务会计报告中的数量的不断增多及个人住房信贷的日益剧增，这严重妨碍了审计监督工作，金融风险加大。

另一方面，银行监管部门没有要求银行对监管报告进行审计的权利。目前银行业金融机构向银行监管部门报送的各种监管报告，主要依靠银行监管部门对其准确性进行审核。但由于监管报告中个人住房信贷的数据信息量较大，银行监管者不可能花费大量的时间进行全面的数据审核，这在一定程度上影响了监管报告信息的质量。

由于缺乏审计监督机制，我国当前的货币信贷环境仍然"较为宽松"，同业竞争日趋白热化。据了解，由于个人住房贷款业务贷款需求大，利息实收率高而成为各家商业银行进行激烈抢夺的市场。又因对政策落实不到位，甚至出现"上有政策，下有对策"的不良现象。放松风险管理的问题日益突出，没有相应严密的住房信贷审计程序，甚至出现银行内部与审计人员勾结，严重影响房地产金融市场的健康发展。

（二）信贷管理不科学

从银行自身方面来说，缺乏法制化及制度化，信贷管理不够科学，常常使商业银行个人住房信贷审计工作陷入无法可依、有法不依的恶性循环中。具体说来有以下几方面：

（1）个人信贷审计体系不合理，审计机制不健全。目前广东省许多商业银行个人信贷审计体系不合理，审计机制不健全，没有专门管理个人住房信贷审计工作。有的银行将信贷审计同监察部门混岗，有的对信贷审计人员的选配也不够合理，相应审计机构及其人员很难具有独立的地位，对于管理层的监督和审计流于形式，在相当程度上阻塞了审计结果的汇报和执行的渠道。

（2）未严格执行个人住房信贷管理制度，贷款管理流于形式。有些商业银行为招揽客户、取得业绩，重业务拓展，轻贷款管理，不执行信贷原则和制度，贷前不调查或调查不实，贷中不审查或审查不细，贷后不检查或检查不认真。

如，某商业银行为揽客户，开办所谓"金融超市"，将贷前调查权让渡给房地产开发商，房地产开发商出具假房产证骗取贷款。由于贷后管理流于形式，导致不法分子骗取贷款后，将资金挪作他用，难以归还。

（3）个人住房信贷审计实施缺乏权威性。由于个人住房信贷审计的数据信息量较大的特殊性，审计工作所必需的条件包括经费、必要的设备、办公条件及用车等没有真正得到保证。同时，审计人员的合法权益也未能得到保障和较好地解决，难以减少后顾之忧。由于缺乏相应的权限和相对独立的地位，商业银行的个人住房信贷审计工作中，被审计单位往往不积极配合，使得个人住房信贷审计实施缺乏权威性。

（三）信用制度不完善

由于我国尚未建立完善的个人信用制度，个人收入组成多元化且透明度低，个人消费信用难以把握。就广东省而言，由于信用制度的不完善，难以对借款人家庭负债状况、信誉程度、健康状况及在借款期内由于不可预料的原因造成收入大幅度下降或支出大幅度增加等方面进行审计，这些都将直接影响到贷后的还款。

由于个人消费信用制度不健全，逃废金融债务的现象时有发生，甚至套骗银行信用，直接形成银行信贷风险。为降低信用风险，银行自然要对借款人和担保规定严格的条件，并严格审查和事后审计。但个人资信和公司资信没有专门的记录，银行获取借款人和担保人的资信要逐项自行调查和审计，必然需要花费大量的精力，致使经营成本加高，风险加大。

此外，审计人员专业素质及水平也是影响个人住房信贷审计的一个重要因素。一些审计人员综合素质差，业务能力不强，无法适应银行个人信贷业务飞速发展的要求。目前广东省银行内审人员往往知识结构单一，取得审计师、注册会计师或硕士学位的人员极少，对商业银行电子计算机业务系统不熟悉，无法通过计算机进行审计，一些审计人员的素质较低，缺乏复合型的审计人才，尤其不能满足个人住房信贷审计工作的需要。

四、防范金融风险，深化房地产信贷审计

鉴于以上个人住房信贷审计中存在的一些亟待解决的问题，社会各界都责无旁贷。为此，我们可以从以下几个方面着手，深化房地个人信贷审计，防范金融风险。

（一）健全审计监督，加强金融监管

建立、健全房地产市场信用贷款的审计监督机制，是房地产业发展的关键环节，加强房地产金融市场监管，规范房地产交易行为，是促进房地产市场健康发展的重要措施。相关监管部门要密切关注房地产市场的走势，健全个人住房信贷相应审计监督机制，加强金融监管。

首先，完善相关个人住房信贷法律体系的建设。加快完善相关个人住房信贷法律体系的建设，加大执法检查力度，执行好差别化房贷政策，促进房地产市场健康平稳发展。这样，就使各家银行对个人信贷业务有一个统一的依据，便于整个业务的开展，使得住房信贷审计业务有法可依，审计人员依法审计。

其次，加强房地产市场监控，抑制过度投机。加强对地方政府的监督和问责力度，对各级人民政府稳定房价和住房保障工作进行考核与问责。对政策落实不到位、工作不得力的，要进行约谈，甚至追究责任。政府部门应加强对房地产市场的监控，在金融机构或政府部门设立房地产投资分析系统；应积极采取措施，在努力提高居民的住房购买能力的同时加强对个人住房消费信贷的审核和监督。

最后，成立个人信贷专业审计小组，加强流动性审计监督。为了有效地发现银行在内部控制和操作手段方面存在的薄弱环节和漏洞，银行有必要专门成立个人住房信贷业务经营审计小组，严格执行国家房地产调控政策和广东省相关地方房贷政策及措施。

（二）推动信贷审计创新，积极防范金融风险

由于目前个人信贷审计工作相对滞后，金融风险较大，审计机关、银行内部审计机构必须推进对个人住房信贷审计的创新，认真研究优化监管方式，降低监管成本，利用现代信息技术科学系统地实行跟踪审计，使经营行为更趋理性化、科学化、规范化，积极防范金融风险。

第一，建立科学的风险评估体系，合理配置审计资源。风险评价体系通过对个人住房信贷风险控制环节进行评价，帮助审计机关根据不同购房居民的风险程度确定审计重点，审计覆盖面及审计频率，促进有限的资源得以优化配置，提高审计效率和质量。具体到授信业务中，审计人员可分析各个人住房抵押房屋的质量和管理水平，综合考虑房地产行业发展状况、金融市场风险等因素，确定对个人住房信贷的审计覆盖面，减少审计的盲目性。

第二，完善信贷审计管理体制，进一步增强银行对个人住房信贷审计部门的独立性和权威性。首先，按照银监会《银行业金融机构内部审计指引》，要求建立独立垂直的信贷内部管理体系，适当提高个人信贷审计人员的待遇，充分调动其工作积极性，敢说敢查，能真实地反映审计中发现的问题。其次，在保持个人

住房信贷内审队伍稳定的情况下,实行审计人员与业务人员岗位适当轮换制度,定期对有关人员进行培训,这样,一方面可以使审计人员加强对个人住房信贷业务的学习,提高具体业务的操作能力和审计水平,另一方面也可以使部门增进对审计的理解,同时降低审计人员岗位长时间固定而形成的审计检查风险。

第三,对个人住房贷款真实性和合规性进行系统审计。首先,从住房贷款的资金流向、贷款的个人等贷款业务的流水线进行系统的全面审计。审计人员应到房地产管理部门延伸调查,重点审核贷款的投放条件和个人还款来源,了解个人房屋的真实购买情况和房屋产权变更状况。其次,对银行个人住房消费信贷业务的合规性进行审计。从揭露虚假按揭贷款入手,检查银行各项业务的合规性,结合五级分类①的真实性,重点审核新发放、出现不良和还贷欠息的个人住房消费贷款的合规性,查处银行在内部控制和操作手段方面存在的薄弱环节和漏洞,以及个人住房信贷发放过程中,银行人员存在道德风险违规操作和购房者虚假按揭手法骗取银行贷款等严重违法行为。

第四,科学合理管理信贷,加强贷后跟踪审计②。要有效控制和防范个人抵押贷款快速增长可能带来的违约风险,银行要科学合理管理信贷,加强贷后检查,严格审查住房买卖合同及有关业务凭证,有效防范骗取信贷资金的行为等。审计机关要严格对个人抵押贷款的审查和贷款发放后的跟踪审计,严肃查处各种假按揭和骗贷行为,这是今后一段时间内金融审计工作防范房地产金融风险的主要任务。

(三)完善信用系统及制度,提高审计人员专业素质和水平

信用风险是个人信贷所面临的最大风险,也是个人信贷业务审计工作发展的最大障碍。为此,稳步发展个人住房消费信贷,要求重树个人信用观念,积极推进个人信用机制和相关制度的建设,增强防范风险的能力。

第一,加快建设社会信用体系,加强审计监督力度。制定个人信用标准,建立个人信用等级,建立个人信用实码制和计算机联网查询系统。建立有效的防范住房信贷的风险管理体系,包括全社会范围的个人信用制度、建立科学的个人信用评价体系、重点开发风险低、潜力大的客户群体等,从而加强对审计对个人住房信贷的监督作用。

第二,提高银行审计整体队伍和人员的专业素质和水平。审计人员的专业胜

---

① 个人贷款质量五级分类中,个人贷款形态分为:正常、关注、次级、可疑和损失五类。
② 跟踪审计,是指单位审计部门组织对审计对象项目实施过程的合法性、真实性、规范性进行审计监督的活动。

任能力是充分发挥审计监督作用的前提条件。随着个人住房信贷的迅猛发展,审计部门需要储备如房地产行业知识的专家、信贷风险管理专家、信息系统审计专家等人才。因此,必须通过各种途径比如后续教育、业务培训等来提高银行审计整体队伍和人员的专业素质和水平,这样才能为个人住房贷款业务审计机关提供源源不断的符合要求的监督控制资源。

六、小结

综述全文,本文根据对广东个人住房消费信贷审计中存在的种种问题,分别从相关制度、银行自身及个人信用意识三方面进行阐述和剖析;进而通过揭露个人住房贷款经营管理中存在的重大违规问题和突出风险,从制度上、政策上和监管方面分析原因,以防范风险为主,立足于从政策、制度以及监管等方面提出加强信贷审计的建议。

参 考 文 献

[1] 幸晓维、叶健夫. 广东省统计年鉴—2010 [R]. 北京:中国统计出版社,2010.
[2] 中国指数研究院. 2010年上半年中国房地产政策评估报告 [R]. 搜房产业网,2010.7.
[3] 李两聪、田明. 上半年广东房地产开发市场现状和走势分析 [R]. 广东房产统计信息网,2010.8.
[4] 广东省房协市场分析课题组. 2010年前三季度广东房地产市场分析报告 [R],2010.10.

完善上市公司独立董事制度的思考

李春歌

独立董事（Independent Director）也称外部董事（Outside Director）或非执行董事（Non-Executive Director），是指不在公司担任除董事外的其他职务，并与其所受聘的上市公司及其主要股东不存在可能妨碍其进行独立客观判断的关系的董事。独立董事制度是通过在董事会中设立独立董事，以达到权力制衡与监督的一种制度，是现代公司治理中的一个重要组成部分。这一制度于20世纪30年代起源于美国，发展和完善于欧美国家。如今，它已成为企业改变命运，全面实现国际化管理的主要途径，世界各国普遍都采取了独立董事制度，我国上市公司也普遍建立了这一制度。从实践的效果来看，独立董事制度在优化上市公司治理、规范上市公司运作、信息披露等方面发挥了积极的作用，取得了一定的成效，对我国资本市场的健康发展有着十分重要的积极意义。但是，独立董事制度在我国实施时间不长，仍然存在诸多缺陷，与预想的效果还有较大差距，需要从实际出发，针对这一制度实施过程中存在的问题不断加以改革和完善。

一、我国上市公司独立董事制度目前的发展状况

我国从2001年开始引入独立董事制度。中国证监会2001年8月颁布的《关于在上市公司建立独立董事制度的指导意见》（以下简称《指导意见》）规定，上市公司应当建立独立董事制度。要求上市公司董事会成员中应当至少包括1/3独立董事，且2006年1月实施的新《公司法》规定"上市公司设立独立董事，具体办法由国务院规定"，第一次从法律层面明确了独立董事的法律地位，标志着独立董事作为上市公司治理有机组成部分正式纳入法律架构。根据有关统计资料显示，截至2008年底，在沪深两交易所1 756家上市公司，有1 678家上市公司配备了独立董事，占所有上市公司的95.56%。独立董事的总人数达到4 839名，平均每家公司达到3名以上。在配有独立董事的1 324家上市公司中，独立董事占董事会成员1/3以上的有800家，占总数的65%；独立董事占董事会成员1/4以上的上市公司有1 023家，占总数的82%。截至2011年1月，我国A股上市公司共有2 072家，在岗独立董事6 831人，平均每公司3.3人。由此可

见，目前我国上市公司普遍已按要求配备了独立董事，独立董事制度已得到执行。而且，大多数独立董事按照相关法规履行了自己的职责，独立董事制度的建立和实施在完善公司治理保护投资者特别是公众投资者的合法权益等方面初步发挥了作用。

二、我国上市公司独立董事制度实施中存在的主要问题

在我国，独立董事制度毕竟是一项引入的新制度，它的发展不是一帆风顺的，并且在我国特有的经济体制下，其实施过程中暴露出一些突出的问题和明显的缺陷。

（一）独立董事的比例偏低

根据证监会《指导意见》规定，我国上市公司"在2002年6月30日前，董事会成员中应当至少包括两名独立董事"，"在2003年6月30日前，上市公司董事会成员中应当至少包括1/3独立董事"。这些规定与国外的实际独立董事数额有明显的差距，我国上市公司独立董事的人数和比例均明显偏低。例如，美国的独立董事在上市公司董事会成员中所占比例已达到2/3。研究表明，提高独立董事在董事会成员中所占的比例对于独立董事发挥监督和制衡作用甚为重要。我国因独立董事在董事会成员中所占比例较低，导致独立董事的表决权难以真正发挥作用，独立董事的"不同声音"很难在董事会表决中得到支持，独立董事的制约和监督作用难以真正实现。

（二）独立董事队伍结构有待优化

随着我国证券市场的发展，独立董事规模不断扩大，特别是独立董事后备人才队伍也在不断扩大。但从队伍构成上看，目前独立董事大多为高校教师、科研人员、律师、审计师、实业家、退休人员等。据上海证券报的一项调查显示，43.5%的独立董事来自高校或科研院所，26.1%的独立董事来自于会计师、律师等中介机构，另有26.1%的独立董事来自于企业经营管理人士。由于法律、法规没有对独立董事的履职能力作出明确的规定，一些缺乏经营管理相关专业知识和经验的人被聘为独立董事，他们无法履行监督和制衡作用，成为所谓"花瓶董事"。而欧美国家独立董事构成上多为企业家、银行家、律师或会计师等，他们更强调独立董事应具备管理一个大企业、处理复杂商业问题的较强的经营管理能力。

(三) 独立董事选任机制不尽合理

依据《指导意见》，独立董事是指不在所受聘公司担任除董事及董事会内职务外的其他职务，并与受聘的公司及其主要股东不存在可能妨碍其进行独立客观判断实质性利益关系的董事。但何为"不存在可能妨碍其进行独立客观判断实质性利益关系"，并没有进一步解释。《指导意见》还规定上市公司董事会、监事会、单独或合并持有上市公司已发行股份1%以上的股东可以提出独立董事候选人，并经股东大会选举决定。这一规定显然脱离了我国上市公司股权结构的实际。我国上市公司大多数是由原来的国有企业改制而成，基本上都存在"一股独大"的问题，大多数的独立董事往往是由大股东提名推荐的。在资本多数决定原则下，中小股东选举独立董事只是形式，即使行使提名权，获通过的可能性也较小，决定权在大股东手里。由于独立董事选任规则并不禁止与公司管理层有社会关系的人担任独立董事，因此，管理层的朋友交际圈中"有利"于自己的人，则可能成为独立董事的主要来源。

(四) 独立董事的独立性难以保证

独立董事的独立性是指独立董事作为外部董事，可以在不受任何外部因素的影响下独立地履行其董事职责以维护公司股东（特别是中小股东）和整个公司的利益。其中，独立性是独立董事制度的前提和基础，是独立董事最基本和核心的品格。而由于独立董事聘任程序不够规范，总体上难以保证其独立性要求，事实上90%的独立董事是由第一大股东提名的。大股东控制独立董事的任职是显而易见的，现在的独立董事或是与上市公司高层有私交，或是与上市公司或大股东有过业务往来的中介机构人员，或是与大股东历史上有过上下级关系，真正可以被认为"完全独立"的很少见。另外，独立董事多为社会名流，近一半的独立董事来自高等院校和科研单位，很难保证其有足够的时间、精力和实践经验履行职责。来自金融界网站2007年3月7日的报道指出，有资料显示，有33.3%的独立董事在董事会表决时从未投过弃权票或反对票，35%的独立董事从未发表过与上市公司大股东或者高管等实际控制人有分歧的独立意见。

(五) 独立董事的激励机制和约束机制不完善

为了激励独立董事发挥应有的功效，《指导意见》中明确规定了"上市公司应当给予独立董事适当的津贴"，但是津贴的多少是由董事会制定的。一方面，在我国，独立董事的报酬一般从公司直接取得，通常由津贴和交通费构成，而与公司的经营业绩无关。这容易挫伤那些付出同样劳动，却由于公司的规模和水平不大，报酬较低的独立董事，他们由于报酬的缘故，很难积极地展开对公司决策的划策。另一方面，若是高报酬，则可能削弱独立董事的独立性。

三、完善我国上市公司独立董事制度的主要路径

同英美发达国家相比，我国上市公司独立董事制度还处于起步阶段。这一制度在与我国上市公司结合的过程中暴露出诸多缺陷和问题，因此，在引入欧美国家独立董事制度的基础上，必须紧密结合我国的实际情况和存在问题，有针对性地对独立董事制度加以改革和完善。

（一）保障独立董事的独立性

独立董事由谁提名意味着他们将代表谁的利益，以何种立场去作出判断和行权，这是选任制度的关键。完善提名程序，独立董事的选任是决定独立董事能否站在中小股东立场上的关键所在。虽然《指导意见》明确规定了持有1%股份以上的个人或团体，可以提名独立董事候选人；但在实际的操作中，大多数的独立董事还是由大股东提名，这就有损于独立董事的独立性。应当把股东可以提名独立董事候选人的持股比例降低，这样就可以有更多的中小股东加入到独立董事的提名中。可以将独立董事的提名权赋予没有董事会席位的股东，保证他人能够选择代表公司整体利益及中小股东利益的独立董事，实现董事会的内部权力制衡。为此，可以考虑建立提名委员会。首先按照严格的独立董事的任职标准，由那些不在董事会中担任重要职位的人，推荐独立董事候选人，并经过股东大会选举通过。然后，由独立董事组成提名委员会，向董事会提名新候选人。

任期也会影响独立董事的独立性。人是社会中的人，不可能完全独立，特别是在中国这样一个文化中渗透着浓郁人情气息的国度里。因此，独立董事必须有确定的任期。美国《密歇根州公司法》第450条规定，独立董事在公司任职不得超过3年，满3年后，该董事可以继续作为董事留任，但失去其独立董事的资格。这种制度安排是值得借鉴的，我国也应该对独立董事的任期作出规定，以更好地确保独立董事的独立性。

（二）提高独立董事在董事会中的比例

独立董事在英美国家公司治理中发挥着很大的作用是因为他们在董事会中具有非常独立和强势的地位，独立董事的意志能够变成董事会的意志，而我国独立董事在人数上是绝对的少数，在法律上也没有相关的保障。独立董事的人数只有达到较高的水平，才可能在董事会里得到足够的话语权和表决权，才能真正实现监督经营者行为的目的，减少代理成本，提高公司绩效。要改变我国"一股独大"的现象，应该增加董事会中独立董事的人数。根据大部分学者的研究显示，

独立董事在董事会中的比例大约在60%左右。根据美国投资者责任研究中心（IRRC，1997）对标准普尔1 165家样本公司的跟踪研究发现，董事会中独立董事的平均比例为61.1%。其中标准普尔500家公司独立董事的比例1995年为64.7%，1996年为65.8%，1997年上升为66.4%。借鉴国外的经验，我国适当增加独立董事在董事会中的比例，以增强其独立性，保证独立董事的地位，形成有效的制约监督机制。

（三）明确规定独立董事的履职能力条件

独立董事必须具备足以独立履行其职责的知识、经验以及能力。目前，我国上市公司选聘独立董事具有随意性和追求名人效应，独立董事缺乏相关专业知识。专业知识和综合能力是确保独立董事履行监督和制衡作用以及对其所参与决议事项作出独立判断的必要条件。目前，《指导意见》仅要求上市公司配置会计专业性的独立董事具有一定的局限性。关于独立董事履职能力方面的要求，我国应以法律、法规或部门规章的形式做出明确的规定。作为上市公司的独立董事，必须具备企业管理、资本市场运行的理论知识与实践经验；必须熟悉法律、法规及财务会计知识；必须具有一定的企业和商业阅历；必须具有独立的人格及人文修养等。这些条件都应以法律、法规形式加以确定，从而避免独立董事"不懂事"的问题。

（四）建立和完善独立董事市场，培养数量充足的专业化独立董事

建立独立董事市场是规范独立董事制度的重要手段，一些发达国家已经建立起较为完善的独立董事市场，而我国目前独立董事并没有市场化，独立董事市场尚未形成。但从长远发展考虑，应当促进独立董事市场的孕育发展。当独立董事市场形成后，将会形成有效的市场竞争机制，使独立董事成为一种职业，优胜劣汰，这样才能不断促使独立董事精英化。

（五）建立有效的利益激励机制和社会声誉评价机制

独立董事作为理性的经济人，是否能够尽职尽责，关键要看是否有足够的激励措施作为动力，是否有明确的约束机制作为警戒。因此，要完善对独立董事的激励和约束机制。第一，完善独立董事的薪酬激励机制。我国虽然在向独立董事支付报酬方面有了明确的法律规定，但是在具体支付多少报酬和如何支付报酬的问题上却没有可以依据的制度设计。现在，我国上市公司对独立董事采取的是津贴制，而津贴的数额也是一个值得考虑的问题。如果津贴过少，就会影响独立董事的积极性，甚至会造成权利与义务上的不对等。而一旦津贴过多，就会让独立董事对津贴形成信赖性，从而使独立董事的独立性降低。薪酬制度设计的关键在

于能够正确处理独立董事的物质激励和保持独立性之间的关系。第二，完善社会声誉评价机制。社会声誉评价，对于已经有一定社会地位的独立董事来说尤其重要。独立董事的选聘一般都是具有一定水准的专业人员，在社会上拥有一定的影响力，因此社会评价对其有督促作用。建立个人信用评价体系，一方面可以让上市公司更方便地了解专业人员的信用状况，更好地防范风险；另一方面，则会迫使独立董事因担心失职会给自己留下不良信用记录而影响其执业，从而使独立董事制度更好地发挥作用。

综上所述，我国现行的独立董事制度自身虽然存在着这样或那样的缺陷，但其仍然不失为一个改善公司治理结构的有效方法。只要从实际出发大力改革现行的独立董事制度，完善独立董事制度外部环境和市场机制，加强行业自律和行政监管，就能促使这项制度逐步走上正轨，使之在完善公司治理结构、提高公司的决策科学化水平、保护中小股东利益、建立现代企业制度方面发挥更加积极的作用。

参 考 文 献

[1] 季德钧. 独立董事浅说. 华南理工大学学报（社会科学版）. 2011, (3).
[2] 邱龙广. 重塑独立董事独立性的思考. 生产力研究. 2011, (10).
[3] 曹一丹. 独立董事之独立性研究. 东方企业文化. 2012, (4).
[4] 薛满果. 我国上市公司独立董事制度的完善. 山西省政法管理干部学院学报. 2011, (2).
[5] 邱龙广. 重塑独立董事独立性的思考. 生产力研究. 2011, (10).
[6] 汪小圆. 中国上市公司独立董事制度中独立性的有效分析. 商业文化. 2012, (1).
[7] 曹一丹. 独立董事之独立性研究. 东方企业文化. 2012, (4).
[8] 薛满果. 我国上市公司独立董事制度的完善. 山西省政法管理干部学院学报. 2011, (2).

后　记

近日《中国日报》海外版记者在就有关海上丝绸之路对惠州发挥何种作用时，采访了惠州市人民政府市长麦教猛。麦市长说，惠州在21世纪海上丝绸之路的建设中具有良好的区位优势，又有便利的交通优势，产业优势、人文优势也非常突出，在21世纪海上丝绸之路的建设中大有作为。我们将发挥优势，推动与沿岸国家和地区在航线、产业、贸易、投资、文化等多方面的交流和合作，努力把惠州打造成为21世纪海上丝绸之路的桥头堡、优势产业发展的聚集区、滨海旅游联动发展的示范区、民间文化交往的活力区。

看来，惠州还要参加更大区域的经济合作，惠州经济发展永远充满着活力，充满着希望。就像惠州这座城市一样，既是一座历史文化名城，又始终充满着青春的活力，从来不乏现代的元素和开放的精神。

我们对惠州经济的研究还要继续进行下去，继续观看她新的精彩。

《惠州经济发展蓝皮书（2006—2013）》的出版，本是源于惠州学院杨海涛书记的建议，他认为惠州学院经济管理系，惠州学院珠三角经济发展战略研究所，必须全面研究惠州经济。而其作为主任和所长，必须完成这个任务。此后，我便安排人员进行任务分工，收集资料，开展调研。好在我们的很多教师都已经参与到对惠州经济的研究，他们做专题，搞规划，为惠州经济发展出谋划策，有了一定的研究基础。经济管理系的全体教师为此付出了辛勤的劳动，这让我非常感动，我要感谢他们，谢谢！

我要感谢广东青年创业投资有限公司董事长杨东来博士，他管理着他旗下数个经济文化实体，还在百忙之中全程参与本书的编辑、研讨，并为本书的出版提供资助。我要在这里说，谢谢杨董事长！

我要感谢中山大学出版社以及吕肖剑先生，吕肖剑策划组织本书的出版，并提出很好的修改意见，在他的鼓励下，提高了我对本书的信心。真的很感谢！

我要感谢我的家人，妻子张彩红一直在默默地奉献，女儿曹菁菁天天督促我进步。我相信，和谐的环境一定有利于我们的学习和研究。

我要感谢所有支持和关心我的亲人和朋友，谢谢你们！

本书的学术贡献和参考价值，都归属于每一位作者，而本书存在的不足以及文责则由我本人负责。由于本人学术水平还不够高,研究工作也不够全面,还有很多客观的原因,书中存在的不足在所难免,还请各位同仁鉴谅!

2014 年 11 月 26 日